K.
1189.

LE VOYAGE ET LA DESCRIPTION D'ITALIE.

MONTRANT EXACTEMENT les Raretez & choses Remarquables qui se trouuent ès Prouinces & en châques Villes, les distances d'icelles; Auec vn dénombrement des Places & Châps de Batailles qui s'y sont dönées.

OVVRAGE DRESSE' POVR LA commodité des François & Estrangers: Auec la Relation du Voyage fait à Rome par Monsieur le Duc de Boüillon en l'année 1644.

Par P. DV VAL Geographe ordinaire du Roy.

DIVISE' EN DEVX PARTIES.

A Troyes, Chez Nicolas Oudot, & se vendent,

A PARIS,

Chez GERVAIS CLOVZIER, Marchand Libraire au Palais, sur les degrez de la Ste. Chappelle.

M. DC. LVI. Auec Priuilege du Roy.

A Havt et Pvissant Prince
FEDERIC MAVRICE
GODEFROY DE LA TOVR
d'Auuergne, par la Grace de
Dieu, Duc de Büillon, Duc d'Albret & de Chasteau-Thierry,
Comte d'Auuergne & d'Eureux.

MONSEIGNEVR,

Ayant eu l'honneur de vous rendre mes petits seruices en la Geographie, I'ay recherché celuy de vous presenter mon petit trauail, conceu & mis aujour dans le temps que i'ay approché de VOSTRE ALTESSE. *C'est vn voyage d'Italie, ou plustost vn recueil de tout ce qui est considerable dans les Autheurs, qui en ont escrit le*

a iij

EPISTRE.

pays ne vous est pas inconnu, dés vostre enfance vous y auez esté receu & regalé par les plus grands Princes, lorsque vous y auez suiuy feu Monseigneur le Duc de Büillon vostre Pere, d'Illustre memoire, qui alloit seruir le Pape contre les ennemis de sa Saincteté. La France espere bien que vous y voyagerez d'autrefois, & que pour le bien de l'Eglise, pour la gloire de vostre Patrie, & pour le seruice du Roy vous y donnerez des preuues du grand courage hereditaire aux Princes de vostre famille. Ie diray dauantage. MONSEIGNEVR, si nous pouuons prejuger de vostre nom de Baptesme & de celuy de vostre Principauté, nous deuons esperer qu'vn Prince de vostre naissance & de vostre merite, ira quelque iour cueillir des Palmes & receuoir vne Couronne en la Terre-Saincte, aussi

EPISTRE.

bien que le grand Godefroy de Buillon : nous en auons des asseurances tres-certaines, si nous côsiderons vos hautes qualitez, & vostre bonne education par les soins d'vne Princesse, Madame vostre Mere, dont l'ame est autant Royale que l'extraction. Mais il semble que l'Europe enuie ce bon-heur à l'Asie, ell'a veu naistre VOSTRE ALTESSE, & elle n'attend pas moins d'vn Prince comme vous, que d'vn Pere & d'vn Oncle, qui par leurs belles actions ont merité vn rang parmy les plus grands Capitaines du Monde : c'est le sentiment d'vn chacun apres le choix de ces Princes par le Pape & par le Roy, pour commander leurs principales Armées. Ouy MONSEIGNEVR les Noms de BVILLON & de TVRENE, sont si Nobles en toutes leurs circonstances, que les

EPISTRE.

armées souhaitteront tousiours vn Chef comme vous, lorsque vous serez en âge de leur commander & de mettre à execution cette belle ardeur qui paroist en *VOSTRE ALTESSE*. Dieu la veuille conseruer pour ces occasions, comme aussi Messeigneurs les Princes vos Freres, qui tesmoignent desia l'impatience de vous y suiure. Ce sont les Vœux de celuy qui vous offre son Liure, pour le rendre considerable, pour vous marquer sa reconnoissance, & pour vous témoigner le desir qu'il a d'estre toute sa vie,

MONSEIGNEUR,

De Vostre Altesse,

Le Tres-humble, Tres-obeissant, & tres-obligé seruiteur,

P. DV VAL, Geographe du Roy.

ADVERTISSEMENT.

LE Voyage d'Italie a tant de charmes, qu'il eſt difficile de s'en diſpenſer: il eſt ordinairement preferé à tous les autres & toutes les Nations de l'Europe tombent d'accord que l'on n'a pas veu de beau pays ſi l'on n'a veu l'Italie: pour ce ſujet la langue Italienne eſt commune dans toutes les Cours des plus grands Monarques, & la pluſpart des honneſtes gens en ont auiourd'huy l'vſage: à l'eſtude de cette langue on fait ſucceder le Voyage, car il ſert peu de parler Italien ſi l'on n'a la connoiſſance du pays: on peut ſur les

Aduertissement.

lieux aprendre des particularitez touchant les mœurs des habitans toutes differentes de celles que l'on reconnoist ailleurs en leur conuersation, & le seiour d'vne ville instruit plus efficacement que la lecture d'vn Liure qui en fait seulement la description. Les François pour l'ordinaire vont en Italie par *le Piémont*, & par la Coste de Genes, les Alemans par *le Trentin*, & les Espagnols par *la Mer*. Vn Voyageur cherche sa commodité, il mesure le temps qu'il veut employer, il choisit les Saisons qui luy sont plus fauorables, ou pour continuer son chemin, ou pour demeurer en quelque lieu. Le Guide que ie presente, donnera comme i'espere de la satisfaction, & rendra quelque seruice à ceux qui luy

Aduertissement.

feront vn bon accueil; pour ce qui est des Routes qu'il obserue elles pourront estre changées par les Voyageurs qui auront la volonté de se porter en quelque place considerable, à droite ou à gauche de leur chemin.

Les milles dont il fait mention consistent chacun en mille pas Geometriques, & deux & demy de ces milles valent vne lieuë Françoise commune, ils sont les mesmes que ceux des anciens Romains qui les marquoient par quelque pierre taillée en colomne ou autrement, d'où vient qu'en Latin *ad primum & ad secundum lapidem* veut dire à vn & deux milles.

Apres la Description du pays en general, il donne vn dénombrement de ses Prouinces gran-

Aduertissement.

des & petites, & pour mieux connoistre toutes les particularités d'Italie, il en fait voir les pays à son Voyageur en cette sorte.

Le Piémont.
Le Monferrat.
Le Milanez.
Le Genois.
Le Parmezan.
Le Modenois.
Le Mantoüan.
Le Domaine de Venize.
Le Trentin.
L'Estat Ecclesiastique.
La Toscane.
Le Lucquois, &
Le Royaume de Naples.

Il n'a pas crû à propos de le mener dans les Isles pour euiter la

Aduertissement.

rencontre des Corsaires de Barbarie, qui s'y rendent ordinairement de Tetuan, d'Alger, de Tunis & de Tripoli, vn tel voyage ne se fait gueres que par ceux qui sont capables de supporter les fatigues de la mer. Le present Guide aduertit qu'il accompagne seulement ceux qui ont le temps & l'argent en leur disposition, moyennant quoy il promet de leur faire voir tout ce qui est de beau & de particulier dans les grandes Villes & dans la pluspart des autres lieux de chaque Prouince.

Extraict du Priuilege.

PAr Grace & Priuilege du Roy, donné à Paris le dix-septiéme Decembre mil six cens cinquante-cinq, signé par le Roy en son Conseil BOVCHAR. Il est permis à Geruais Clouzier Marchand Libraire de Paris, d'imprimer, vendre & distribuer deux Liures, l'vn intitulé *Le Voyage d'Italie*, Composé par PIERRE DV VAL Geographe Ordinaire du Roy; l'autre les *Obseruations de plusieurs choses diuerses qui se trouuent en Italie*, Composé par le Sr. AVDEBER Conseiller du Roy, durant le temps de neuf ans, à compter du iour que ledit Liure sera acheué d'imprimer; & deffenses sont faites à tous Imprimeurs, Libraires & autres personnes de quelques qualité & condition qu'elles soient, d'imprimer, faire imprimer, vendre, distribuer, ny extraire aucunes chose desdits Liures, sans le consentement dudit Clouzier, sur peine de confiscation des Exemplaires contrefaits au prejudice des presentes, & de trois mil liures d'amende, & en tous despens, dommages & interests, ainsi qu'il est plus amplement porté par l'Original.

Registré sur le Liure de la Communauté le 23. Decembre 1655. Signé Ballard Sindic.

Acheué d'imprimer pour la premiere fois, le troisiéme iour de Ianuier 1656.

Les Exemplaires ont esté fournis.

Et ledit Geruais Clouzier a associé Nicolas Oudot, Imprimeur & Libraire, demeurant à Troyes, aux conditions portées par ledit Priuilege.

Le present Liure ayant esté imprimé en l'absence de l'Autheur, il y est suruenu quelques fautes. Voicy les plus considerables, que le Lecteur est prié d'excuser, & de corriger.

Page 3. ligne 1. le vingt & le huictiéme, lisez le vingt & huictiéme. p. 3 l. 9 Golfe & Venise lis. Golfe de Venise. p. 4. l. 9. au Leuant d'Hiuer. lis. au Leuant d'Hiuer. p. 5 l. 15. Clanney lis. Clannes. p. 7. l. 22. Cariole lis. Carniole. p. 8 l. 23 mais ce dernier lis. mais en ce dernier p 8. l. 26 Lagnes, lis. Laguel. p. 11. l. 9. Rousle l. Rousse, p. 12. l. 15. chaire l. chaize. p. 13 l 7. alles lis. celles. p. 13. l. 10. & 17. Gradise lis. Gradisc. p. 17. l. derniere Pies lis. Pics. p 21. l. 15. separées lis. separée. p. 24. l. 13. Goriths lis. Gorits. p. 24. l. 14. pedana lis. pedena. p. 24 l. 17. appelles lis. appellent. p 25. l. 26. Torregliam lis. Torreglia. p. 31 l. 2. Rocelsa lis. Rocella. p. 31. l. 19. Seilla lisez Scilla p. 33. l. 11. Calaptzatti lis. Calapizzati. p. 33. l 16 Campolsetto lis. Campdieto. p. 34. l 6. Farnase lis. Farnese p. 39 l. 4 nebis li. nebio. p 40 l. 17. Dogal l. Dogado. p. 43. l. 20. at. l. ou. p. 45 l. 2. Montaleno l. Montalcino. p. 45. l. 17. la Bastre l. la Bastie, p. 46. l. 7. Sesla l. Sessa. p. 46. l 25. Teroemo. l. Teramo. p. 47 l. 16. Lacina l. Larina p 53 l. 19. comun. l. connu. p 57. l. 14 Narcesses l. Narcises. p. 59. l. 9. Menaco l. Monaco p. 71 l. 26. Cocanas l. Coconas. p. 88. l. 2. que l. qui. p 98 l. 23. represent l. representent. p. 105. l. 13. Lac l. Bac. l. 16. Seruaille l. Seraualle. p. 106. l. 3. enuieux l. ennuieux. p. 126. Castel-Guelto l. Castel Guelpho. p. 145. l. 12. San-felia l. San-Felice. p. 146. l. 10. Mantouna l. Mantouan p. 175 l. 9. Trepoli l. Tiepoli p. 183 l. 4 Cahorte l. Cahorle. p. 183 l. 25. Dellune lis. Bellune. p. 186 l. 14. Colaltro l. Colalto. p 188. l. 1 Obdacer lis. Odoacer p. 191. l 5. Errelia lis Ezzelin. p. 215. l. 2. Commedienne lis. Commodienne. p. 274 l. premiere, la Tour lis. le Tour. p 276 l. 2. Nertano lisez Nettuno. p. 286. l. 11. putrifie lis. petrifie. p. 297. l 2 Recatiati lis. Recanati. p 358. l. 12 Empire lis. Empereur. p. 392. l. 26. Capitante lis. Capitanate.

TABLE ALPHABETIQUE
DES LIEVX ET DES CHOSES les plus Remarquables.

A Bano & ses bains, pag. 193.
Abrozze. 396.
Academies d'Italie. 54
Acqua pendente. 289
Acaua Viua, 296
Acqui V. de Montferrat & ses bains dangereux à ceux qui ont contracté du mal auec les Courtisanes, 83
Actes des Apostres escrits en lettres d'or de la propre main de sainct Iean Chrysostome. 172
Adige riuiere. 203
Adria ville. 194
Aglie Comté. 73
Albano Principauté. 275
Albe ville du Montserrat. 84
Albergo maison proche de Turin, auec de belles manufactures. 63
Alexandrie de la paille, pourquoy ainsi appellée 101.
Alpes. 5
Alpes & leurs noms anciens & nouueaux. 7
Alpes & leurs passages. 8. 9. 10. 11. 12.
Altino ville ruinée. 187
Aluernia lieu ou sainct François receut les marques des cloux sacrez. 331
Amalfi. 379
Amelia & ses raisins 285
Ancisa. 331
Ancone & son beau port. 292.
Anghiera Seigneurie. 88

Table Alphabetique.

Angrone vallée 9.
Annibal diuise ses Troupes pour entrer en Italie. 11. il passe par le Val d'Aoust, par le Val de Suse, par le Val de Pragela 11.
Antiquitez proche de Naples 367. 368. 369
Aoust & sa vallée. Ses antiquitez 72.
Apennin Montagne 4. 13. Apostres d'argent massif 295
Aquila 397
Aquilee 13. 187.
Aquino 376.
Arassi & sa pesche de corail 120.
A bengue 120.
Archeueschez & Eueschez d'Italie, depuis 37. iusqu'à 52.
Argenta 206.
Armes à vn Bras 175.
Armes victorieuses du Roy Henry le Grand, donnees à la Republique de Venise 174.
Arone & son chasteau 88.
Arpaia lieu ou les Romains ont esté defaits 383.

Arpino 376.
Arqua 193.
Arquato & ses vin. 133.
Arse riuiere, borne d'Italie 3.
Artifices d'eau pour faire voir vn arc en ciel 243.
Arsenal de Venise le plus grand le plus beau & le mieux fourni du monde, 168. 177.
Asnes de Rieti beaucoup estimez 286.
Asolo 186
Assise 287.
Ast & sa citadelle appellee Christine, autrefois Republique 75.
Astura lieu de la mort de Ciceron 276.
Aterno riuiere, 398.
Atri 398.
Auella 375.
Auersa 743.
Vn Autel couste cent mille escus 325.

B.

Bagnaia belle maison, 278.
Bagnarea 289.
Bague nuptiale de la

Vierge 290.
Baia agreable demeure 372.
Bains de Vaudier & de Vinai en Piémont 69.
Bandits d'Italie 4.
Baptistaire du Grand Constantin, 244.
Barberino, 331.
Barcelloneite principauté, 79
Bard en la vallee d'Aoust 3.
Bari 392.
Barleta, 392.
Basilicate Prouince, 383.
Bassan & ses soyes, 186.
Bassanello 279
Bastia & sa bataille 207.
Batailles donnees dans le Milanez, à Carauas ou Agnadel & Rinalta, à Nouare, à Basignan, à Marignan, à la Bicoque, à Pauie; à Ladriano, proche du Tesin à Cremone.
Bellune 187.
Bene ancien Comté en Piemont 69.
Beneuent 382.
Benoist XI. Pape, reçoit bien sa mere pauurement habillee, 185.
Bentiuogli, 311.
Bergame 198.
Barsello, 142. 143.
Berzette ville du Parmesan 134.
Beuagna & sa vallee, 288
Bible escrite par le Prophete Esdras 307.
Biele & sa deuotion à N. Dame, 75.
Bologne 305. Sa description 306. 307. 308. 309.
Bolzano, 205.
Bolsena 278.
Bonconuento 335.
Borgo di Sessia 88.
Bogorforte 157.
Borgo-San Donino capital de l'estat Pallauicin, 127. 133.
Borgo Val di Taro, capitale de l'estat Landi, 127. 134.
Borzane Marquisat 75.
Bozolo 161
Bracciano Duché 280.
Breme, le Mareschal de Crequi tué deuant Breme d'vn coup de canon 86.

ã ij

Table Alphabetique.

Bresce espouse de Venise 197.
Breuiere de la Comtesse Matilde à Nouantola. 142
Brindes 389.
Briqueras & sa vallée, 65
Broglio Seigneurie, 79.
Brugnet 122.
Bueil Comte 79.

C.

Cabo d'Istria 189.
Cagli 300.
Caborle 183.
Calabre 585.
Camerino 297.
Campagne de Rome, 265.
Campremorto village pres Plaisance ou les Romains furent deffaits par Annibal 132.
Canauois contrée de Piemont, 73.
Caneto, deux batailles donnees en son voisinage, 158.
Canne village 392.
Canon courier pour faire tenir des Lettres au siege de Turin 61.
Canons en nombre de 2. mille dans l'Arsenal de Venise 166.
Canossa 145.
Capitanate Prouince, 392.
Capouë 369.
Capraia Isle aux Genois, 107.
Caprarole & sa description 281.
Capri 38.
Carignan ville & ch. 67.
Carmagnole & sa citadelle 77.
Carpi 140.
Carrare 347.
Casilinum 371.
Castel Bolognese 304.
Castel Cornigliofortresse du Parmesan, 125.
Castel Durante 301.
Castel a Mare 375.
Castelnouo de Garfagnane 143.
Castillon Ville du Val d'Aoust 72.
Castillon de Stiuiere, 161.
Castro Duché, 281.
Cazal Maggiore ville du Milanez 101.
Cazal de S. Vas, capitale du Monferrat, son Chasteau, sa Citadelle, 82.
Ceinture de la Vierge 328.

Table Alphabetique.

Celano 398.
Ceneda ville du Pape, 186.
Cento 314.
Ceps de vigne extraordinaire 384.
Cereto 287.
Cerisoles village de Piemont, Victoire des François.
Certaldo patrie de Bocace, 331.
Ceruia 303.
Cetona 335.
Ceue Marquisat 71. 550. Chambres meublées dans le Palais de Mantoue, 152.
Chandelier d'ambre, 321.
Chanoines qui portent des Mitres blanches, 345.
Chappelle du grand Duc à Florence l'vn des plus beaux bastimés de l'Europe, 326.
Chartreuse de Pauie, sa belle Eglise, son parc, 99. 100.
Chasteau de Milan 96.
Chemin de Capoue à Naples fort agreable, 348.
Chemins beaucoup agrea-bles dans le Milanez, 89.
Chioggia 182.
Chiuas ville de Piemont, 71.
La Chiusa de Bologne & ses machines 310.
Chiusa forteresse du domaine de Venise sur le Lac Garda, 196.
La Chiusa forteresse des Venitiens 189.
Chiusi 334.
Cire blâche d'ancone, 293
Cirenza 384.
Cismonez & son trafic de bois 200.
Ciudad di Friuli, 188.
Ciuita-Vechia & son port 280.
Citta di Castello, 291.
Citta Noua Ville de d'Istrie, 189.
Cloche de Salerne, 379.
Coconas v. de Piemōt, 71
Cogoreto patrie de Christophe Colomb. 121.
Col de l'argentiere 8.
Col du petit S. Bernard, 12
Col de la croix 9.
Col de Lagnel 8.
Col de Tende 8.
Colūna princip. 274.

ã iij

Table Alphabetiqne.

Colomnes apportees de Ierusalem pleines de la Terre Ste. du Tombeau de Iesus-Christ. 246.
Comachio & ses salines 313.
Come & son Lac, 88.
Concorde 160.
Concordia dans le domaine de Venise 188.
Conagliano premiere ville suiete aux Venitiens en la terre ferme 187.
Coni ville de Piemont resiste au Roy François I. est prise par le Comte d'Harcour 69.
Conza 382
Corps d'vne beate auquel on coupe les cheueux vne fois l'annee, & les ongles tous les mois, 307
Correggio Seigneurie, 143.
Corse, isle à la Republique de Genes 107
Coriemille ville de Piemont 71.
Cosenza 386.
Cosmopoli 341.
Coste de Genes 106. 107.
Cotignola 314.
Cotrone 388.

Couleurine & charette d'argent 174.
Creme 199. ayme mieux estre castelli que cité, ib.
Couolo fort chasteau, 201.
Cremone & sa description 100. 101.
Croix apparuë à Constantin, 197
Crucifix naturellement representé en vne colomne de marbre 181.
Cuma mere de Naples, 373

D.

Didier devnier Roy des Lombards pris dans Pauie 99.
Diruta bourg où se fait la vaisselle appellee Mallorquine 290.
Domaine de Venise. Ses Confins 164.
Dome d'Oscela 88.
Donas en la vallee d'aoust a vn chemin taillé dans le roc estimé le passage d'Hannibal. 72.
Dragee des pierres de Verone, 266
Le Duc de Venise espouse la mer, tous les ans, 164

Table Alphabetique.

Duc de Mantoüe & ses tiltres. 149.
Le Duc de Sauoye est maistre des passages des Alpes 58
les Princes ses voisins, ses forces: ses richesses.

E.

EAu de la mer froide, & le sable fort chaud 372.
Eglises d'Italie vn peu obscures 91.
Eglise Catedrale de Milan, l'vne des plus belles d'Italie 91.
Eglise couuerte d'argent, puis de cuiure & enfin de plomb 256.
Eglise ou les femmes n'entrent point 306.
Elbe Isle, 341
L'Empereur Othon va au mont S. Ange à pieds nuds 394.
Engubio 300.
Epithetes des villes d'Italie 54.
Escarboucle gros comme vn œuf 295.
Escuries considerables dās le Palais de Mantoue, 156.
Esperons bien trauaillez à Modene 140.
Esperons de viterbe 278.
Estat Ecclesiastique 209. iusqu'à 214.
Estats des Princes d'Italie depuis 19. iusqu'à 24.
Estats du Roy d'Espagne en Italie 20.
Estats de la Republique de Genes, 22.
Estats du Duc de Mantoue 23.
Estats du Duc de Modene, 23.
Estats du Pape, 19.20.
Estats du Duc de Parme 23.
Estats du Duc de Sauoye, 22.
Estats du Duc de Toscane, 22.
Estats de la Republique de Venise 21.
Este & sa famille, 193
Eueschés d'Italie en grād nombre, & pourquoy 36.
Euesque de Bresce est Duc Marquis & Comte, 197.
Exille Chasteau ou le Roy

Table Alphabetique.

Charles VIII. mit en seureté son artillerie à son retour d'Italie, 10.

F.

Fabriano & son bon papier, 298.
Faenza & sa vaisselle, 305.
Familles de Genes 116.
Fano & son arc triop. 300.
Farnese chasteau, 281.
La Favorite beau Palais, 157.
Feltri 187.
Femmes des sabines enleuees, 282.
Ferrare 311. 312.
Sa citadelle, 313.
Ferrendina 384.
La Ferriere village de Piemont, 12.
Fianone 189.
Fiefs de l'Eglise luy retournent à faute d'hoirs masles 25.
Fiesole 330.
Final Marquisat 120.
Finchio, autrefois ville des Gabiens, 274.
Fiorenzola & son Abbaye 133.

Florence & sa description 320.
Richesses du cabinet du grand Duc, 322. 323.
Ses Eglises 324.
Fogia 394.
Foligni & ses confitures, 288.
Fondi 378.
Fontaine qui fait moudre 22. moulins, auant que de se rendre en la plaine, 189.
Fontaine iette l'huille pendant trois iours & trois nuits, lorsque N. Seigneur vint au monde, 239.
Fornoue, Victoire du Roy Charles VIII. 134.
Fosdinouo au Malespines.
Franza curta petite contrée, 198.
Frascati 272. 273.
Fratta 290.
Fricenti 383.
Fromage de Lodi, pese cinq cens liures, 101.
Fromage de Parme 130.
Frosinone, 274.
Fumone 275.
Fort de Fuentes 88.

Table Alphabetique.

G.

Aieté 377.
La Garde & son Lac, 196.
Garfagnane vallee au Duc de Modene 136.
Garrigliano riuiere 377.
Gattinare v. du Vercellois 75.
Gelasse village de Piemont 10. l'on monstre le certificat de la santé, 55
Genes & sa description, 107. iusqu'à 117.
Genois puissans sur mer, 107.
Genois attachez à leur interest particulier 116.
Gentil-hommes d'Italie exercent le commerce, si ce n'est à Milan & à Naples 89.
Giudeca Isle proche de Venise, 179.
Goito auec vn beau Palais 158.
Gonfalonier de Lucques, 343.
Gonzague chasteau 150.
Gorits à la maison d'Autriche, 24.
Gouernolo & ses ecluses 158.
Gouuernemens de 12. sortes à Genes en moins de 34. ans 117.
Grado 183.
Grauiere ruisseau separe les Estats de France & de Sauoye 10.
Grotte du chien 365.
Grotte de Naples 366.
Grotte de la Sibille de cume, 373.
Guastalle 160.

H.

Homme representé naturellement sur vne table de marbre, 169.
Hospital de Milan riche & bien basti, 94.

I.

Iauen ville de Piemont 71.
Iaillon village de Piemont 10. Iesi 297.
Image miraculeuse de la Vierge en l'Eglise de S. Satyre à Milan, 93.
Image du Pape Pie V. naturellement dans vne pierre 232.
Incisa Marquisat 84.
Inuention des Orgues à Segni, 274.

Table Alphabetique.

Isabelle Princesse d'Espagne, a permission de prescher en public 94.
Ischia Isle 378.
Isle formée de Bled 240.
Italie p. 1.
Italie & ses Noms 1.
Italie appellée Saturnie, Hesperie, Ausonie, Oenotrie, 2.
Italie assise au milieu de la Zone Temperee, 3.
Italie & sa Figure 3. 4 Sa grandeur 5. Ses confins, 6. Ses riuieres, 6.
Italie suiette à diuers Peuples 15.
Italie diuisee en trois grandes parties 52.
Italie diuisee en treize parties ou Estats 52.
Italie diuisee en vnze Prouinces anciennes 53.
Italiens & leur meurs, leur adresse, leur puissance 14
Iuifs portent vn simple ruban iaune dans Mantoue 148.

L.

Lac d'Agnano, 365.
Lac Auerne 365.
Lac Lucrin, 366.
Lac Maieur 87.
Lac Trasimene 289
Lamentana 283.
Lames & poignards de Pise 336.
Lamporeggio voyez Iuree.
Lance d'vne grosseur extraordinaire 99.
Lanciano 396.
Langhes, collines qui font le commencement de l'appennin 71.
Langue Italienne 13.
Langue de Bergame affectee par les basteleurs, 199
Langue de Toscane la plus polie 14.
Langues de veau sallees à Lodi, 102.
Lanti 18.
Lauagne 122.
Lauello 384.
Lauset 79.
Lecce 389
Legations de l'Estat Ecclesiastique en nombre de six, 213.
Lerice 123.
Lespece 123.
Liddo forteresse & port de Venise 180
Liuorne & sa belle plaine

Table Alphabetique.

en Piemont, 80.
Loan Comté, 120.
Lodi 101.102
Lodrone 205.
Lomelline contree du Milanez 103.
Lorete 293. Chambre de la Vierge 294.
Ses Richesses, 295.
Loy salique obseruee en Sauoye, 58.
Lucques & sa description 343.344.345.
Lucquois 343.
Lucerne & sa vallee, 9.

M.

Macerata 297.
Madona de la Quercia, lieu de deuotion 279.
Madrucci 205.
Magliano ville de la Terre sabine, 283.
Magliano ville d'abruzze, 398.
Maire vallee dãs le Marquisat de Salusse. 9
Maison de la monnoye bastie de pierre & de fer sans aucun bois, 176.
Maison bastie sur le mont Cenis par le Duc de Sauoye, pour receuoir la Princ. Christine 12.
Malamocco 181.
Manfredonia 394.
Mantiga belle maison proche de Nice 78.
Mantoue & sa description 150.151.
Son beau Palais 152.
Marais pontins 277.
Maran 183.
Marano 375.
Marche d'Ancone 291.
Marmirol beau palais 157
Marons gens qui ramassent à la descente du mont Cenis 12.
Marostica, & son lac auec flux & reflux 201.
Marre Marquisat 120.
Martano Isle, ou fut tuee la Reine Amalasonte, 278
Masques de Modene, 139
Masse 347.
Masseran princip. 75.
Matera 391.
Maxime du Roy d'Espagne pour le Gouuernement de ses Estats d'Italie 89.
Meldola Marquisat sou-

Table Alphabetique.

uerain, 304.
Menton 119.
Mers proche d'Italie 3.
Mer Adriatique 3.
Mer Ionienne 3.
Mer superieure 3.
Mer Tyrrhene ou de Toscane, 3.
Mestre 182.
Meuriers en Toscane, 319
Milan le plus beau Duché de la Chrestienté, 87
Milan asigée 40. fois, prise 22. fois, 95.
Milan & sa description depuis 90. iusqu'a, 97.
Milanez 87. 89.
Mille fleurs belle maison proche de Turin 62.
Mince Riuiere 147.
La Mirandole, 159.
Miroirs artificiels pour ietter l'eau 243.
Modene & sa description, 138. 139.
Modenois & sa description, 135. 136. 137.
Moïse de marbre fait par Michel Ange 260.
Mola, 378.
Molisse, 396.
Monaco principauté, 118.
Sa forteresse, 119.
Mondeui ville de Piemont grandement forte; & peuplées conserue les restes de la faction des Guelphes & des Gibellins, 70.
Montagnate 335.
Montaldo & S. Stephano terre du Piemont au Pape, 71.
Mont Alcino 334.
Monte Algido 274.
Mont de l'Alun, 267.
Montcalier ville de Piemont, 67.
Mont Cassin, 376.
Mont Cenis passage de la Maurienne à venir de Lyon, 11.
On y monte l'espace d'vne lieuë, 12.
Monte Circello 276.
Monte Falcone patrie de sainte Claire 287.
Montferrat 80. 81.
Montferrat au Duc de Sauoye & au Duc de Mantoue, 81.
Monte Fiascone & son bon muscat, 278.
Mont Gargan & Mont

Table Alphabetique.

S. Ange, 393.
Mont Geneure, 9.
Mont misene 375.
Mont Oliuet 334.
Mont Pausilippo 366.
Monte pulciano, 331.
Monterosi 280.
Mont Vesuue 376.
Mont Viso 75.
Monza garde la couronne de Fer, dont on Conronne les Empereurs, 103.
Mortare autrefois, Selua bella, 85.
Moulins de Mantoue 151
Mouuance des Princes d'Italie, 24. 25. 26. 27. 28.
Muran les delices de Venise 180.

Nauiglio Canal 80.
Nauire artificiel 234.
Nerui & son bon air, 122.
Nettune 276.
Nice & son Comté, 78. 79
Nice, Ses antiquitez. La Citadelle. Sa fontaine 77. 78.
Noblesse de Piemont fort ancienne, 57.
Nola 375.
Noli 121.
Nonantola & ses Reliques, 141. trois batailles données en son voisinage, 142.
Noccia & son Lac, 286.
Noualese bourg du Piemont 12.
Noueldre 160.

N.

Nansberg montagne & son abondance, 203.
Naples & sa description, 352. Ses Citadelles, 357. Le Palais du Gouuerneur & ses Raretez 358.
Narni 285.

O.

Obelisque transporté auec vne merueilleuse adresse 237. apporté d'Egipte à Rome, 338.
Occimian ancienne demeure des Seigneurs de Montferrat 81.
Odezzo & ses antiquitez 186.

Table Alphabetique.

Ofanto Riuiere 391.
Oyseaux & leur ramages par la force de l'eau, 262. 271.
Ombrie 284.
Oneille Marquisat au Duc de Sauoye 120.
Orbitello 335.
Orc Riuiere a du sable d'or, 73.
Orcinoui forte place 198.
Ordre des Chevaliers du sang de Christ, 130.
Oruiete. Son puits merueilleux, sa belle Eglise, 288
Osmo 297.
Ostia 275.
Otrante 388.
Otricoli 283.
Ours autrefois mené à Modene 144.

P.

PAdoue & sa description, 190. 191. 192.
Pais Mantouan, 146. 147. 148.
Palais de Doria a Genes, 111. 112.
Palais de S. Marc 174.
Palestrina princip. 274.
Pallauicins 18.
Palme la Noue la plus reguliere forteresse du monde 13. 188.
Palo forteresse 280.
Pandosie 386.
Paola 388.
Pape & son reuenu 211.
Son pouuoir 213.
Parangon belle pierre 197
Le Parc belle maison, proche de Turin, 62.
Parenzo 189.
Parme & sa description, 128.
Sa Citadelle 129.
Parmezan & sa description 126. 127.
Seigneurs dans le parmesan, 128.
Pas d'Annibal en la vallee d'Aoust, 13.
Pas de Suse, est celuy par lequel on passe les Gaulois, Asdrubal, Pompee, les Roys Charles VIII. & Louis XIII. 10. 11.
Passage d'Alemagne en Italie par Gradise, fort aisé 13.
Passage de Gradise appellé la grande porte

d'Italie. Les Turcs y ont passé sous Baiazet, 13
Pasturana Marquis. 105.
Patrimoine de Sainct Pire,
Paué de la grande Eglise de Sienne tres-beau, 333.
Pauie, l'importance de son assiette, 97. 98
Pedena a la maison d'Austriche 24.
Peintres & sculpteurs excellens a Bologne, 310.
Peres de beaucoup d'enfans considerez 332.
Perouse & sa vallee 10.
Peruge 289.
Pesaro 299.
Peschiera ville des Venitiens, 196
Peuples guerriers & voleurs 4. 5.
Pianosa isle 341.
Pic de la Mirandole, 160
Picightone 102.
Pie-diluco & son Lac le milieu d'Italie 286.
Piemont ville de 300. milles de tour, 56.
Piemont & sa description, 56. 57. 58.
Piemōt a des minieres, 57
Pienza 334.
Pierre d'aimant qui soustient 60. liures de Fer, 322.
Pierres exposees au Soleil en gardent la lumiere, 310.
Pietra Santa 346.
Pieue de Cadore 187.
Pignerol appartient au Roy 24.
Pignerol au Roy, 65.
Sa Citadelle grandement forte, est la porte de l'Italie 66.
Luserne & sa vallee peuplée de plus de 20. mille ames,
Piombin 335.
Piram ville d'Istrie, 189.
Pise & sa description, 338. 339.
Pistoia 327.
Pistola village patrie de Virgile 157.
Place de S. Marc, 175.
Plaisance & sa citadelle 131.
Plat d'vne seule Emeraude à Genes 114.
Poget 79.
Poggio Imperiale 299.

Table Alphabetique.

Poggio-Reale, 365.
Poisson qui vient prendre sa nourriture au son d'vne clochette, 512.
Pola, 189.
Polenza ancienne ville & ses ruines 69.
Polesine Prouince des Venitiens 194.
Poluerara & ses grandes & belles poules, 193.
Pomare Marquisat 83
Pont & sa vallée en Piemont auec des arbres de poiure 73.
Ponte Centino 289.
Pont Era 342.
Pontremoli 346.
Pont de Rialto 176.
Pont de Marbre 304.
Pont de Sture, 80.
Ponza Isle 378.
Portes de fonte qui ont esté dans le Temple de Salomon, 337.
Port Morice 119.
Porto 280.
Porto-Longon 341.
Ports du R. de Naples, 351
Pozzuolo 371.
Pragela & sa vallée 10.
Prato 328.
Pratolin belle maison 228. 329.
Primicier de l'Eglise de S. Marc porte le rochet la mitre, l'anneau & autres ornemens Episcopaux 169.
Princes Souuerains de l'Italie 16. 17.
Princes en Italie de deux sortes, grands & petits, 16, 17.
Princes d'Italie releuent ou du Pape ou de l'Empereur, si ce n'est la Republique de Venise 19.
Autres Princes possedent en Italie 19.
Princes feudataires en Italie, 25.
Principauté Citerieure, 378. & Vlterieure.
Principautez de nouuelle erection 18.
Autres Principautez d'Italie non Souueraines, 29.
Prochita Isle. 378.
Puits merueilleux en la citadelle de Turin, 61.

Table Alphabetique.

Q

Qvalité de Duc plus considerable que celle de Prince 19.
Quartiers d'vne ville appellés Prouince.
Queux & meules de moulin à Bergame, 198.
Quieras ville de Piemont. Paix de Quieras, 68.
Quiers ou Chieri Ville de Piemont 67.
Bataille de Quiers, 67.

R

Raconis V. de Piemont 71.
Radicofani 335.
Rapalle ou à commencé la faction des Guelphes & des Gibellins 122.
Rauenne. Et son ancien port 302.
Recanati 297.
Receptes pour viure à Rome, 266.
Reggio ville de Calabre, 388.
Regio ville du Duché de Modene 140.
Rieti 286.
La Rigonda belle maison proche de Vicense, 194.
Rimini & ses antiquitez 303. 304.
Rio Caminato 283.
Riuieres d'Italie 6.
Riuoli & son beau chasteau, 65.
Robe de pourpre de Iesus-Christ 247.
Robie lieu ou furent defaits les Cimbres par Marius 86.
Rocca-Secca 347.
Rodi 395.
Royaume de Naples, 349. 350. Ses entrées. 351.
Roli Comte 143.
La Romagne 302.
Rome & sa description 214. ses noms. 215. ses prises 215. son circuit, ses regions, ses portes, 216. ses grands chemins, 218. ses Palais, ses vignes ou iardins 220. ses Eglises depuis 221. iusqu'à 226. ses ponts 226. ses montagnes 227. ses plus belles Bibliotheques 228. ses familles plus considerables 228. Ordre qu'il faut tenir pour visiter la ville 229.

Table Alphabetique.

Chasteau S. Ange 230.
Champs Mutiens 231.
Palais du Vatican 231. 232
Iardins de Belueder 233.
Eglise de S. Pierre toute de marbre & de metail, ses Reliques 234. 335. 336
La place de S. Pierre, sa fontaine & son Obelisque 237. Cirque de Neron, 238. Palais de Cesi. Hospital du S. Esprit 238. Montorio 239. Palais de Farnese 239. 251. Isle S. Bart. 240. Mont Auantin & ses Eglises 240. le Grand Cirque & ses ruines 242. Vigne de Mathei 243. Aqueducs coustent soixante mille Talens, 243. Sainct Iean de Latran & ses richesses 244. 245. ses Reliques 246. Ste. Croix de Ierusalem 248. Ste. Marie Maior 248. Palais du Grand Duc 250. Obelisque deuant Saincte Marie del populo 250. Champ de Mars, 251. Colomne d'Antonin, 251. Champ de Flore & ses Palais 253

Palais de la Chancelerie, 254. Le Pasquin, 254. Place Nauone, 254. Le Pantheon 255. Le Capitole, ses antiquitez & ses raretez 256. 257. 258. Mont Palatin, ses antiquitez 259. Colisee 260. Colomne de Traian 261. Monte-Cauallo, 261. Eglises de S. Laurens, de S. Sebastien 263. Eglise de S. Paul & ses Reliques, 264.
Rome artificielle dans Tiuoli 269.
Roncillon Comté 281.
Roseau dont on frapa N. Seigneur 247.
Rossano 386.
Rossena forteresse du Parmesan 134.
Rouigo 194.
Rubicon Fl. 305.
Rubiera forte place 142.

S.

Sabionette 160.
S. Ambroise en Piemont, 64.
S. Antoine de Lisbonne, mort & enterré à Padoue,

Table Alphabetique.

S. Damien V. du Montferrat, 84.
S. Eſtiene & ſa vallee 79.
S. George Mator Iſle, & ſa belle Egliſe 181.
S. Gioanne ritondo 395.
S. Helene Iſle proche de Veniſe, 180.
S. Iean Duino & ſes bons vins 190.
Sanleo 300. ſa force 301.
S. Marin Republique 301
S. Martin & ſa vallee, 65
S. Martin dell Argine, Comté dans le Mantouan, 161.
S. Martin Comté en Piemont 73.
S. Michel de l'eſcluſe abb. en Piemont 64.
S. Michel au Bais beau & riche Monaſtere, 309.
S. Pierre d'Arena proche de Genes 106.
Ste Reine, 119.
S. Saluador dans le Comté de Nice 79.
Sanſeuerino, en la marche d'Ancone, 297.
S. Suaire Relique à Turin, 61.
Salerne 379.
Saluſſe, Son Chaſteau & ſa belle Egliſe 76.
Saluſſes Marquiſat & ſes villes 77.
Sandoual fort proche de Verceil 88.
Santia V. de Piemont 75.
Saorgio 79.
Sarno 381.
Sarſina, 304.
Sarzane 123.
Saſſo ferrato 298.
Saſſueil 141.
Ducs de Sauoye & ſes prerogatiues 58.
Sauillan Ville de Piemont en belle aſiette, ſes autres auantages 68.
Sauone, & ſon port bouché, meurs particuliers des habitans, 121.
Sauterelles & leur degaſt 389.
La ſcala fort ch. 201.
Scarlino 335.
Scarparia & ſes Oſeaux, 330.
Sciglio 388.
Seau a puiſer l'eau, fait d'vne ſeule piece de grenat, 178.

ẽ ij.

Segni 274.
Seminara 389.
Senateurs de Venise portent le dueil du Duc en robes rouges, 179.
Senigaglia 300.
Sermione 196
Serpent de bronze eleué par Moyse dans le desert, est gardé dans l'Eglise de S. Ambroise à Milan. 92.
Sestola 143.
Sestri de Leuant & de Ponant, 122.
Sibari ville ruinée 387.
Sibaritains voluptueux, 387.
Sienne 332. 333.
siponte 394.
sirolo & ses vins 293.
saona 335.
solfarin 161.
soncino 101.
soraggio territoire 144.
soriano 279.
sospelle 79.
sources d'eau viue en nombre de 200. sur le Monte Caballo 262.
spinola Marquisat, 105.
spolete 284.
statuë du Roy Louis XIII. d'or massif 323.
statue considerable dans Pauie 98.
statue de sainct Charles Borromé toute d'argent à Milan 92.
statues de marbre en nombre de 600. dans l'Eglise Catedrale de Milan 91.
stilicon Lieutenant de l'Empereur Honorius defait à Polenza par Alaric 69.
sulmone 396.
sutri 280.
suze ville de Piemont bruslée par l'Empereur Constantin le Grand & par l'Empereur Federic I. dit Barberousse, sa riche vallee, 63. ses fortifications, ses antiquitez. 64.
Marquis de suze descendus de Charle-Magne.

T.

Tabarque Isle sur la coste-d'Afrique, aux Genois 107.

Table Alphabetique.

Table d'argent pese vingt & quatre mil escus 112.
Table à fonds de Cassidoine reuestue de pierreries, & soustenue de pilliers d'argent 322.
Table d'Emeraudes.
Table de Turquoises.
Table d'Hyacinthes.
Table de safirs violets.
Table d'ambre.
Table de iaspe 154.
Tableau du iugement par Michel Ange 232.
Tanare riuiere nourrit les meilleures truites d'Italie & du sable d'or, 68. 84.
Tarante 389
Tarantules petits animaux 389.
Tende Comté, sa montagne ouuerte par le Duc de Sauoye pour y faire vn passage 71.
Terni 285.
Terracina 277.
Terre de Labeur 364.
Terre d'Otrante 388.
Terre sabine 282.
Terre se conuertit en bouë en temps de seicheresse, & en poudre lors qu'il pleut 286.
Tenerone riuiere 214.
Tenerone riu. & ses particularitez 266.
Thé beau Palais 156.
Tibre riu. & ses eaux beaucoup saines 214.
Tiuoli 168. sa belle pierre nommée Trauertine, son beau palais, 268
Todi 285.
Tolentino 297.
Tolfa & ses minieres d'alun 280.
Tombeau d'vn chien qui auoit cinq cens escus de rente 113.
Torbie 78.
Torcello 184.
Torreglia princip. 125.
Toscane par qui possedée, 315. sa descript. 316. force du Grand Duc 317. ses Richesses 318.
Tour de Mirebouc 9.
Tour autrefois en la maison de chaque habitant à Genes 117.
Tour panchante à Bologne & à Pise 308.
Tour de la Lanterne à

Table Alphabetique.

Genes 110.
Traietto 378.
Trani 392.
Trebie riuiere 132.
Tremithi Isles 395.
Trente, ses belles Eglises, son pont de bois long de 140. pas. 204.
Trentin 201. ses grandes chaleurs & son froid excessif 202.
Tresor de S. Marc 171.
Treuis conseruee seule aux Venitiens pendant leurs disgraces, 185.
Trieste 190.
Trieste à la maison d'Austriche 24.
Trin V. du Monserrat & sa Citadelle, 84.
La Trinité ancien Comté en Piemont 69.
Tripalda 383.
Truites sans arrestes 286
La Tuille village proche d'Aoust 13.
Turin, seiour du Duc de Sauoye, son assiette, son chasteau auec vne belle galerie, sa Citadelle, 60.

V.

Vay & son port 121
Valence ville du Milanez 103.
Le Valentin belle maison proche de Turin, 62.
Valpergue Comté en Piemont, 73
Valstagna & ses scies 200
Vanzone 138.
Var riu. borne d'Ital. 3.
Varca-fossa 280.
Vases qui ont seruy au buffet de l'Empereur Constantin 172.
Vassaux du Duc de Modene. 137.
Vdine 187.
Veillane & ses deux chasteaux. Combat de Veillane 65
Venafre & ses huiles, 376
Venise & sa description 167. iusqu'à 179.
Venise Republique independante 164.
puissante sur mer 165.
Venise na iamais changé de Gouuernoment, 179.
Venosa 384.
Verceil ville de Piemont, ses auantages, son bel

Table Alphabetique.

Hospital 74.
La Verge de Moise 246.
Verone & sa belle assiete 195. son amphith. 196.
Verres tres beaux & vases de Christal bien trauaillez à Venise 180
Verrucola forteresse 145.
Verrue v. de Piemont 71.
Vescouie 282.
Vgogne 88.
Viadana 158.
Viareggio port de Lucques 346
Vicence 194.
Vicentin iardin & boucherie de Venise 195.
Vicentins Vindicatifs, se disent tous Comtes, comme ceux de Verone Marquis 195.
Vie pareille à celle des anciens bergers 144.
Vigeuan v. du Milan. 86.
Vigon v. du Piemont, 71.
Villars premier lieu de Piemont du costé de Dauphiné 9
Ville representee sur vne Table auec plusieurs pierres precieuses. 321.
Villes anciennes du païs Latin 274. 275.
Ville Franche sur le Po. Victoire des François à Ville Franche 66.
Ville Franche port de mer proche de Nice, ses deux chasteaux, palmes dans les enuirons 78.
Ville neuue d'Ast. 76.
Vingt mille familles dans Genes trauaillent aux estoffes de soye, 116.
Vintemille 119.
Virgiliane belle maison, 157.
Viso montagne à vn passage ouuert à force de fer & de feu pendant vn demy mille. 9.
Viterbe 277
Vitorchiana & la fidelité de ses habitans 279.
Volterra & ses antiquitez 340.
Voute merueilleuse en l'Eglise de S. Laurens de Milan, 93.
Voye Atellane 369.
Voye Emilie 133.
Voye Flaminienne 208.

Table Alphabetique.

Vrayte vallee dans le Marquisat de Salusse 9.
Vrbin & son Duché 298.

Y.

Yvrée Marquisat, Trois de ses Mar-quis, Empereurs & Rois d'Italie, 73.

Z.

Zequin monnoye 177.

FIN.

LE VOYAGE
ET LA
DESCRIPTION
DE L'ITALIE.

Où il est fait mention des Places qui ont quelque prerogatiue, ou quelque particularité; comme aussi des Champs de Bataille mentionnez dans les Histoires.

TANT d'Autheurs ont écrit de l'Italie, qu'il est bien difficile d'en dire quelque chose qui ne se trouue chez eux; nous y apprenons que le Nom a esté donné au pays, ou par *Noms.* vn Italus de la race des Oenotriens

A

qui s'en rendit le maistre, où par les habitans qui appelloient *Itali*, les bœufs dont ils auoient grande quantité. Ses anciens Noms ont esté *Saturnie* venu de Saturne qui regna en ce pays *Hesperie* d'Hesperus qui s'y retira, estant chassé d'Afrique par son frere Atlas; *Ausonie* d'Auson, fils d'Vsisse & de Calypson qui la peupla en quelques endroits *Oenotrie* d'Oenotras Arcade fils de Lycaon, le nom *d'Hesperie* semble pareillement luy auoir esté donné par les Grecs, qui ont l'Italie au couchant de leur pays.

Tous ces Noms nous font voir que souuent les Souuerains & quelquefois les peuples qui s'y sont trouuez les plus puissans, luy ont donné le leur. Chaque Autheur a fait vn Eloge de l'Italie, & tous la representent comme le Iardin de l'Europe & comme le plus beau, le meilleur, le plus agreable & le plus delicieux pays du monde.

Assiette Son assiette fauorable qui luy cause tous ces aduantages, est vers le milieu de la Zone temperée, entre le vingt & le huictiéme degré & demy, & le quarante deuxiéme & demy de longitude; depuis le trenteseptiéme degré & demy, iusqu'au quarante sixiéme & demy de latitude, il est temperé pour le general, bien que tirant sur le chaud & sur le sec, il se trouue entre le *Golfe & Venise*, qui a porté nom de *Mer Adriatique* & de *Mer Superieure*; entre la *Mer Tyrrhene* ou de *Toscane*, autrefois *Mer Inferieure*, & entre la *Mer Ionienne*: Toutes ces Mers sont partie de la *Mer Mediterranée*.

Les *Alpes* enuironnent l'Italie aux endroits qu'elle n'aboutit pas à la Mer: & les petites riuieres du *Var* & d'*Arse* luy seruent pareillement de bornes, de sorte qu'elle semble vne presqu'Isle longue & estroite; & on *Figure*. la compare ordinairement à vne botte, ou plustost à la iambe & au pied d'vn homme, si l'on en separe ce qui est plus proche de l'Italie & de l'Alemagne. La Carte peut faire voir par sa figure ou est le genoüil, le

A ij

gras de la iambe, le pied, le talon & les autres parties.

Quelques Autheurs la font ressembler à des fueilles de lierre & de chesne, d'autres à vn triangle; mais toutes ces comparaisons ont peu de rapport à la verité. Le mont *Appennin* la trauerse toute du couchant, d'Esté au Leuant, d'Hyuer comme l'espine du dos, ou plustost comme l'os de la jambe, il cause vne grande diuersité de pays.

Les Voyageurs qui passent par l'Appennin se garantissent ordinairement des Bandits, ou par escorte ou autrement, s'ils ne veulent estre volez & peut estre mis à mort. Ces voleurs se trouuent en grand nombre dans le Royaume de Naples, dont le Viceroy sçait assez bien se seruir dans les occasions. Il y a en plusieurs autres pays de cette sorte de gens qui sont guerriers & voleurs. Les *Iroquois* en Canada: les *Caribes* en Güaiane: les *Araugues* en Chili, les *Quirandies* dans le Paraguay: les *Mores* & les *Arabes* en Afrique: les *Giagues* ou

description de l'Italie.

Galles dans le Monomotapa : les *Alarbes* & les *Beduins* en Arabie : les *Curdes* aux confins de Turquie & de Perse : les *Kougli* & les *Resbutes* dans les Indes Orientales : les *Malabares* en la presqu'Isle de l'Inde deçà le Gange : les *Bohemes* & *Egyptiens* en France : les *Cosaques* en Pologne & sur la Mer Noire : les petits Tartares voisins de Pologne & de Moscouie : les *Vscoqs* & les *Morlaques* en Dalmatie : les *Arnautes*, en la Grece : les *Mainotes* en Morée : les *Cimmeriots* en Epire : les *Montagnards*, qu'ils appellent *Mosse-Troupes* & *Clanney* en Escosse : les *Thories* en Irlande : les *Sfaciotes* en Candie, & autrefois les *Assassins* & les *Sarrazins* en Sourie : les *Bandoliers* dans les Pyrenées, &c.

La grandeur d'Italie peut estre diuersement obseruée ; on conte plus de trois cens de nos lieuës des confins de la Sauoye, iusqu'à la partie la plus Meridionale du Royaume de Naples ; la largeur est inegale, de cent, de cinquante, de quarante, de trente lieuës.

A iij

Confins. Si nous voulons considerer les pays voisins de l'Italie, nous trouuerons vers le couchant la France & la Sauoye, vers le Septentrion la Suisse & l'Alemagne: vers le Leuant les Mers Adriatique & Ionienne, au delà desquelles sont la Dalmatie & l'Albanie dont les costes pour la pluspart appartiennent aux Venitiens, & le dedans du pays au Turc: du costé du Midy est la Mer Tirrhene, autrement de Toscane, où se trouuent les Isles de Sicile, Sardaigne & Corse; les deux premieres au Roy d'Espagne, & l'Isle de Corse à la Republique de Genes.

Riuieres. Les Riuieres d'Italie ne peuuent pas entrer en comparaison de celles des autres pays, si on a esgard à la grandeur & à la nauigation. Le *Pô*, *l'Adige*, *l'Arne*, & le *Tybre* en sont les plus considerables.

Les anciens ont donné diuers noms aux Alpes, suiuant leur differentes assiettes; pour l'intelligence de la plus part des Historiens, il semble comme necessaire de les connoistre

& de sçauoir comme elles s'appellent aujourd'huy. Les *Alpes Maritimes* sont les Alpes du Comtat de Nice, depuis la Mer iusqu'au mont Viso : les *Alpes Cottiennes* sont celles du Dauphiné, entre le mont Viso & le mont Cenis : les *Alpes Gregeoises*, les Alpes de Sauoye entre le mont Cenis & celuy du grand S. Bernard : les *Alpes Pennines*, les Alpes du Valais, entre les Monts de S. Bernard & de S. Gothard : les *Alpes Hautes*, le mont S. Gothard à la source du Rosne & du Rhin en Suisse : les *Alpes Lepontiennes*, les Alpes au Septentrion du Lac Majour dans le Milanez : les *Alpes Rhetiques & de Trente*, les Alpes des Grisons & du Trentin : les *Alpes Carniques*, les Alpes du Frioul & de Carinthie à la source du Saue : les *Alpes Iuliennes & de Venise*, les Alpes de l'Istrie & de Cariole : les *Alpes Noriques*, les Alpes aux confins du Frioul, du Tirol & de la Carinthie proche des sources du Draue.

Les *passages des Alpes* sont diuers, les vns aisez, les autres difficiles : *Passages des Alpes.*

A iiij

apres auoir passé la riuiere du Var proche de Nice, on trouue deux chemins, l'vn à main droite le long de la marine & l'autre à gauche: celuy-cy conduit au *Col de Tende*, par Sospel & par Saorgio dans vne route bien penible. Les Historiens disent qu'Hercule passa autrefois par celuy de la mer.

Le passage du *Col de l'Argentiere*, donne l'entrée dans le Marquisat de Saluffe: on s'y rend de la Prouence & du Dauphiné; de la Prouence par le Lauset, le Val de Mont, Miolans, Barcelonette, Meirone & l'Arche, eloigné seulement d'vne lieuë de ce passage qui meine dans le Val de Sture, on s'y rend du Dauphiné par Guillestre par le Col de Vars, par S. Paul & par Meirone: comme aussi par vn autre chemin qui tire sur la gauche par le Val de Queyras le long de la Combe du Vayer, mais ce dernier chemin il faut passer quinze Ponts en moins de cinq lieuës.

Le passage du *Col de Lagnes* aboutit au Dauphiné, vn quart de lieuë apres

description de l'Italie.

Queyras on prend la droite, & on trouue S. Varan, la Montagne de Lagnel, Chasteau-Dauphin & *Vlars*, premier lieu des Estats du Duc de Sauoye, on rencontre en suitte les vallées de *Vraite* & de *Maire* dans le Marquisat de Salusses.

Le *Mont Viso* a vn merueilleux passage qui mene de Quieras, par Ristolas en la vallée du Pô: cette Montagne a esté ouuerte à force de fer & de feu l'espace d'vn demy-mille.

Le Col de la Croix se presente pareillement à ceux qui viennent par Quieras, & qui prennent la gauche à la sortie de Quieras; Apres le Col de la Croix on trouue la Tour de *Mirebouc*, au Duc de Sauoye, assez mauuais passage, qui mene dans le Piemont par les vallées d'*Angrogne* & de *Luserne*.

Le *Mont Geneure* aboutit à deux grands chemins qui viennent de Grenoble, l'vn par le Col de Lauteret & Briançon, l'autre par Embrun, & Briançon. Le premier est tres-difficile, & n'est gueres practiqué, si ce n'est par ceux du pays. Le chemin d'Embrun est le plus long, mais aussi le plus commode, tant pour le Canon que pour les armées. D'Embrun on vient à S. Clement, à S. Crespin, à Pertuis-Rostang, à Briançon, à 1. lieuë duquel est le mont Geneure, d'où l'on descend à Sezane, où le chemin se fourche en deux principaux, l'vn à droite assez aisé, pour la vallée de *Pragela* qui apartient au Roy, & qui mene à Pignerol par Perouse, capitale d'vne vallée de mesme nom. L'autre chemin qui est celuy de la gauche conduit à Suze par Oulx, Salbertrand, Exilles, Chaumont, le Ruisseau de la Grauiere, qui fait la Separation des Estats de France & de Sauoye, Iaillon & Gelasse : Ce passage a beaucoup esté suiuy par les anciens, par les Gaulois sous Bellouesse, par Asdrubal, par Pompée, par Iules Cesar & autres, il est celuy par lequel Charles VIII. conduisit son armée victorieuse au retour de la iournée de Fornoüe, & le Chasteau d'Exille, est la place où il mit en seureté son artillerie. Loüis XIII. choisit pareillement cette route l'an 1629. pour secourir les Estats du Duc de Mantouë en Italie, attaqués par les Espagnols. On dit aussi que ce mesme passage fut suiuy par Annibal : & que la plus part de ses troupes marchans à droite par le Col de Rousse vers Giauen, découurirent les belles plaines du Piémõt: mais les opinions sont si differentes, touchant les endroits par où ce grãd Capitaine entra en Italie, qu'il est à croire que pour cét effet il diuisa son armée, & qu'vne partie entra par le Val d'Aoust, vne autre par le pas de Suze, vne troisiéme par la vallée de Pragelas: on fait aussi tenir la route à quelques vnes de ces troupes par Barcelonete, le Col de Maure, Chasteau Daufin, &c.

Par le *Mont Cenis* on vient à Suse apres auoir passé la Maurienne: ceux qui viennent de Lyon, tiennent ordinairement cette route : ils passent premierement par la montagne d'Aiguebellette, fort fascheuse, par

Chambery, & par la vallée de Maurienne, dont la derniere place est Lasnebourg au pied du mont Cenis, qu'il faut monter l'espace de prez d'vne lieuë par vn chemin assez large, qui conduit dans vne plaine d'enuiron deux lieuës; en cét espace on rencontre vn lac long d'vne demie-lieuë & large d'autant; on y voit aussi vne maison bastie assez magnifiquement par le Duc Charles de Sauoye, pour y receuoir Madame Christine de France mariée au Prince de Piémont son fils, on y a la commodité de se faire porter en chaire & de ce faire ramasser par des gens qu'ils appellent Marons. Ceux cy vont si viste à la descente, que souuent on en demeure esblouy. On trouue en suitte la poste, & sur la descente d'enuiron deux lieuë fort estroite & malaisée, on vient au village de la Ferriere, au bourg de la Noualeze & enfin à Suze.

Le passage du Val d'Aost est tres mal aisé à forcer, c'est de la Tarantaisie quel'on s'y rend par le *Col du petit S. Bernard*, d'où l'on descend, à

description de l'Italie.

la Tuille, à Aoſt, à Bard & au lieu qu'ils appellent Pas d'Annibal.

Voila les principaux paſſages des Alpes, qui menent de France & de Sauoye en Italie; la connoiſſance des autres entrées nous eſt peu neceſſaires, & il ſuffit de dire, que Alles du coſté des Suiſſes, de Tirol, de Carinthie, & de Carniole, ſont tres difficiles, celle d'entre Gorits & Gradiſe eſt la ſeule qui ſoit aiſée, on l'appelle pour cét effet la Grande porte d'Italie. Les Turcs du temps de leur Empereur Bajazet, y ſont entrés pour piller le Frioul ; cela obligea les Venitiens à faire vn Canal vis à vis de Gorits & de Gradiſe ; mais cét ouurage ſemblant comme inutile, ils ont fortifié la Palme,& en ont fait vne des meilleure place de l'Europe: les Romains auoient autrefois eu en conſideration de fortifier Aquilée, pour empeſcher cette entrée qui fut neantmoins ouuerte aux Goths.

La Langue Italienne eſt baſtarde de l'ancienne Latine, que les Gots, les Huns, les Vandales, les Lombards

Langue

& autres peuples ont beaucoup corrompuës. La plus polie & la plus receuë de ses Dialectes, est la Toscane dont on se sert en Cour de Rome; & parmy les plus honestes gens: presque toutes les villes d'Italie ont chacune leur Iargon: & on a obserué que les Florentins prononcent leurs paroles du Gozier, les Venitiens du Palais, les Napolitains des dents, & les Genois des levres.

Habitans. Les peuples d'Italie sont des plus polis, adroits, subtils & prudents au dessus des autres, nous deuons aux Italiens la descouuerte d'vn Nouueau monde, vn Genois, vn Venitien & vn Florentin, y ayans esté les premiers, bien que sous les auspices des Princes Estrangers. Ils ont autrefois esté les maistres de la meilleure partie du monde, & d'vn Empire le plus considerable de tous ceux qui ayent esté depuis la creation du monde: ils ont aujourd'huy chez eux la premiere dignité de l'Eglise, & ils obeyssent à diuers Princes tous Catholiques Romains, mais bien differents en

description de l'Italie. 15

puissance & en interests, ces maximes leurs sont bien communes de fortifier leurs places, de prendre party suiuant l'occurrence des affaires, de garder les Traittez, plustost par interest que par cōsideration de foy, & de ne pas souffrir l'accroissement de leurs voisins au preiudice d'vn Prince moins puissant.

Auant l'Empire des Romains, plusieurs peuples y ont dominé; apres que cét Empire a commencé à decheoir, les Gots, les Lombards, les François, les Normans, les Sarrazins, les Alemans, les Espagnols & autres Nations s'y sont establies, & semblent y auoir joüé au boute-hors, les Espagnols sont demeurez les maistres de presque la moitié, le reste obeït à des Princes du pays, les François, les Suisses & les Allemans y ont quelque places dans les aduenuës.

Les Princes Souuerains de l'Italie font aujourd'huy de deux fortes, Grands & Petits.

Les grands Princes, font.

Princes LE *Pape*, aujourd'huy de la maison de Ghifi.
Le Roy d'Espagne, de la maison d'Autriche de branche Bourguignone. Ce Prince fait fa refidence ordinaire à Madrid en Efpagne.
La Republique de Venife, dont le chef eft nommé Doge.
Le Duc de Sauoye, de la maifon de Saxe.
Le Grand Duc de Tofcane ou *de Florence*, de la maifon de Medicis.
La Republique de Genes, où il y a vn Doge.
Le Duc de Mantouë, de la maifon de Gonzague.
Le Duc de Parme, de la maifon de Farnefe.
Le Duc de Modene, de la maifon d'Eft.
L'Euefque de Trente, aujourd'huy des Lodrones.

La République de Luque, ou commande vn Gonfalonier.

Les autres Princes sont appellez Petits, à cause du peu d'esteduë de leur Domaine, & non pas à cause de leur peu de Souueraineté qu'ils ont aussi grande, & aussi ample que la plufpart des grands Princes cy dessus, car ils battent monoye d'or & d'argent, ils font leurs Loix, il créent leurs officiers, ils peuuent faire la guerre & la paix, & ils ont droit de vie & de mort sur leurs sujets.

De cette sorte sont,

LE *Duc de Guastalle*.
Le Duc de Sabionette.
Le Comte de Nouellare.
Le Prince de Bozzolo.
Le Marquis de Castillon de Stinere.
Le Seigneur de Solfarin.

Tous ces Princes sont de la maison de Gonzague, si ce n'est celuy de Sabionette.

Le Duc de la Mirandole, autrefois de la maison des Pies.

B

Le Prince de Mourgues ou *de Monaco*, de la maison de Grimaldi.

Le Marquis de Masse, de la maison de Cibo.

Le Prince de Masseran, de la maison de Ferrari.

Le Prince de Piombin, de la maison de Ludouisio.

Le Comte de Petillan, de la maison des Vrsins.

Le Marquis de Mont.

La Republique de S. Marin.

Le Marquis de Torreglia, des Doria.

Le Marquis de Meldola, des Aldobrandins.

Le Duc de Bracciano, des Vrsins.

Les Princes *Lanti* & les Princes *Palauicins*, ont eu leurs Estats aux confins du Parmesan & du Plaisantin en Lombardie.

Il y en a bien quelques autres de nouuelle erection, les derniers Papes ayans eu cette coustume pendant leur Pontificat de créer de nouuelles Principautez, en faueur de leurs nepueux, ou de leurs Creatures, *Palestrine*, *S. Martin*, *Zagarolo*, & autres

description de l'Italie.

terres ont eu ce titre depuis quelque temps.

Outre les Princes sus-nommez, *le Roy, la maison d'Austriche*, de branche Alemande, quelques *Cantons Suisses*, & *les Grisons* possedent en Italie au pied des Alpes quelques terres qui leur donnent entrée dans le pays.

Ces Princes releuent presque tous ou du Pape, ou de l'Empereur, & les fiefs dependans de l'Eglise, ne peuuent tôber qu'aux enfans masles, & legitimes de ceux qui les possedent: comme de nostre temps le Duché d'Vrbin luy est escheu & peu auparauant celuy de Ferrare. La qualité de Duc en Italie est plus considerable que celle de Prince, si ce n'est dans le Royaume de Naples. Vn dénombrement de leurs Estats ne sera pas icy hors de propos.

Le Pape est maistre de tout ce qu'on appelle Estat Ecclesiastique dans le milieu d'Italie, où l'on conte douze Prouinces, la *Campagne de Rome*, le *Patrimoine Sainct Pierre*, la *Terre Sabine*, l'*Ombrie* ou *Duché de Spolete*, l'*Oruietan*,

Estats des Princes d'Italie

le *Perugin*, le *Comtat de Citta di Castello*, la *Marche d'Ancone*, le *Duché d'Vrbin*, la *Romagne*, le *Boulenois*, & le *Ferrarois*. Outre ce sa Sainĉteté possede sur les confins du Piémont & du Montferrat *Montaldo*, & quelques autres places : la ville de *Ceneda* dans le Domaine de Venise en la Marche Treuisane : la *ville* & le *Duché de Beneuent* dans le Royaume de Naples, en la Principauté Vlterieure : la *ville* & le *Comtat d'Auignon*, en France, entre le Languedoc & la Prouence.

Le Roy d'Espagne tient aujourd'huy en Italie, le *Duché* de *Milan*, en Lombardie, où il y a vnze Territoires, le *Milaneze*, le *Lac de Come*, le *Lac Majour*, le *Nouarese*, le *Vigeuanese*, la *Laumelline*, le *Pauese*, le *Lodesan*, le *Cremonese*, l'*Alexandrin*, & le *Tortonese*, il tient aussi le *Marq. de Final* sur la coste de Genes : l'*Estat Delli Presidi* ou d'*Orbitello* sur la coste de Toscane : le *Royaume de Naples*, côsistant en 12. Prouinces, la *Terre de Labeur*, la *Princ. Citerieure*, la *Principauté Vlterieure*, la *Basilicate*, la *Calabre Citerieure*, la *Calabre Vlterieure*, la *Terre d'Otrante*, la *Terre de Bari*, la

Capitanate, le *Comtat de Molisse*, l'*Abbruzze Citerieure*, & l'*Abbruzze Vlterieure*. De plus les Isles & Royaumes de *Sicile*, *Sardaigne*, & autres Isles au midy de l'Italie en la mer Mediterranée, auec la protection de la ville & de la Seigneurie de *Piombin* sur la coste de Toscane, & de *Portolongone*, en l'Isle d'Elbe.

A la Republique de Venise obeyssent le *Domaine de la Terre ferme*, qui consiste en 14. Prouinces, le *Dogado* le *Treuisan*, le *Feltrin*, le *Bellunesse*, le *Cadorin*, le *Frioul*, l'*Istrie*, qui semble separées du reste par les terres d'Austriche, le *Padoüan*, la *Polesine*, le *Vicentin*, le *Veronese*, le *Bressan*, le *Bergamasc* & le *Cremasc*, *Zaara* & nombre d'autres places en Dalmatie. *Butrinto* & la *Perga* sur la coste de l'Epire. Les Isles du Golfe de Venise: & en Leuant les trois Isles de *Corfou*, *Cefalenie*, & *Zante*, *Pacsu*, *Antipacsu*, & autres petites Isles. L'*Isle & Royaume* de *Candie* en partie: les Isles de *Tine*, *Micone*, & *Cerigo* en l'Archipel.

Au Duc de Sauoye appartiennent

B iij

la *Principauté* de *Piémont*, le Duché d'*Aoust*, les *Marquisats* d'*Iurée* & de *Suze*, la *Seigneurie* de *Verceil*, les *Comtez* d'*Ast* & de *Tende*, les *Marquisats* de *Salusses*, de *Ceue*, d'*Oneille* & de *Marre*, ces deux derniers en la coste de Genes, & la partie du Duché de *Monferrat*, où est *Albe* : & *Trin* le Duché de *Sauoye*, le *Contat* de *Nice*, la *Principauté* de *Barcelonette* & le *Comté* de *Bueil*, sont hors de l'Italie au couchant, des Alpes, les pretentions de ce Duc sont sur Genéue, sur l'Achaïe sur les Royaume de Chypre, & sur la partie de Monferrat, que tient le Duc de Mantoüe.

Le grand Duc de Toscane possede le *grand Duché* de *Toscane*, appellé autrement de *Florence* de sa ville Capitale, auec les territoires de *Florence*, de *Siene* & de *Pise* ; la *Partie* de l'*Isle* d'*Elbe*, où est *Cosmopoli* ; & la *Seigneurie* de *Pontremoli*, achetée du Roy d'Espagne, depuis l'an 1650. Sous la Republique de Genes sont la *Riuiere* ou *Coste* de *Genes*, l'Isle de *Corse* & l'Isle *Capraya* : l'Isle de *Tabarque* des appar-

description de l'Italie. 23

tenances de cette Republique est sur la coste du Royaume de Tunis en Barbarie.

Le Duc de Mantouë à ses Estats en Lombardie, le *Duché* de *Mantouë*, & la partie du *Monferrat* où est *Cazal*. Ses *Duchez* de *Neuers* & de *Retelois* auec sa Principauté d'*Arches*, ou de *Charleuille* sont en France.

Les Estats du Duc de Parme sont les *Duchez* de *Parme* & de *Plaisance* en Lombardie: & en l'Estat Ecclesiastique le *Duché* de *Castro* & le *Comté* de *Rousillon*, engagez à l'Eglise l'an 1650. *Castel Amare*, & *Ciuita di penna* dans le Royaume de Naples.

Les Estats du Duc de Modene, sont les *Duchez* de *Modene* & de *Reggio* les Principautez de *Carpi*, & de *Correggio*, les *Seigneuries* de *Sassueil* & de *Frignan*, partie de la *vallée* de *Carfagnan*, où est *Castel-Nouo*, & enfin le *Comté* de *Roli*, mais toutes ces Seigneuries s'entretouchent.

L'Euesque de Trente est Seigneur Spirituel & Temporel du *Trentin*.

La Republique de Lucques, ne

B iiij

possede que sa ville & son territoire, nommé *Luchese* ou *Lucquois*.

LES *Petits Princes* d'Italie ont presque tous leurs Estats de mesme nom : quelques vns ont des terres en France, d'autres dans le Royaume de Naples, suiuant qu'ils sont partisans de la maison de France, ou de celle d'Espagne.

Le Roy tient en Italie *Pignerol* & quelques vallées voisines.

La maison d'Autriche y a le *Comté de Goriths*, les villes de *Trieste* & de *Pedana* & autres en l'Istrie.

Les Suisses sont en possession de *quatre Balliages*, & de la *Valteline*, celle cy obeyssant aux Grisons, & les quatre Bailliages qu'ils appelles d'Italie, a la plus part des Cantons.

POur la plus part de ces Estats, les Princes releuent comme nous auons dit, ou de l'Eglise, ou de l'Empire.

Le Pape ne releue de personne, & de sa Saincteté, sont feudataires. Le

description d'Italie.

Roy d'Espagne pour les Royaumes de Naples & de Sicile, le grand Duc de Toscane pour la Seigneurie de Radicofani, qui se trouue dans le Sienois, le Duc de Parme pour tous ses Estats. Le Marquis de Masse pour le Comté de Fiorentillo. Le Prince de Masseran, pour sa Principauté de mesme nom, les Comte de Petillan pour son Comté, le Marquis de Mont pour son Marquisat, la Republique de Sainct Marin pour sa ville, le Duc de Bracciano pour son Duché, & autrefois les Royaumes de Sardaigne, Arragon, Ierusalem, Hongrie, Angleterre, & Irlande. L'auantage de l'Eglise est, que les fiefs, qui en releuent, luy sont deuolus à faute d'Hoirs masles. *Princes feudataires.*

Le Roy d'Espagne releue du Pape pour les Royaumes de Naples & de Sicile, & de l'Empereur pour ses autres Estats d'Italie: de sa Majesté Catholique releue le Marquis de Masse pour le Duché d'Ayello, & le Marquis de Torregliam pour Melfi & Conza, toutes ces places estans dans le Royaume de Naples.

La Republique de Venise est independante pour ses Estats d'Italie: auant la guerre derniere contre le Turc, elle a reconnu le grand Seigneur pour quelques vnes de ses Isles.

Le Duc de Sauoye prend le titre de Vicaire de l'Empire en Italie, aussi releue il de l'Empereur, pour quelques fiefs.

Le Grãd Duc releue du Pape pour sa terre de Radicofani pour sienne, il releue du Roy d'Espagne qui en reconnoit l'Empereur de son Altesse de Florence, releue le Marquis de Masse pour Agnano.

La Republique de Genes fait hommage à l'Empereur pour son Estat de Genes.

Le Duc de Mantouë reconnoit pareillement l'Empereur pour ses Estats de Mantouë & de Monferrat.

Le Duc de Parme releue du Pape, pour tous ses Estats, & du Roy d'Espagne, pour ce qu'il tient dans le Royaume de Naples.

description de l'Italie.

Le Duc de Modene de l'Empereur pour la plus part de ses Estats.

L'Euesque de Trente & la Republique de Lucques sont de l'Empire.

Le Duc de Guastalle, le Duc de Sabionette, le Comte de Nouelare, le Prince de Bozolo, le Marquis de Castillon del Stiuere, le Seigneur de Solfarin, & le Duc de la Mirandole releuent de l'Empereur pour leurs Estats de mesme nom.

Le Prince de Monaco reconnoist le Roy pour ses Estats en France.

Le Marquis de Masse releue de l'Empereur pour ses Estats de Masse & de Carrare, du Pape pour Fiorentillo, du Roy d'Espagne pour Ayello, & du grand Duc pour Agnano.

Le Prince de Masseran releue du Pape pour sa Principauté.

Le Seigneur de Piombin, de l'Empereur pour sa Seigneurie.

Le Comte de Petillan du Pape pour son Comté.

Le Marquis de Mont du Pape.

Le Marquis de Malespine de l'Empereur.

La Republique de S. Marin du Pape pour sa ville.

Le Marquis de Torreglia de l'Empereur pour sa terre de Torreglia & du Roy d'Espagne pour Melfi & Conza.

Le Marquis de Meldola & le Duc de Bracciano releuent du Pape, aussi ont ils leurs terres situées dans l'Estat Ecclesiastique.

Il y a plusieurs autres Principautez en Italie, nomement dans le Royaume de Naples, ou le Roy d'Espagne en crée souuent pour satisfaire à l'ambition de la plus part des Nobles, mais elles ne sont pas Soueraines. Voicy vne liste Alphabetique de toutes ces Principautez, & vne autre des Duchez. Celles des Marquisat & des Comtez sont peu necessaires pour estre inserées en ce Traité.

Principautez d'Italie.

Albano, en la Campagne de Rome.
Amatrice, en l'Abruzze Vlterieure.
Ascoli-Satriano, en la Capitanate.
Auella, en la Terre de Labeur.
Auellino, en la Principauté Vlterieure.
Capistrano, en Abruzze Vlterieure.
Cariati, en Calabre Citerieure.
Carpi, dans le Modenois.
Carrara, entre la Seigneurie de Genes & la Toscane.
Casal-maggiore, dans le Milanez.
Caserta, en la Terre de Labeur.
Casoli, en l'Abruzze Citerieure.
Cassano, en la Terre de Bary.
Castellaneta, en la Terre d'Otrante.
Castiglione-Maritimo, en la Calabre Citerieure.
Colle, en la Capitanate.
Colle-d'Anchise, dans le Comté de Molisse.
Colombiano, dans le Royaume de Naples.

Conca, en la Terre de Labeur.
Correggio, dans le Modenois.
Fabriane, en la Marche d'Ancone.
Forino, en la Principauté Vlterieure.
Francauilla, en la Terre d'Otrante.
Gieraci, en Calabre Vlterieure.
Guastalle, dans le Mantoüan.
Leborano, en la Terre d'Otrante.
Maida, en la Calabre Vlterieure.
Masserano, dans le Piémont.
Meldola, en la Romagne.
Melfi, en la Basilicate.
Milito, en la Calabre Vlterieure.
Mirandole, entre le Mantoüan & l'Estat Ecclesiastique.
Molfetta, en la Terre de Bary.
Monte-Albano, en la Basilicate.
Monte-Cagiuso, en la Basilicate.
Monte-Mileto, en la Principauté Vlterieure.
Monte-Sarchio, en la Principauté Vlterieure.
Morcone, dans le Comté de Molisse.
Noia, en la Terre de Bary.
Oliuito, en la Basilicate.
Otraiano, en la Terre de Labeur.
Palestrina, en la Campagne de Rome.

description de l'Italie. 31

Pietra-Pulcina en la Principauté Vlterieure.
La Riccia dans le Comté de Molisse.
Rocca del Aspro en la Principauté Citerieure.
Rocca Romana en la Terre de Labeur.
Rocelsa en Calabre Vlterieure.
Rossano, en Calabre Citerieure.
Salerno, en la Principauté Citerieure
Sant Agata, en Calabre Vlterieure.
S. Angelo-Fazanella, en la Principauté Citerieure.
S. Buono, en Abruzze Citerieure.
S. Mango, en la Principauté Vlterieure.
Sansa, en la Principauté Citerieure.
Satriano, en Calabre Vlterieure.
Seilla, ou Sciglio en Calabre Vlterieure.
Sonino, en la Campagne de Rome.
Sorbo, en la Principauté Vlterieure.
Squillace, en Calabre Vlterieure.
Stigliano, en la Basilicate.
Strongoli, en Calabre Citerieure.
Sulmona, en Abruzze Citerieure.
Taranto, en la Terre d'Otrante.

Tarsia, en Calabre Citerieure.
Teramo, en Abruzze Vlterieure.
Venafri, en la Terre de Labeur.
Venosa, en la Basilicate.
La Vetrana, dans le Royaume de Naples.

Duchez d'Italie.

Aiello, en la Calabre Citerieure.
Airola, en la Principauté Vlterieure.
Andria, en la Terre de Bary.
Aquara, en la Princip. Citerieure.
Aqua-Sparta, en Ombrie.
Arce, en la terre de Labeur.
Atella, en la Basilicate.
Atri, en l'Abruzze Vlterieure.
Atri Paldi, en la Principauté Vlterieure.
Bagnara, en la Calabre Vlterieure.
Bagnulo, en la Princip. Vlterieure.
Barrea, en l'Abruzze Citerieure.
Bellomote, en la Calabre Citerieure.
Belrisguardo, en la Principauté Citerieure.

Beneuento

description de l'Italie. 33

Beneuento, en la Principauté Vlterieure.
Bernada, en la Basilicate.
Bissaccia, en la Principauté Vlterieure.
Boiano, dans le Comté de Molisse.
Bouino, en la Capitanate.
Bracciano, dans le patrimoine Sainct Pierre.
Caiuano, en la Terre de Labeur.
Calaptzzati, en la Calabre Citerieure.
Camerino, en la Marche d'Ancone.
Campo-Chiaro, dans le Comté de Molisse.
Campolsetto, dans le Comté de Molisse.
Cardinale, en la Calabre Vlterieure.
Carpignano en la Terre d'Otrante.
Casa-Calenda, dans le Comté de Molisse.
Castellucia, en la Principauté Citerieure.
Castro, dans le patrimoine S. Pierre.
Castro Villare, en la Calabre Citerieure.
Celenza, en la Capitanate.

C

Cerizano, en la Calabre Citerieure.
Cirenza, en la Basilicate.
Ciuita-di-Pena, en l'Abruzze Vlterieure.
Eboli, en la Principauté Citerieure.
Farnase, dans le Duché de Castre.
Ferolito, en Calabre Vlterieure.
Ferrandina, en la Basilicate.
Fiano, dans le Patrimoine S. Pierre.
Florence ou Toscane grand Duché.
Fragnito, en la Princip. Vlterieure.
Fuoroli, en l'Abruzze Citerieure.
Grauina, en la Terre de Bary.
Grifalco, en la Calabre Vlterieure.
Grumo, en la Terre de Bary.
Laurenzana, en la Basilicate.
Laurino, en la Princip. Citerieure.
Lizzano, dãs le Royaume de Naples.
Macchia-di-Muro, en la Capitanate.
Mataloni, en la Terre de Labeur.
Martina, en la Terre d'Otrante.
Miranda, dans le Comté de Molisse.
Mondragone en la Terre de Labeur.
Montalto, en Calabre Citerieure.
Monte-Caluo, en la Principauté Vlterieure.
Monte-Elanico, en Toscane.

description de l'Italie.

Monte Leone, en Calabre Vlterieure.
Monte-Negro, en la Capitanate.
Monte-Storace en la Calabre Vlterieure.
Nardo, en la Terre d'Otrante.
Nocera, en la Principauté Citerieure.
Noci, en la Terre de Bary.
Noia, en la Basilicate.
Nucara, en la Calabre Citerieure.
Onano, en l'Oruietan.
Poli, en la Campagne de Rome.
Rapolla, en la Basilicate.
La Rocca, en la Terre d'Otrante.
Rodia, en la Capitanate.
Sabioneta, dans le Mantoüan.
Salanda, en la Basilicate.
Salicito, dans le Comté de Molisse.
S. Agata, en la Capitanate.
S. Cesario, de San Croce en la Terre d'Otrante.
S. Donato, en la Terre de Labeur.
S. Gemini, en Ombrie.
S. Gregorio, en la Campagne de Rome.
Saracina, en Calabre Citerieure.

Segni, en la Campagne de Rome.
Seminara, en la Calabre Vlterieure.
Le Serre, en la Principauté Citerieure.
Sicignano, en la Principauté Citerieure.
Sora, en la Terre de Labeur.
Tagliacozzo, en Abruze Vlterieure.
Taurisano, en la Terre d'Otrante.
Telese, en la Terre de Labeur.
Termoli, en la Capitanate.
Terra-maggiore, en la Capitanate.
Terra-Nuoua, en Calabre Citerieure.
Terra-Nuoua, en Calabre Vlterieure.
Trajetto, en la Terre de Labeur.
Tursi, en la Basilicate.
Vietri, en la Principauté Citerieure.
Zagarola, en la Campagne de Rome.

Archeueschez & Eueschez. Il n'y a pays au monde, où il y ait tant d'Archeueschez & d'Eueschez comme en Italie; le seul Royaume de Naples en ayant plus que toute la France; peut estre que les Papes ont eu dessein par ce moyen de faire preualoir la nation Italienne sur les autres, dans les Conciles Generaux. Quelques-vns de ces Eueschez sont Exempts, c'est à dire non dependans de la Iuridiction de l'Archeuesque, dans le Royaume de Naples, il y en a plusieurs qui sont à la nomination du Roy d'Espagne: en voicy vne liste dressée assez exactement & verifiée sur la Carte, auec le nom de la Prouince où ils se trouuent. Les Eueschez exempts y sont marqués par vn E.

Archeueschez & Eueschez d'Italie.

TVRINO en Piémont.

Iurea
Saluffo E
Fossano } dans l'Estat de Piémont.
Mondoui

Nizze est sous Embrun qui est en France, & Aoust sous Monstier, qui est en Sauoye.

MILANO.

Pauia E
Lodi
Cremona } dans le
Nouara } Milanez.
Vigeuano
Aleſſādria della Paglia
Tortona

Vercelli } dans l'Eſtat de Piémont.
Aſti

Caſale
Alba } dans le Monferrat.
Acqui.

Vintimiglia } en la coſte de Genes.
Sauona.

Bergamo } dans le domaine de
Breſcia. } Veniſe.

GENOA.

Arbenga
Noli } en la coſte
Brugneto ou Brignale. } de Genes.
Bobbio dans le Milanez.
Mariana
Accia } en l'Iſle de Corſe.
Nebio.

description de l'Italie.

Ces trois villes ayant esté ruynées l'Euesque de Mariana & d'Accia qui sont vnis à sa residence à la Bastie, & celuy de Nebis à S. Fiorenzo en la mesme Isle de Corse.

BOLOGNA.

Modena
Carpi } dans l'Estat de Modene.
Regio

Parma
Borgo San Donino } dans l'Estat
Piacenza } de Parme.

Crema dans le Domaine de Venise.

AQVILEIA dans le Frioul.

Auec titre de Patriarchat transferé dans VDINE.

Concordia
Treuigi
Badoüa
Vicenza } Dans le Domaine de
Verona } Venise, en l'Estat de
Feltri } la Terre-ferme.
Belluno
Ceneda.

C iiij

Tergeste
Cabo-d'Istria
Citta-Noua } en Istrie.
Parenzo
Pola
Pedena.

Ceneda appartient au Pape, & a autrefois esté à Oderzo, Tergeste & Pedena à la Maison d'Austriche, de branche Alemande.

Como, dans le Milanez.
Mantoüa E, dans le Mantoüan.
Trento, E dans le Trentin.

VENETIA à succedé au Patriarchat de GRADE.

Chioggia
Torcello } en de petites Isles qui font partie du Dogalo
Cahorle. de Venise.

ROMA sejour du Pape qui se dit Patriarche de Rome ou d'Occident, Primat d'Italie, Metropolitain des Euesques Suffragans de Rome, & Euesque de Sainct Iean de Latran.

Oſtia } vnis.
Porto
Albano.
Fraſcati.
Paleſtrina.
Des Sabins à Veſcouio.

Ces ſix Eueſchez ſont affectez à autant de Cardinaux. Le premier eſt dans le Patrimoine de S. Pierre; Le dernier en la Terre-Sabine; Et les autres en la Campagne de Rome.

Ciuita Vecchia.
Corneto.
Sutri } vnis.
Nepi
Cita Caſtellana } vnis.
Horta.
Monte Fiaſcone.
Viterbo } vnis.
Toſcanella
Caſtro.

Toutes ces places dans le Patrimoine Sainct Pierre, ſi ce n'eſt les deux derniers qui ſont du Duché de Caſtres.

Terracina
Sezza
Velletri
Segni
Anagni } en la Campagne de
Ferentino } Rome,
Veroli
Alatro
Tiuoli.
Spoleto }
Norcia. } vnis
Rieti
Terni
Narni } dans l'Ombrie.
Amelia
Todi
Assisi
Foligni.
Oruieto, en la Terre de mesme nom.
Perugia }
Citta di pieue. } dans le Perugin.
Citta di Castello dans le Comté de mesme nom.
Arezzo dans le Florentin

description de l'Italie.

Ancona } vnis.
Humana.
S. Maria Lauretana } vnis. } en la
Recanati } marche
Osmo } d'An-
Iesi } cone.
Camerino
Ascoli

FERMO.

Ripa-Transone
Montalto } en la Marche
San-Seuerino } d'Ancone.
Tolentino
Macerata.

VRBINO.

Fossombrone
Sinigaglia
Eugubio
Cagli } dans le
Vrbanea at Castel-Durate } Duché
San Leo } d'Vr-
Pesaro } bino.
Fano. E

RAVENNA.

Adria residence à Rodigo dans le
Domaine de Venise.

Ferrara E } dans le Duché de
Comachio. } Ferrare.

Imola
Fanestria
Faenza
Forli
Bertinore } en la Marche d'Ancone
Sarsina
Cezena
Ceruia
Rimini

L'Euesché de Ferrare a autrefois esté à Buondeno, celuy de Bertinore à Forlimpopoli.

FIORENZA.

Fiezole
Prato } vnis.
Pistoia
Volterra } dans le
Colle } Florentin
Montepulciano. E.
Cortone. E.
Borgo-San-Sepolchro
Citta di Sole.

description de l'Italie.
SIENA.
Montaleno
Pienza
Chiuze
Soana } dans le Sienois.
Grosseto
Massa) vnis.
Piombino

PISA.
Liuorno, en Toscane.
Lucca E dans le Luchesse.
Sarzana E en la coste de Genes.
Aiazzo
Aleria } en l'Isle de Corse.
Sagona

La residence de l'Euesque d'Aleria est à la Bastre, & celle de l'Euesque de Sagone à Calui.

NAPOLI.
Nola
Cerra
Auersa
Cuma } vnis. } en la Terre de Labeur.
Atella & E.
Pozzuolo.
Ischia en son Isle.

CAPOVA.

Cazerta
Caiazzo
Calui
Tiano
Carinola
Sessa
Gaeta ⎫
Mola ⎬ vnis
Traietto ⎭
Fondi
Sora
Aquino
Monte Cassino
Venafre

en la Terre de Labeur.

Isernia dans le Comté de Molisse.

CIVITA DI CHIETI.

Ortona à Mare
Solmona en la contrée de Valua

en l'Abruzze Citerieure.

Aquila E
Ciuita-Ducale
Ciuita di Penna ⎫
Atri. ⎬ vnis.
Teroemo E ⎭
Campoli
Marsi E

en l'Abruze Vlterieure.

description de l'Italie.

LANCIANO, n'a pas de Suffragans.

BENEVENTO.

Sancta-Agata de Goti
Auellino } vnis.
Fricenti
Monte-Marano
Ariano
Treuico ô Vico della Baronia.
} en la Principauté Vlterieure.

Telese
Alifi. } en la Terre de Labeur.

Boiano
Triuento E
Guardia-Alfieres
Lacina. } dans le Comté de Molisse.

Termoli
Le Sina
Tragonara
Volturara
Fiorenzuola ô Ferentino
Bouino
Ascoli di Satriano
Torribolense. } en la Capitanate.

SIPONTE
MANFREDONIA
& MONT. S. ANGELO } vnis.
& MONTGARGAN.

Vieste
San Seuero } en la Capitanate.
Lucera
Troia.
Monopoli en la Terre de Bary.
TRANI.
Bisegli } en la Terre de Bary.
Andria
Solpe en la Capitanate.
BARLETTE est la residence de l'Archeuesque de Nazareth.
BARI.
Bitonto
Giouenazzo
Molfetta E
Ruuo
Canosa, vni à l'Arch. } en la Terre de Bary.
Meneruino
Bitetto
Conuersano
Polignano
Lauiello en la Basilicate.
TARANTO.

description de l'Italie.

TARANTO.

Motola } en la Terre d'Otrāte.
Castellaneta }

BRINDISI.

Ostuni } en la Terre d'Otrante.
Oria. }

OTRANTO.

Lecce
Nardo
Gallipoli } en la Terre
Vgento } d'Otrante.
Alessano
Cabo di Leuca } vnis

SORRENTO.

Massa di Sorrento } en la Terre
Vlco } de Labeur.
Castel à mare di Stabia }

AMALFI.

Lettere
Scala
Rauello } vnis. } en la Principauté
Minori } Citerieure.
Capri en son Isle.

D

SALERNO.

Caua E
Nocera de Pagani
Sarno
Acerno
Campagna
Marsico-Nouo
Policastro
Capaccio
} en la Principauté Citerieure.

Nusco en la Principauté Vlterieure.

CONZA.

Muro en la Basilicate.
Cangiano en la Princip. Citerieure.
S. Angelo de Lombardi
Bizaccia
La Cedogna
Monte-verde
} en la Principauté vlterieure.

Ce dernier Euesché est vny à l'Archeu. de Nazareth dans Barlette.

CIRENZA
MATERA. } vnis.

Melfi E
Rapolla E
Venosa
Monte-Peloso E
Tricarico
Potenza.
} en la Basilicate.

Tursi autrefois à Anglona.

description de l'Italie.

Grauina en la Terre de Bari.

COSENZA.

Cassano E
S. Marco E } en la Calabre Cite-
Mont-Alto } reure.
Martorano.

ROSSANO.

Besignano, E. en la Calab. Citerieure.

SANSEVERINA

Cariati } vnis }
Cerenza } } en la Calabre
Vmbriatico } Citerieure.
Strongoli
Belcastro } en la Calabre Vlte-
Isola } rieure.

REGGIO.

Boue
Gierace
Oppido
Nicotera
Tropea
Mileto
Monte-Leone } vnis } en la Calabre
 } & E. } Vlterieure.
Squillace
Cantazaro
Tauerna } vnis.
Nicastro
Cotrone.

L'Amantea en la Calabre Citerieure, vny à Tropea.

Castel-à-Mare-della-brucca en la Principauté Citerieure.

Il y a bien quelques autres denombrements de ces Archeueschez & Eueschez, i'ay suiuy l'ordre de leurs assiettes, conformemét à la description des Prouinces.

Pour ce qui est des diuisions de l'Italie, il y en a eu plusieurs, faites à differens temps & par les diuers peuples qui y ont commandé.

Aujourd'huy on en fait ordinairement trois grandes parties.

La Haute ou Lombardie.

La Moyenne ou l'Italie propre,

Et la Basse ou le Royaume de Naples.

Les Isles de Sicile, Sardaigne & Corse font vne quatriéme partie, & tiennent rang parmy les plus considerables de l'Europe.

Sous le nom de Lombardie, nous considerons ce qui est aux enuirons du Pô, & mesmes le voisinage des Mers de Genes & de Venise.

description de l'Italie.

Le Piémont,
Le Monferrat.
Le Milanez.
La Coste de Genes,
Le Parmezan,
Le Modenois,
Le Mantoüan,
Le Domaine de Venise,
Le Trentin.

L'Italie propre, occupe le milieu d'Italie & comprend,

L'Estat Ecclesiastique,
La Toscane.
Le Lucquois,

Le *Royaume de Naples* est à l'extremité de toute l'Italie vers le Leuant d'Hyuer.

Ce que nous appellons Lombardie estoit autrefois comun sous le nom de *Gallia*, *Cisalpina* & *Togata*, le reste estoit *Italia*.

Ptolomée y a mis 45. peuples Strabon 8. Regions.

Ses Prouinces principales ont autrefois esté vnze en cet Ordre.

Latium & *Campania*, *Apulia*, & *Messapia*, *Lucania* & *Brutium*, *Samnium*, *Picenum*,

B iij

Vmbria, *Hetruria*, *Gallia-Cispadana*, *Liguria*, *Venetia*, *Gallia-Togata*.

Et ceste diuision est celle d'Auguste.

L'Empereur Adrian en a fait 17. Prouinces.

Sous les Lombards il y en a eu 18. en y contant les Isles.

Les plus modernes en font les vns dix huict parties, les autres dix-neuf, & quelques-vns huict : mais il nous importe peu de sçauoir toutes ces differentes diuisions. La connoissance des plus belles villes d'Italie nous peut donner plus de satisfaction ; voicy leurs Epithetes.

 Rome la Sainte.
 Naples la Noble.
 Florence la Belle.
 Genes la Superbe.
 Milan la Grande.
 Rauenne l'ancienne.
 Venise la Riche.
 Padoüe la Docte.
 Boulogne la Grasse.

Les plus fameuses Academies de l'Italie, Sont, A Padoüe, à Venise, à Turin, à Pauie, à Siene, à Pise, à Boulogne, à Rome, à Ferrare, à Fermo, à Macerata, à Salerne, à Naples, &c.

De Grenoble à Turin.

CEux qui viennent de Paris gardent ordinairement cette route: de Grenoble à Briançon ils content 25. lieuës Françoises communes, en passant par le Col de Lauteret; le chemin par Embrun est vn peu plus long, mais plus aisé, de Briançon ils se rendent par le Mont Genevre, par Sezane, Oulx, Salbertrand, Exilles, Chaumont, Iaillon, & Gelasse, à Suze qui est distant de Briançon 11. lieuës, ou peu plus par vn chemin de Montagnes & de vallées L'entrée du Piémont est marquée par vne petite Croix proche du village de *Gelasse*, où il faut montrer le certificat de la santé & le ruisseau de la Grauiere; fait la separation des terres de France & de Sauoye. de *Suze* à *Bossolens* 5.

milles; à *S. Ambroise* 8. à *Veillane* 4. à *Riuoli* 5. à *Turin*, capitale du Piémont 5. quelques vns se rendent à Turin par Pignerol, en sortant de Sezane ils prennent le chemin de la main droite par les vallées de Pragelas & de la Perouse. De Pignerol à Turin il y a 18. m. & plus de 30. si l'on suit le cours de la Riuiere du Pô, proche de laquelle on void *Ville-franche*, *Carignan*, *Moncalier*, & autres petites villes.

Le Piémont.

Le Piémont.
CE pays ainsi appellé cõme estant au pied des Alpes, est le plus fertile & le plus riche du monde pour son estenduë, & si peuplé qu'vn Piémontois eut vn iour bonne grace de dire que tout le Piémont estoit vne ville de trois cent milles de tour. On y conte 8. Citez, & plus de 250. villes, qu'il fait parfaitement beau voir, lors qu'on descend des Alpes dans ces belles plaines qui composent le pays. Vn mesme terroir produit des

bleds, des vins & des fruits: on void presque par tout des Oliues, des Oranges, des Citrons, des Limons, des Figues, des Melons, des Artichaux, des Pignons, des Grenades, des Amandes, & autres fruits. Cette fertilité n'empesche pas qu'il n'y ait des minieres de toutes sortes, & en si grande quantité, qu'vn baron Allemand qui en auoit fait le party, en découurit plus de 115. en quelques endroits des Alpes on rencontre de fort belles fleurs, comme peones, martagones, narcesses, hyacinthes, & autres sortes, auec des simples & des herbes pour la medecine.

La Noblesse y est si considerable que la plūspart des Gentils-hommes y sont descendus, ou des Empereurs d'Orient, ou de ceux d'Occident, ou des Roys d'Italie; ou des Princes de Morée, des Comtes de Geneue & d'autres Souuerains: cela donna sujet autrefois au Duc Amé VIII. de dire qu'il auoit des Princes pour vassaux; de la vient que les Ducs de Sauoye ont esté traittés de Serenisfimes par les Empereurs & par les Roys qui ne donnoient lors que le titre d'excellence aux autres Princes d'Italie, & ces Princes ayans pris le titre d'Alteſſe, on donna celuy d'Alteſſe Royale aux Ducs de Sauoye. Leurs Predeceſſeurs ont eſté nommez Marquis d'Italie, Vicaires perpetuels & Princes de l'Empire, depuis qu'Amé le Grand fut declaré par l'Empereur Henry VII. Vicaire General & perpetuel de l'Empire, en toute l'Italie. Les ſeuls maſles heritent de cet Eſtat, & la loy Salique ſemble y eſtre obſeruée comme en France.

Sous le nom de Piémont outre la Principauté de Piémont, l'on entend quelques autres pays qui reconnoiſſent le Duc de Sauoye, le *Duché d'Aouſt*, le *Marquiſat d'Yurée*, la *Seigneurie de Verceil*, le *Comté d'Aſt*, le *Marquiſat de Saluſſes* & *le Comté de Nice*. Tous ces pays rendent le Duc de Sauoye maiſtre des paſſages de France en Italie par les Alpes. Les Princes ſes voiſins, ſont le Roy en ſes Prouinces de Prouence & Dauphiné, & en celle de Breſſe, lors que l'on conſidere la Sauoye; le Roy d'Eſpagne en ſon Duché de Milan, le Duc de Mantouë en la partie du Monferrat qui luy appartient, & la Republique de Genes. On peut auſſi adiouſter ceux du Vallais, alliez des Cantons Suiſſes & les petits Princes de Maſſeran & de Monaca, auec quelques Terres de l'Egliſe, Montaldo & autres. Pour ce qui eſt des forces du Duc de Sauoye, il peut au beſoin mettre ſur pied vingt & cinq ou trente-mille fantaſſins & quatre à cinq mille Cheuaux. Ses Richeſſes & celles de ſes ſujets ſont d'autant plus conſiderables que ſes Eſtats ſont proche de France, proche d'Italie, & proche de Suiſſe: la commodité du Pô & la bonté du Port de Ville-Franche y contribuent auſſi beaucoup.

Turin, Auguſta Taurinorum, eſt la ville capitale de tout le pays, le ſejour des Ducs de Sauoye, qui en ont fait la reſidence de leur Senat & de leur Chambre des Comptes, & qui

Turin.

l'ont renduë l'vne des plus jolie & des plus fortes de toute l'Italie ; elle est double, vieille & nouuelle, ceinte de grands bastions Royaux & de murailles toutes neuues, auec des dehors qui sont reuestus.

Son assiette est à 20. m. du pied des Alpes, dans vne belle & spacieuse plaine, ayant le Pô d'vn costé & la Doire de l'autre. Son Chasteau qui sert de Palais aux Ducs est tres ancien : on y remarque entr'autres choses vne fameuse galerie, enrichie de rares peintures, de statuës antiques & d'armes de toutes sortes de nations, de Liures manuscripts & & d'autres raretez que l'on y garde soigneusement : au plancher sont les signes Celestes : la Genealogie des Ducs de Sauoye est en de grands Tableaux : & les liures sont en nombre de trente mille Volumes.

La Citadelle de cinq puissans bastions, le modelle de celle d'Anuers, a glorieusement esté defenduë de nostre temps par les armes du Roy, contre celles du Roy d'Espagne &

description de l'Italie.

des Princes de la maison de Sauoye liguez pour lors auec sa Majesté Catholique côtre le ieune Duc; le puits de cette forteresse est merueilleux pour sa grandeur & pour sa commodité, il reçoit nombre de cheuaux sans estre empeschez en montant ou en descendant. L'an 1640. la ville a esté reprise aussi genereusement par le Comte d'Harcour General d'vne armée Françoise, moins considerable en nombre que celle qui defendoit la place: on remarqua pendant le siege que les assiegez receurent souuent de la poudre & des lettres, par le moyen d'vn Canon qui en fut nommé le Canon Courier, de l'inuention d'vn Canonier Flaman, qui seruoit en l'Armée Espagnole, venuë au secours de la ville. Turin garde plusieurs Reliques en son Eglise Metropolitaine appellée le Dome; l'on y fait voir entr'autres celles du S. Suaire; ou la face de nostre Seigneur est emprainte & la pluspart de son corps. Elle se vante d'auoir esté la premiere des villes d'Italie, qui se soit seruie de l'Imprimerie. Aussi a elle de tres belles Librairies, vne fameuse Vniuersité & Academie de toutes sciences. Entre ces plus beaux edifices on remarque ses places Royales auec des allées couuertes & remplies de Marchands & d'artisans de toute sorte : on remarque aussi vne Tour magnifique, esleuée au milieu de la ville. Les Eglises & les Conuents y sont en tresgrand nombre : les Mendians, soit anciens soit reformez, y ont leur maisons : les Conuens de Religieuses y sont en nombre de quatre.

Le Parc, le *Valentin*, & *Mille-Fleurs*, sont les plus belles maisons du Duc dans le voisinage de Turin, qui est comme enuironnée de ces lieux de plaisir, ou le Duc va passer vne partie de l'Esté. Le parc est aux portes de la ville auec cinq milles de circuit, en l'vne des plus belles assiettes de l'Europe entre le Pô, la Doire, & la Sture : on y void force bosquets, lacs, fontaines & toute sorte de chasse. Le Valentin est au dessous de la ville sur le Pô, basty à la moderne par Madame Royale. La maison d'*Albergo*, dans le Fauxbourg du Pô, merite bien d'estre veuë, à cause de ses belle manufactures de soye & d'autres estoffes.

Suze autrefois *Segusium* est vne Colonie de Pompée qui le premier facilita le passage du Mont Geneure, celuy du Mont-Cenis qui mene en la Morienne, ayant deja esté frequenté: la Maison de Sauoye y gardoit cy deuant ses Titres & ses Chartes, mais ils furent consommez par le feu qu'y fit mettre l'Empereur Federic I. dit Barberousse. Cette pauure ville auoit esté traittée de la mesme sorte par Côstantin le Grand, l'vsage des Liures Segusiennes en Italie, tesmoigne que la fabrique des monnoyes à esté autrefois considerable dans Suze. Elle est la premiere place d'Italie de ce costé, chef d'vne vallée tres fertile, en bleds, en vins, en pasturage & en fruicts, dont les pommes qu'ils appellent susines, sont des plus excellentes, le Marquisat de mesme nom est au Duc de Sauoye, depuis l'an 1025. Ses anciens Marquis estoient descendus de Charlemagne. Son assiette est sur la petite Doire qui vient du Mont Geneure, & qui reçoit en cét endroit vn torrent dont la source est sur le Mont Cenis, ses deux Chasteaux seroient bien plus forts, s'ils n'estoient commandez par les Montagnes voisines. Le Duc de Sauoye y tient bonne garnison, comme estans à la rencontre de deux grands chemins, qui meinent de France en Italie. On y void vn Arc de triomphe, dont le bastiment, quoy que tres ancien, semble vn ouurage Gottique, plustost que Romain. L'Eglise de S. Iust y conserue plusieurs sainctes Reliques.

S. Ambroise. Le village de S. *Ambroise* sur la mesme riuiere est considerable pour l'Abbaye de S. *Michel de l'excluse*, que les habitans disent auoir esté bastie par la main des Anges. Le nom de l'excluse est demeuré à ce lieu, en suitte d'vn rempart que les Roys de Lombardie

description de l'Italie. 65

Lombardie auoient fait faire pour enfermer l'entrée aux Estrangers.

Veillane, est renommé par vn com- *Veillane* bat glorieux aux François, qui l'an 1630. voulans aller secourir la ville de Cazal, emporterent le pas de Suze, & forcerent ce bourg, nonobstant ses puissans retranchemens, & ses deux Chasteaux assis sur autant de Collines. Proche de Veillane il y a deux Lacs assez grands, où l'on pesche des carpes & d'autres poissons.

Riuoli a son Chasteau qui passe pour *Riuoli*. l'vne des belles maisons d'Italie, il a esté basty par le Duc Charles-Emanuel, comme au lieu de sa naissance: on y void d'aussi belles & d'aussi curieuses peintures qu'on puisse voir ailleurs: Riuoli a pareillement mis aujour S. Pierre Martyr de l'ordre de S. Dominique.

Pignerol appartient au Roy depuis *Pigne-* l'an 1631. de mesme qu'vne partie *rol.* des vallées voisines, qui sont celles de *Perouse, S. Martin, Luserne, & Briqueras*; où l'on tolere quelque reste de vau-

E

dois, qui sont aujourd'huy de la Religion pretenduë reformée, la seule Religion Catholique Romaine estãt receuë dans tous les Estats de Sauoye. La seule vallée de Luserne est si peuplée, qu'on y conte plus de 20. mille ames. Mais ce nombre est beaucoup diminué depuis les desordres de l'année 1655. les Reformez y ayans esté mal-traittez. La Citadelle de Pignerol est grandement forte & par nature & par art ; son assiette estant sur le Roc, & les trauaux y ayans esté faits de temps en temps, sans espargner la despense ; elle ouure au Roy la porte d'Italie, lors qu'il veut secourir les Princes ses Alliez : la ville de Pignerol est grande, ornée de plusieurs belles Eglises & ceinte de bastions Royaux, autrefois l'Appennage des puisnez de la maison de Sauoye.

Ville-Frãche sur le Po. Ville-Franche sur le Pô est connuë dans l'Histoire de l'an 1516. Prosper Colomne y ayant esté deffait & pris par les François, lors que le Roy François I. descendit en Italie par le Col ou destroit de l'Argentiere.

Carignan est la Principauté du Prince Thomas de Sauoye: les enuirons de la ville sont pleins de meuriers, où l'on nourrit quantité de vers à soye, dont les Genois vont se pouruoir, pour faire trauailler les belles estoffes qu'ils enuoyent ailleurs: on estime le Chasteau & le pont de Carignan.

Moncalier est connu pour les bons vins, que l'on recueille en sa colline.

A six mille de Turin vers le Leuant sur le chemin d'Ast est la ville de *Chiery* ou *Quiers* assez bien fortifiée, pour son assiette, pleine de belles maisons, & habitée d'vne ancienne Noblesse. On estime grandement les fustaines que l'on y trauaille; son terroir fournit aux teinturiers de la graine qui est recherchée de plusieurs endroits. Pres de Quiers le Comte d'Harcour General de l'armée du Roy, gagna vne bataille sur les Espagnols & les Princes de Sauoye l'an 1639.

E ij

Savillan.

A 22. mille de Turin vers le Midy est *Sauillan* qui pour son assiette fauorable entre deux riuieres, a esté iugée par de grands Capitaines, la plus commode ville d'Italie pour mener la Guerre: l'Empereur Charles V. en trouua ses fortifications si bonnes, qu'il dit n'auoir iamais veu ville plus capable de soustenir vn lõg siege, & de nourrir long temps vne puissante armée, le Duc Emanuel Philibert eut dessein d'y faire sa residence, & d'en faire la capitale de ses Estats.

Quieras.

A 25. mille de Turin sur le Tanare est la ville de *Quieras*, ou l'an 1631. la paix fut faite entre l'Empereur, le Roy de France, le Roy d'Espagne, le Duc de Sauoye, & le Duc de Mantouë. La ville est enuironnée de bonnes murailles & de bouleuards sur vne colline, auec des ruës longues & droites, des maisons & des Eglises bien basties. Le Tanare y nourrit les plus sauoureuses truites de l'Italie; on attribuë cette particularité au sable d'or que tire cette riuiere des mines qui se trouuent dans les montagnes voisines, non gueres loin de Quieras est l'ancienne place de *Polenza* ou l'on void les restes d'vn grãd Amphitheatre, & les vestiges de quelques minieres des anciens Romains ; Stilicon Lieutenant de l'Empereur Honorius y fut deffait par Alaric Roy des Gots. *Cerisoles* village voisin est renommé pour la victoire des François sous le Duc d'Enghien, sur les Espagnols commandez par le Marquis de Guast l'an 1544. *Bene* & la *Trinité* sont connuës dans l'Histoire par les factions de leurs anciens Comtes.

A 33. mille de Turin vers le midy est *Coni* grandement marchande & riche, forte d'assiette, à l'assemblage de deux petites riuieres ; la Sture & le Gez : elle a resisté à l'armée du Roy François I. & l'an 1641. elle a esté obligée de se rendre à celle du Roy, sous le Comte d'Harcourt ; elle a en son voisinage les bains de *Vaudier*, de *Vinai* & autres fort salutaires.

A 35. mille de Turin vers le Leuant

Polẽza.

Cerisoles.

Coni.

de Coni, est *Mondeui*, en Latin *Mons-Regalis*, où l'on conserue vne Image miraculeuse de N. Dame, qui a donné occasion au Duc Charles defunt d'y faire bastir vne des belles Eglises d'Italie. Son assiette est sur vne colline, où l'on tire de beau marbre blanc, le grand nombre de ses habitans la rend la plus peuplée de tout le Piémont apres Turin; elle est diuisée en trois parties, qui en rendent le circuit tres grand. La Citadelle occupe l'endroit le plus haut de la ville, comme aussi l'Eglise Cathedrale, & le Palais de la Cité. Les Iesuites y ont vn College: & les Religieux Mendians leurs maisons. Il y a Vniuersité, & trois grands marchez s'y tiennent toutes les semaines, auec grand concours de monde. On remarque de ses habitans qu'ils gardent encor en leurs cœurs les restes de la faction des Guelphes & des Gibellins, qui a cy-deuant bien causé des maux à l'Italie, les premiers fauorisans les Papes & les autres les Empereurs.

Mondeui.

description de l'Italie. 71

Le Marquisat de Ceue & le Comté de Tende sont dans le Piémont proche de l'Appennin. Ceue est sur le Tanare voisine de la partie du Monferrat où sont les *Langhes* : on appelle ainsi les collines de ce pays qui sont le commencement de l'Apennin ; il y a si grande quantité de perdrix, que les habitans en viuent pour l'ordinaire ; on y rencontre aussi des Phaisans, qui ont quelque chose de plus excellent que les autres.

Tende, estoit autrefois à la famille des Lascaris, dont il y a eu des Empereurs, & de nostre temps vn Grand maistre de l'Ordre de Malthe. Le Passage que le Duc Charles Emanuel a fait faire en la Montagne de Tende est vn ouurage que l'on peut comparer à ceux des anciens Romains.

Montaldo, *Sanstephano*, & quelques autres terres voisines du Monferrat appartiennent au Pape. Il y a plusieurs autres petites villes en Piémont, *Chiuas*, *Iauen*, *Pancalier*, *Vigon*, *Raconis*, *Cortemille*, *Cocanas*, *Verruë*, &c.

De Turin à Aoust il y a 60. mille

E iiij

par Yurée, de Turin à Yurée 30. par Vulpian & par Chiuas, fortifiée de six bastions de bricque. De Turin à Verceil 50. de Turin a Ast 27. de Turin à Salusses 22. de Turin à Nice 75.

Aoust. *Aoust*, *Augusta Prætoria*, Colonie Romaine, est chef de sa vallée & de cinq ou six autres qui en sont proche, où l'on recueille de bons vins, & où l'on nourrit quantité de bestail. On y voit vn Arc triomphal d'Auguste, vn Colissée & d'autres restes de la grandeur des Romains.

Donas. Au lieu de *Donas* prez de *Bard* les habitans montrent vn chemin taillé plus de deux cens pas de long dans le rocher. Ils disent que c'est l'endroit ou passa Hannibal, lors qu'il entra en Italie. Cecy est en la partie basse du Val d'Aoust, la partie haute aboutit aux passages du grand & du petit S. Bernard, dont celuy-cy meine en Sauoye, & celuy-là en Vallais.

Castillon, est encor vne place des plus considerables de ce Duché.

Yurée. *Yurée* autrement *Lamporeggio* &

autrefois *Eporedia* est assise sur la Doire Baltée ou elle a vn pont de Pierre. Trois de ses anciens Marquis ont esté couronnez Empereurs & Roys d'Italie, Adelbert, Berenger, & Ardoüin; la ville est petite, mais en belle assiette : on y void outre ses Eglises l'ancienne Abbaye de Sainct Estienne.

Assez proche d'Yurée est le *Canauois* ancien Marquisat, où l'on trouue les Comtez de *Valpergue* & de *Sainct Martin*, dont les Seigneurs issus du Roy Ardouin, ont neantmoins fait entr'eux cruelle guerre, ceux-cy ayant esté Guelphes & ceux la Gibellins de faction. Entre ces deux places on trouue *Aglie*, Comté considerable. En quelques villages du Canauois on fait d'excellens fromages, & la riuiere d'Orc y est renommée pour porter du sable d'or, la petite ville de Pont est la plus considerable de sa vallée. Il s'y trouue quelques Arbres de poiure, lequel on a reconnu fort bon.

Verceil est sur la Sessia qui separe

ses terres d'auec celles de Milan, on la veu florissante sous les Romains, à cause de ses minieres d'or, on la veu aussi chef d'vne Republique, apres quoy elle a esté aux Ducs de Milan, aux Ducs de Sauoye & enfin aujourd'huy elle est aux Espagnols qui la prirent l'an 1638. La ville est accōpagnée d'vn bon Chasteau, & d'vne Citadelle. Entre ses Eglises on estime cele de S. André, où il y a deux beaux Clochers, & entr'autres Reliques deux Espines de la Couronne de Nostre Seigneur, auecque le cousteau de S. Thomas: celle du Dombe de S. Eusebe conserue le corps du bien-heureux Amedée Duc de Sauoye: l'Hospital de Verceil est vn des plus beaux & des mieux seruis de l'Italie. Le pays des enuirons fournit du riz en abondance. L'an 1050. il a esté tenu dans Verceil vn Concile General contre Berenger, Archidiacre d'Angers, qui nioit la realité du Corps de de Nostre Seigneur en la Saincte Hostie.

Dans le Vercellois est la petite

description de l'Italie.

ville de *Biele* renommée par la deuotion à Nostre Dame, elle est riche, bien peuplée, & ornée de fort belles Eglises. *Santia*, connuë pour ses fortifications, & pour vne retraite malheureuse aux Espagnols dans les guerres precedentes : *Borzane* fameux Marquisat au Duc de Sauoye, *Gattinare* place considérable voisine de la Sessia. *Masseran* petite Principauté a son Prince de mesme nom, qui reconnoît l'Eglise, & qui tire bien de ses terres cent mille liures de rente.

Ast, est sur le Tanare, des plus grandes, des plus belles & des mieux basties, accompagnée d'vn Chasteau, & d'vne bonne Citadelle que le Duc Victor Amedée a fait faire, sous le nom de Saincte Christine, qui est celuy de Madame Royale son espouse. Son Eglise Cathedrale est tres ancienne, ses Eglises & ses maisons sont aussi belles qu'en aucune ville d'Italie; elle a pû autrefois faire sortir hors de ses murailles plus de trente mille hommes en armes, & les plus belles foires de l'Italie, s'y sont te-

Biele.
Santia.
Borzane
Masseran.
Ast.

nuës, auſſi a elle eſté Republique.

Les enuirons d'Aſt ſont pleins de collines les plus agreables & les plus fertiles du monde, nomement en bon vin. *Ville-neuue* qui porte le nom d'*Aſt* y a autrefois eu des fortifications des plus conſiderables du pays.

Saluſſes eſt la capitale d'vn Marquiſat, qui fut eſchangé pour la Breſſe par le Roy Henry IV. à Charles Emanuel Duc de Sauoye. Son ancien nom eſt *Auguſta Vagiennorum*, la Riuiere du *Po* la plus grande de toutes celles d'Italie, doit ſa ſource à ce Marquiſat; elle vient du *Mont-Viſo* eſtimé le plus haut des Alpes: dans le Roc de cette Montagne, le Marquis de Saluſſes a autrefois fait faire à force de fer & de feu vne voute longue d'vn demy-mille, dans laquelle peuuent aiſement paſſer les mulets d'Italie en France. La ville de Saluſſes eſt aſſiſe ſur vne agreable colline, auec vn beau Chaſteau & vne Egliſe Cathedrale qui merite d'eſtre veuë pour ſa beauté & pour ſa magnificence.

[marginal note: Saluſſes]

description de l'Italie. 77

Des dependances de Salusses & hors de son territoire à 16. m. vers le Leuant d'Esté est l'importante place de *Carmagnole*, qui a tant fait de bruit sous le Roy Henry IV. la Citadelle est vne des plus celebres de l'Europe & la ville est grande, forte & riche, à cause de son grand trafic & de ses Foires.

Carma-gnolle.

Les autres villes de ce Marquisat sont *Bargues*, *Reuel*, *Droners*, *Cental*, *Roquespauiere*, *Demont*, &c.

Nice sur la Mer, autrefois en Prouence, est la premiere place d'Italie, le Var en faisant la separation : elle est pleine d'antiquitez qui font voir que les Romains en ont fait cas. On y voit encor les restes d'vn Amphiteatre, & les curieux y monstrent les endroits où estoient les Temples de Pluton & de Iunon auec l'antre de Charon. Elle semble vne double ville diuisée par vn ruisseau. Elle est le siege d'vn Euesque & elle a sa Iustice separée. Sa Citadelle sur le roc est l'vne des plus importantes places de l'Estat de Sauoye, elle a resisté

Nice.

aux Turcs l'an 1543. son aspect sur la mer est fort agreable; sous le roc est vne Fontaine d'eau douce, où les gens de mer viennent souuent faire leur prouision auec leur barques & bateaux, on trouue sur cette coste de fort beau jaspe. *Ville-Franche*, est le port de cette ville & l'vn des meilleurs de toute l'Italie. Il est distant de Nice de deux lieuës, defendu de deux Chasteaux, l'vn au faiste de la Montagne & l'autre sur le bord de la mer. Dans le Mole il y a quelques galeres du Duc de Sauoye qui tire peage des vaisseaux, on en transporte des toiles & des cordages que les Piémontois font de leur lin & de leur chanvre. A vn mille de Nice on peut voir *Mantiga*, maison de plaisance, auec les plus belles Orangeries de l'Italie, des Fontaines, des Parterres, & de tres-belles Peintures; on trouue des Palmes aux enuirons de Nice, aussi bien comme ailleurs.

Torbia petite place à 7. m. de Nice est la patrie de l'Empereur Pertinax. Le Comté de Nice a 4. Vicariats.

description de l'Italie.

Nice, Poget, Barcellonette, & Sospelle, la plufpart de ce Comté auec celuy de Büeil & le Val S. Eftienne, où font *S. Eſteue*, & *S. Saluador*, font pluftoft partie de Gaule que d'Italie, fi on confidere leurs affiette; *Barcelonette*, a titre de Principauté, dans laquelle eft le *Lauſet*, *Bueil* eftoit autrefois aux Grimaldi, fur lefquels il fut confifqué par le Duc de Sauoye l'an 1617. Il y a dans le Vicariat de Sofpelle, *Saorgio* la place plus Orientale de tout le Comté de Nice, & la Seigneurie de *Broglio*.

Barcelonette
Bueil.

De Turin à Caʒal.

IL y a enuiron quarante milles, & on s'y peut rendre par la riuiere du *Po*, qui en cét efpace de chemin reçoit grand nombre de moyennes & petites Riuieres : la commodité en eft confiderable, puifque de Turin à Venife on peut aller toufiours fur l'eau. La droite de ce fleuue qui a fon cours de couchant au Leuant, eft tout entrecoupée de collines ou l'on trouue *S. Rafael* 6. milles, *Verrue* 16. m. *Pont de Sture* 13. m. & enfin Cazal où il en reste 6. le Pont de Sture a esté beaucoup fortifié à cause de l'importance de son assiette. La gauche du Po est vn chemin plus plain & plus aisé, tres-fertile en bleds & en riz; on y rencontre *Vlpian*, *Chiuas*, *Crescentin*, *Trin* & autres places, auant que de se rendre dans *Cazal*, Capitale du Montferrat; la plaine de *Liuorne* que l'on laisse à gauche est bien vne des meilleures du monde pour sa fertilité.

Le Montferrat.

Le Mõt-ferrat. LE *Montferrat* est entre le Piémont, le Milanez, & la Coste de Genes, auecque plus de 200. villettes, bourgades ou chasteaux, la pluspart sur des pointes de collines, tres-fertiles en bleds, en muscatels, & en autres vins excellens blancs & clairets. Par la paix de Quieras le Monferrat a esté partagé entre le Duc de Sauoye & le

description de l'Italie. 81

& le Duc de Mantouë: Trin & Albe sont les plus considerables villes du Duc de Sauoye; Cazal, Acqui & autres villes appartiennent au Duc de Mantouë, trois de ces places ont titre d'Eueschez, Cazal, Acqui & Albe.

Cazal est nommé de Sainct Vas à la difference des autres villes qui portent le nom de Cazal; elle est la capitale du pays, le sejour des Seigneurs de Monferrat, qui demeuroient autrefois dans *Occimian*: son assiette sur le Po, luy fournit de grandes commodités; son terroir produit du froment, du vin, & des fruits abõdamment: sa fortification consiste en plusieurs bastions & demy-Lunes; elle a outre ce vne forte Citadelle & vn Chasteau considerable; le Chasteau se trouue à vn des bouts de la ville proche de la muraille, composé de quatre grosses Tours & d'autant de demy-lunes reuestuës, qui couurent de chaque costé les flancs de ces Tours; il a vn large fossé auec vne contrescarpe & vn corridor, le tout reuestu de bricque; il est muny

Cazal.

F

de Canons & d'autres armes, auec vn logement assez commode, plusieurs Chambres y estans fort bien meublées. La Citadelle que l'on estime vne des meilleures d'Italie, est composée de six puissans bastions: elle a vne grande place au milieu, & quatre grand corps de logis separés, en deux desquels il y a les chambres des Soldats à deux estages, auec des portiques ou galeries au bas, & des caues au dessous: dans le troisiesme grand corps de logis, il y a des greniers d'extreme longueur pareillement à deux estages, pleins de grains & de sacs, auec des moulins au dessous, pour moudre chaque iour cent sacs de grain: dans le quatriéme qui est fait en potence, il y a de grandes galeries auec des armes de toutes sortes, bien nettes & bien rangées; des bales, de la poudre & d'autres munitions de guerre; des feux d'artifice, du bois pour la charpenterie, & tout ce qui fait besoin pour soustenir vn siege de plusieurs années. Cette Citadelle a long temps esté la pierre d'achopement des Espagnols qui en trois diuerses occasions, ont esté contraints par les François de leuer honteusement le siege qu'ils y auoient formé auec beaucoup de depense, elle a esté remise entre les mains de son Prince le duc de Mantouë, le 22. du mois d'Octobre l'an 1652.

A six ou sept m. de Cazal du mesme costé de la riuiere on trouue *Pomare*, auecque titre de Marquisat, la derniere place du Montferrat.

Acqui se trouue à 28. ou 30. milles au midy de Cazal sur la riuiere *Bormida*, son nom luy est demeuré de ses sources d'eau chaude, qui donnerent occasion aux Romains d'y faire des degrez & des Tables de Pierre pour la commodité de ceux qui s'y vouloient baigner: ces mesmes bains sont encor aujourd'huy beaucoup frequentez pendant les mois de May & de Septembre; ils guerissent ordinairement les gouttes, les blessures, les catarres, & d'autres fluxions, mais ils sont dangereux à ceux qui ont

Pomare

Acqui

côtracté du mal auecles Courtisanes.

Incisa. A 5. m. au Septentrion d'Acqui est Incisa, qui porte titre de Marquisat.

Albe. Albe est sur le Tanare, ville assez aggreable, fortifiée suiuant les occurrences, mais commandée par les costeaux voisins: ses vignobles sont beaucoup estimez, & sur tous les autres celuy de Dian. Le Tanare prend son commencement à l'assemblage des Alpes & de l'Appennin, il a du sable d'or, dont Volaterran dit auoir veu vn collier. A 7. m. au Septentrion d'Albe est S. *Damian*, dont les

S. Damian. fortifications ont esté razées en suitte de sa prise l'an 1617. par les François, sous Monsieur le Connestable de Lesdigueres: sa force a esté autrefois si considerable que l'an 1553. le Mareschal de Brissac estant Lieutenant General pour le Roy en Piémont; les François la defendirent glorieusement pendant trois mois contre l'armée Imperiale, conduite par Dom Ferrand de Gonzague, qui fut enfin contraint d'en leuer le siege auec autant de perte que de hôte.

Trin a vn mille du Pô est à present grandement fortifié, l'assiette du lieu ayant beaucoup facilité les trauaux que l'on y a fait comme en plein drap; sa citadelle est vn ouurage du Duc de Sauoye victor Amedée.

Trin.

De Cazal à Milan.

ON fait ce chemin dans vn pays des plus beaux & des meilleurs de l'Italie, on passe le Pô, la Sessia les deux Gognes, le Terdopio, le Tesin, le Ticinello & d'autres petites riuieres & canaux que l'on rencontre en cet espace, qui n'est pourtant que de quarante milles. A 15. m. de Cazal on trouue *Mortare* beaucoup fortifié à cause de la frontiere, & connu en nostre Histoire pour la defaite des Lombards par le Roy Charlemagne, dont s'ensuiuit la fin de leur Royaume, qui auoit duré deux cent & quelques années: ce nom de Mortare succeda à celuy de *Selua bella*, en suite du grand nombre des morts de cette iournée. Auant que d'arriuer à Mor-

F iij

tare on voit sur la gauche la câpagne de *Tobio* ou Marius Consul Romain obtint autrefois vne signalée victoire sur les Cimbres dont il fit vne cruelle boucherie: sur la droite on laisse le bourg de *Breme*, non loin du Pô, connu pour les fortifications que les François y ont fait en ces dernieres guerres, & pour la mort du braue Mareschal de Crequi, tué d'vn coup de Canon, lors qu'il vouloit reconnoistre les Espagnols qui assiegeoient ce fort lequel ils prirent & razerent cette mesme année. De Mortare à *Vigeuan* 5. m. *Vigeuan* est renommé dans les dernieres guerres des François & des Espagnols, dont le Milanez s'est ressenty, aussi bien que sous nos Roys François I. & Henry II. de Vigeuan à *Abiagrasse* 8 milles, d'Abiagrasse à *Milan* il en reste 12. le long de *Nauiglio*, qui est vn canal que l'on a fait pour communiquer les commoditez du Tesin à la ville de Milan.

Le Milanez.

CE pays est la plus belle piece de toute la Lombardie, & le plus beau Duché de toute la Chrestienté, aujourd'huy au Roy d'Espagne, qui en prend le titre: il contient enuiron autant comme le Piémont, puisqu'on luy donne trois cent milles de Tour : le Piémont & le Montferrat luy sont voisins vers l'Occident, les Terres de la Republique de Genes vers le midy l'Estat du Duc de Parme vers l'Orient d'Esté, le Duché de Mantouë auecque les petites Principautez de Sabionete & de Bozolo & le Domaine de Venise vers l'Orient, & vers le Septentrion, le Valais, les balliages de Logan-Locarne, & Mendrisio, & le Comté de Chiauene auec vne petite partie de la Valteline. Il y a deux Lacs fameux dans le Milanez, le *Lac Maieur*, & celuy de Come, le premier donne son nom à vn Territoire dont

F iiij

Vgogne est la place principale sur la riuiere de Tosa que 6. ou 7. mille plus haut passe à Domo d'Oscela, il reçoit le Tesin qu'il rend au dessous d'Arone, dont le Chasteau en ces dernieres guerres a repoussé les efforts des François; vis à vis d'Arone est Anghiera, le titre d'vne ancienne Seigneurie. Le Lac de Come reçoit & voit sortir l'Adde qui se rend dans le Pô, vn peu au dessus de Cremone, il a son nom de la ville de Come, patrie de Pline & de l'Historien Paul Ioue. En la partie Septentrionale il y a quelques vallées qui fournissent des maçons à la plusparte de l'Italie, des petits merciers & des Ramoneurs à vne bonne partie de l'Europe. Au commencement du Lac de Come ou se rend la riuiere d'Adde, il y a le Fort de Fuentes basti contre la Valteline; il est vn des plus important de l'Estat, aussi bien que celuy de Sandoual vis à vis de Verceil & celuy de Borgo di Sessia, tous deux opposez aux Estats du Duc de Sauoye. Les Voyageurs ont cette commodité dans le Milanez de trouuer presque de lieuë en lieuë de belles & de grandes hostelleries, de beaux ponts de briques aux lieux necessaires & des chemins les plus agrables qu'on puisse voir, estans pour la plus part dressez à la ligne auec des canaux d'eaux courante des deux costez, & auec des plans d'arbres & des hayes disposées en sorte qu'ils semblét de belles allées; il n'y a poulce de terre qui ne raporte deux fois l'année; la Campagne y est si fertile qu'elle fournit toute sorte de grains; on y recueille pareillement des vins & des fruits en quantité. La Noblesse aussi bien que celle de Naples ne se mesle pas du commerce, cóme celle des autres Estats d'Italie; ceux du païs se laissent gouuerner cóme desirent leurs Princes, au lieu que les Napolitains ne souffrét le ioug des Espagnols qu'auec impatience & les Siciliens volontairemét; on dit aussi communement en Italie, que le Roy d'Espagne gouuerne le Royaume de Sicile auec douceur, le Royaume de Naples auec subtilité,

& le Duché de Milan auec authorité: & pource qui est des Gouuerneurs, on dit que celuy de Sicile ronge seulement, que celuy de Naples mange, mais que celuy de Milan deuore.

Milan. La Ville de Milan est appellée Grande, parce qu'elle a plus de dix milles de tour: son assiette est dans vn des meilleurs pays de l'Italie: elle n'a pas de grandes riuieres, mais elle a toutes les commoditez du Tesin & de l'Adde par deux canaux que l'on y a conduit; quelques vns en font les Gaulois les fondateurs, d'autres disent qu'ils en ont esté seulement les restaurateurs. On y conte vingt & deux portes, y comprenant celles des Fauxbourgs, qui font comme vn corps auecque la ville, estans ceints de bastions & de fossez. Les Plans de Milan plus recens y font voir plus de deux cens trente Eglises, dont il y a 96. Paroisses, quarante Conuents de Religieux, cinquante de Religieuses & cent Confrairies. L'Eglise Catedrale qu'ils appellent Dome est vne des plus superbes & la plus grande de l'Italie apres celle de S Pierre de Rome : elle est toute reuestuë de beau marbre blanc dedans & dehors auecque plus de six cens statuës de mesme le long de sa muraille, dont chacune à cousté plus de mille escus, celle d Adam & de S. Barthelemy sont les plus estimées, cette derniere n'ayant pas sa pareille en toute l'Europe, on y peut voir distinctement toute l'Anatomie de l'homme. Cent soixante Colomnes pareillement de marbre blanc, soustiennent la voute de cette Eglise, elles sont de telle grosseur qu'à peine trois hommes en peuuent embrasser vne, on les estime chacune à plus de dix mille escus. Toutes les autres parties de cette Eglise sont riantes & agreables à voir, & quelques Escriuains n'ont pas fait scrupule de la faire passer pour vne des merueilles du monde; elle n'est pas des plus claires, mais les Italiens bastissent de la sorte presque toutes leurs Eglises, afin que les officians ayent plus de majesté, &

le peuple assistant plus de veneratiõ. Sa Sacristie & ses Autels sont des plus riches, ses tombeaux des plus superbes, ses vitres de diuerses couleurs des mieux figurées, & l'harmonie de ses orgues des plus charmantes; Ses Reliques sont diuersement enrichies; on y conserue vn cloux de la Croix de Nostre Seigneur porté dans Milan par l'Empereur Theodose, le Corps de S. Charles Borromée y est gardé dans vne Chappelle sous terre, où il est estendu sur vn Autel : vne statuë d'argent de ce mesme Sainct, habillé Pontificalement auec quantité de pierres precieuses sur sa Mitre, a esté presentée par les Orfeures de Milan, & est gardée dans le tresor, de mesme que quantité d'autres presens de grand valeur. L'Eglise de S. Ambroise est en possession des Corps de ce Sainct Prelat, & de ceux de S. Geruais & de S. Protais, qui gisent tous trois au dessous du maistre Autel : dans le milieu de cette Eglise on voit sur vne Colomne, le Serpent de bronze eleué par Moyse dãs le desert : on y voit aussi les superbes Tombeaux de Loüis Empereur & de Pepin Roy d'Italie tous deux fils de Charlemagne : en sortant on trouue vne Chapelle ou S. Augustin a receu le Baptesme. Les autres Eglises sont celles de Saincte Tecle la plus ancienne de Milan, celle de S. Laurens des plus magnifiques, auec vne voute qui n'eut autrefois sa pareille en Italie, & que l'on remet en son premier estat. En l'Eglise des Carmes est le portrait de S. Simeon fait de la main de S. Luc : celle de S. Satyre, conserue l'image de la Vierge tenant le petit IESVS entre ses bras : cette image est à present sur le grand Autel, & auparauant elle estoit contre la muraille du cimetiere, lors qu'vn joüeur nommé Massario Vigonzonio desesperé de ses pertes, alla donner vn coup de Poignard au petit Iesus, qui rendit aussi tost du sang en abondance. Voila les plus belles Eglises; Pource qui est des Palais, ceux des Borromées, des Viscomtes, des Sforces, des Triuulces,

& des Marini emportent le prix, celuy du Gouuerneur est pareillement des plus considerables; on remarque peu de maisons particulieres qui ayent la magnificence ordinaire à ceux des autres villes d'Italie. Il y a plusieurs Hospitaux, ou plus de neuf mille pauures ont tous les iours leurs necessitez aux despens du public, celuy qu'ils appellent Grand Hospital en nourrit seul plus de quatre mille, aussi a il bien soixante & dix mille escus de reuenu annuel: bien que le dehors soit quarré, le dedans du logis est fait en forme de Croix, laissant quatre Cours entre les branches de sa Croix, au milieu de laquelle comme dans le centre est vn Autel où tous les malades peuuent voir de leur lict celebrer la Messe. Les Religieuses appellées du secours, y ont esté establies par vne Isabelle fille du sang des Roys d'Espagne. Cette Princesse auoit le talent de si bien dire que le Pape luy permit de prescher en public.

Quant au commerce de Milan, on

description de l'Italie. 95

peut dire qu'elle est vn abord general des Marchandises de France, d'Alemagne, d'Italie & d'Espagne: elle a grand nombre d'artisans & d'ouuriers qui sont distingués par quartiers & ruës, & qui trauaillent à toutes choses: ses belles estoffes de soye, d'or d'argent sont estimées par toute l'Europe; toutes sortes d'armes & de harnois y sont des mieux trauaillez & attirent l'argent de plusieurs endroits ; aussi vn prouerbe porte, *Qui voudroit accommoder l'Italie, il faudroit ruiner Milan*, quelques vns donnent vn autre explication à ce prouerbe, ils disent que cette ville ayant souuent esté la cause de guerre en Italie, il faudroit la ruiner pour auoir vne bonne paix; apres ses prises & ses ruynes en diuers temps, elle n'a rien perdu de son ancienne splendeur; elle a esté quarante fois assiegée & prise vingt-deux fois, & neantmoins elle a presque tousiours passé pour vne seconde Rome; Sa force consiste plustost en ses hommes qu'en ses murailles, & on fait estat qu'elle renferme plus de trois cens mille ames; c'est ce qui la rend vne des plus peuplées de l'Europe.

Le Chasteau que l'on estime vne des plus belles forteresses de l'Italie, est cõposé de 6. grands bastions Royaux reuestus de briques auec des fossez pleins d'eau courante: Lors qu'on y entre du costé de la ville on rencontre premierement vne contrescarpe fort haute, reuestuë auec vn large coridor, & puis la porte defenduë de deux Tours à l'antique: il se presente ensuitte la seconde enceinte qui est vne puissante muraille haut eleuée auecque plusieurs caualiers, & plus de deux cens pieces de canons, la place d'armes y est capable de tenir plus de six mille hommes; enfin on trouue l'ancien Palais des Ducs de Milan qui sert de Donjon: cette forteresse a toutes les munitions qu'on peut souhaitter auec des Officiers, des soldats & des ouuriers necessaires pour vne longue defense, aussi les Espagnols sçauent bien que de sa conseruation depend celle de leurs Estats

Estats d'Italie. Le Donjon commande à la seconde enceinte qui est vn ouurage des François, & cette seconde enceinte commande à la troisiéme qui a esté faite par les Espagnols.

Apres auoir veu les raretez de Milan, le Voyageur pourra voir les plus belles villes de son estat comme Pauie, Cremone, Lodi, Alexandrie de la paille, Valence & autres.

Pauie est a 15. milles de Milan vers le Midy sur le Tesin, que l'on y passe sur vn beau pont couuert; les maisons dont la plus part a esté bastie par les Lombards, ny sont pas des plus belles; Ce nom de Pauie en Latin *Papia* comme qui diroit patrie des Pieux à succedé à celuy de *Ticinum*, lors que l'Euangile y a premierement esté presché enuirō le temps que S. Pierre estoit à Rome. L'importance de son assiette est telle que celuy qui en est le maistre peut, ou conseruer ou incommoder extremement l'Estat de Milan. En la grande place on voit sur vne colomne, la statuë de Bronze

Pauie.

G

de l'Empereur Constantin, quelques vns disent de l'Empereur Antonin, on tient pour certain qu'elle a cy deuant esté dans Rauenne, voila pourquoy l'an 1527 le Seigneur de Lautrec ayant pris la ville, vn de ses soldats natif de Rauenne y estant entré le premier, obtint de son general qu'il pourroit faire emporter cette statuë en son premier lieu, ce qu'il eut executé sans l'opposition des habitans qui dans leur extreme malheur obtinrent du vainqueur la conseruation de leur belle statuë, au lieu de laquelle ils s'obligerent de fournir au soldat vne couronne d'or qui luy seruit de couronne murale. En l'Eglise de S. Augustin est le Tombeau de ce Sainct, tout de marbre blanc, estimé vn des plus excellens ouurages de cette nature, à cause des personnages en relief qui representent sa vie. Outre le corps de Sainct Augustin. Il y en a d'autres dans Pauie, de plusieurs grands personnages, Boece fameux Philosophe & Balde grand Iurisconsulte y ont leur sepulture. Dans l'Eglise Cathedrale on montre vne puissante lance que les habitans disent estre de Roland, mais elle ressemble plustost à vn mast de Nauire qu'à vne Lance. Nostre Histoire nous apprend que l'an 774 Charlemagne y assiegea & prit Didier dernier des Rois Lombards, qui en auoient fait leur sejour & que ce grand Roy y establit l'Vniuersité quelque temps apres. L'an 1524. le Roy François I. ayant assiegé la ville ne fut pas accompagné d'vn pareil bon-heur, car estant allé combatre l'armée Imperiale, il perdit la bataille & demeura prisonnier de ses ennemis. Annibal y auoit autrefois obtenu vne fameuse victoire sur Scipion Capitaine Romain.

Entre Milan & Pauie à 5. mille de cette derniere est vne fameuse Char- *La Chartreuse* treuse bastie par Iean Galeas Vicom- *de Milā,* te premier Duc de Milan. Ce Monastere a plus de cinquante mille escus de reuenu, & les Religieux y logent vne nuict les Voyageurs. L'Eglise est des plus superbes & des plus riches, son portail est vn ouurage des plus delicats auec vn nombre infiny de statuës, de testes d'Empereurs, & d'autres figures de marbre blanc: le haut de la voute est tout d'or & d'azur, le seul tabernacle est si riche, qu'on l'estime plus de quatre-vingt mille escus, les Chapelles, les Autels & la Sacristie conseruent des richesses extraordinaires; le cloistre & les logis des Religieux correspondent à cette magnificence. Proche de ce monastere on voit le parc auec vne muraille de 20. milles de circuit, où il y a des champs labourez, des prairies, des forests, toutes sortes de chasse, des cerfs, des cheureuils, des dains, des lieures & semblables animaux, mais non en si grande quantité comme lors que la muraille estoit en son entier.

Cremone à 45. m. de Milan est la plus Orientale de tout le Duché, assise en vne plaine à deux m. du Pô, qui enuoye de ses eaus courantes dans les fossez de la ville, dont le circuit est bien de cinq milles pas, son Cha-

[marginal: Cremone.]

description de l'Italie. 101

steau est grandement, fort, ses places publiques, ses Eglises, ses ruës, & ses maisons ont presque toutes leur beauté. La Tour de Cremone est vne des plus hautes de l'Europe; les Eglises y sont riches & ornées de beaux Tableaux, la Cathedrale & celle de S. Pierre sont les plus belles, on garde en celle-cy le corps de Saincte Marie l'Egyptiene. Celle de Sainct Augustin a 24. Colomnes de Marbre, iaune & rouge, qui soustiennent la voute où l'on voit la peinture de plusieurs Histoires. L'an 1648. Cremone a heureusement resisté aux François & Modenois qui venoient de remporter vn auantage signalé sur les Espagnols. *Soncino* proche de l'Oglio, & *Cazal-Maggiore* dans le voisinage du Pô, sont les places les plus fortes du Cremonois, à cause qu'elles sont frontieres.

Entre Milan & Cremone on trouue la ville de *Lodi* sur l'Adde, fron- *Lodi.* tiere du Cremase, territoire de la Republique de Venise, on y estime pour leur delicatesse les langues de

G iij

veau sallées & les fromages que l'on y fait assez semblables à des meules de moulin: Leandre tesmoigne auoir veu l'an 1531. quatre de ces fromages faits par le commandement du Comte de Sommaglie dont chacun pesoit cinq cent liures de menu poids. On fait aussi à Lodi de la vaisselle de terre aussi belle & aussi fine que celle de Fayence. La ville est peuplée de douze mille ames, nonobstant la rigueur dont ceux de Milan ont vsé en leur endroit, lors que en estans les maistres, ils en auoient distribué les habitans dans les villages voisins. Douze milles au dessous de Lodi on trouue sur l'Adde la forte place de *Picightone*, ou le Roy François I. fut mené prisonnier auant que d'estre conduit en Espagne.

Picightone.

Alexandrie de la Paille, est sur le Tanare, eloignée 40. m. de Milan, elle est ainsi apellée à ce que disent quelques-vns, du Pape Alexandre III. & de la Couronne de Paille qu'on y a autrefois mis sur la teste des Empereurs.

Alexandrie de la Paille.

description de l'Italie. 103

A 7. ou 8. m. d'Alexandrie vers le Septentrion est *Valente* capitale de la petite Prouince de Lomelline, grandement fertile: & ainsi appellee de *Lumello* petite place sur la Gogna, cette ville est sur la gauche du Pô, fortifiée à la Moderne à cause de l'importance de son assiette qui en auoit fait iuger aux François la possession necessaire à leurs desseins, lors qu'assistez des troupes du Duc de Sauoye & du Duc de Parme, ils l'assiegerent inutilement en l'année 1635.

Valence sur le Pô.

Monza a 10. m. de Milan vers le Septentrion est le lieu où l'on garde la couronne de Fer, dont on a autrefois couronné les Empereurs arriuans en Italie.

Monza.

Le desir de posseder la grande ville de Milan a fait donner plusieurs batailles en son voisinage.

Batailles donnees dãs le Milanez.

Celle de *Carauas*, autrement d'*Agnaldel* & de *Riualta* fut gagnée par les François sous le Roy Louys XII. sur les Venitiens.

1609.

Celle de *Nouare* fut perduë par les 1512.

G iiij

François contre les Suisses, douze ans auparauant, Loüis Sforce y auoit esté fait leur prisonnier.

En celle de *Basignan* les François furent deffaits & Iean de Medicis lors Cardinal & Legat de Boulogne du depuis Pape sous le nom de Leon X. fut repris sur eux, comme ils le conduisoient en France apres la victoire de Rauenne.

1515. Celle de *Marignan* fut glorieusement gagnée par le Roy François I. en personne assisté des Venitiens; Maximilian Sforce y perdit son estat 16000. Suisses y perdirent la vie.

1521. Celle de la *Bicoque* fut perduë contre Sforce & Colomne par Lautrec, General de l'armée du Roy.

1524. Celle de *Pauie* & celle de Romagnan furent perduës, la premiere par François I. qui fut fait prisonnier, & l'autre par l'Admiral Bonniuet son General.

1528. Celle de *Ladriano* fut pareillement perduë par le Comte de S. Pol chef de l'armée Françoise.

1636. Celle du *Tesin* fut gagnée par les

François & Sauoyards sur les Espagnols.

Celle de *Cremone* a pareillement esté 1648 glorieuse aux François & Modenois contre les Espagnols.

Ie renuoye à l'Histoire ceux qui voudroient sçauoir le detail de ces Batailles.

De Milan à Genes.

CEtte route est par Pauie ou l'on conte 15. m. à *Voghere* 12. m. entre Pauie & Voghere on passe le *Tesin* & le *Po* dans vn Lac. A Tortone où il y a vn fort Chasteau 12. m. entre ces deux places on trouue *Ponte-Corone*, à *Seruaille*, derniere ville de l'Estat de Milan 10. m. à *Gaui* 5 m. à *Ottagio* 5. m. Ces deux places à la Republique de Genes, dans le chemin de Sarraualle à Gaui, on laisse sur la droite *Noui* forte place des *Genois*: *Pastutana*, *Francauilla*, & *Spinola* chefs dautant de Marquisats, & plus auant la *Rocca-Grimaldi*, d'Otagio à *Genes* il reste

20. m. mais en cét espace il faut trauerser l'Apennin où le chemin est vn peu penible & enuieux, apres quoy on entre dans vne vallée pleine de Chastaigners, & auant que de se rendre en la ville de Genes capitale de sa Republique on arriue en son beau faux-bourg *S. Pierre d'Arena*, où l'on voit grand nombre de maisons qui approchent de la magnificencé de celles de Genes: ie l'appelle fauxbourg, bien qu'il en soit eloigné plus de trois milles, lequel espace est remply de belles maisons, ou ceux de Genes viennent souuent se diuertir auecque leurs chaloupes.

La Coste de Genes.

La Coste de Genes. ON appelle *Riuiere de Genes*, toute cette Coste qui s'estend au pied du Mont Appennin le long de la mer Mediterrane, entre les Riuieres de Var, & de Magre. La Republique de mesme nom y est maistresse de toutes les places qui s'y rencontent, il en faut excepter Nice, Ville-Franche & Oneille au Duc de Sauoye, Mourgues & menton au Prince de Monaco & Final au Roy d'Espagne. Depuis l'emboucheure du Var iusqu'à celle de la Magre on conte plus de 160. milles. Ce pays correspond à l'ancienne *Liguri* bien qu'il ait eu de ses peuples iusqu'aux Riuieres du Pô & & d'Arne: il est diuisé en *Riuiere de Ponant & Riuiere de Leuant*, la ville de Genes comme la Maistresse de toute la Seigneurie se trouue dans le milieu & donne lieu à cette diuision: la largeur en est fort estroite & ne passe iamais vingt & cinq mille pas: le dedans du païs est aspre, montueux & plein de forests, mais la coste est tres-agreable & tres-fertile, puis-qu'on y recueille, des vins muscats, des vins cōmuns, des huiles en quantité & toutes sortes de bons fruits. La Partie Occidentale plus que l'autre est pleine de Citroniers, d'Orangiers, de Figuiers, de Palmiers, de Cedres, & d'autres Arbres fruictiers & odoriferants. La commodité de la costé a donné moyen aux anciens habitans de courir les mers voisines: la Republique entretient aujourd'huy huit Galeres pour l'ordinaire, les montaignes voisines luy contribuant largement le bois & les autres commoditez necessaires à la construction des vaisseaux. On a estimé de tout temps les Genois plus vaillants sur mer que sur terre, aussi ont ils faits autrefois de beaux exploits par le moyen de leur armées Nauales, dans les voyages de la Terre Saincte, contre les Pisans & contre les Venitiens; mais on peut dire qu'ils ont conserué leur liberté & non pas leur ancienne grandeur; les restes de toutes ces belles expeditiõs consistent en la coste qu'ils ont en la Terre ferme d'Italie, & en la possession de l'Isle de Corse, qui couste plus à la Republique pour son entretien, qu'elle ne luy fournit; cette Isle est eloignée cent mille pas de la ville de Genes vers le midy. L'Isle *Copraia* vers la mer de Toscane & l'Isle Tabarque sur la coste du Royaume de

Tunis en Barbarie sont peu considerables, celle-cy seulement a cause de la pesche du Corail.

L'assiette de Genes est sur le bord de la mer du costé de son midy, partie en plaine partie en collines qui aboutissent à l'Appennin; elle est belle si on la considere de dessus la mer, elle est commode aux Genois, puisque leur ville est la plus grande, la plus Marchande, & la plus importante de toute l'Italie vers le Couchant; mais cét endroit est fort desagreable à ceux qui viennent du costé de terre, & cette sorte de situation semble beaucoup genée par les montagnes & par les mers, qui la resserrent extremement. La ville de Genes a bien cinq milles de Tour, auec de fortes murailles & cinq portes du costé de terre ferme la plus part garnies d'artilerie, & couuertes par de belles fortifications que l'on y a faites depuis les dernieres guerres de la Republique: on y conte iusques à cinquante mille Communians. Le port est grand & bien basty mais assez malaisé; on a

Genes.

suplée au defaut de la nature par vne muraille longue de six cens pas que la mer endommage souuent, bien qu'elle ait esté faite auec grosse depense: vn fort a cy deuant esté basty par Loüis XII. l'an 1505. sur le promontoire, à present il y reste vne Tour nommée *la Lanterne*, d'où l'on découure les vaisseaux qui viennent vers Genes, tant du Ponant que du Leuant: le promontoire est aujourd'huy appellé *Capo di Faro*. L'aspect de ce port à ceux qui sont sur mer est tres-agreable, car il est tout enuironné des plus belles maisons de la ville qui se voyent les vnes sur les autres en forme de Theatre de degrez en degrez à mesure que la montagne se hausse; la mer voisine qui fait partie de la Mediterranée y porte à bien iuste titre le nom de Genes. Les bastimens de la ville sont si magnifiques & si beaux qu'elle en est appellée la superbe, & grand nombre de ses Palais sont capables de loger des Roys. Le plus beau est celuy du Prince Doria qui s'estend depuis la

description de l'Italie.

mer iusqu'au haut de la montagne: il y fait beau voir en premier lieu la galerie pauée de blanc & de noir, longue de six vingts pas, large de vingt & six, fermée de belles colomnes auecque la veuë sur le port: les Iardins qui se presentent en suitte sont tres delicieux, on y voit vne belle fontaine auec deux bassins de marbre blanc l'vn dans l'autre, & la representation d'vn Neptune sur vne coquille auec ses cheuaux & douze Sirenes au dessus: le bassin qui contient le premier a soixante pas de tour & douze Aigles qui sont les armes de la maison. L'on y voit vne voliere de cent pas de longueur. La grande Sale est en forme de portique longue de cinquante pas & large de douze, auec vne cheminée à chaque bout. La voute & la muraille y sont pleines de statuës d'orées, comme sont aussi les autres appartemens, & nomement la sale d'armes qui merite bien d'estre veuë & consideree. Les Tapisseries & les autres meubles y sont des plus riches, la vaisselle d'argent y semble employée auecque profusion en lits, en tables grauées dont vne seule pese vingt & quatre mille escus. La garderobe est pleine de raretez & de richesses, les vases d'or, d'argent, de cristal de roche, & de porcelaine y sont en tresgrand nombre: on y rencontre quantité d'ouurages de marbre, d'albastre, de iaspe & d'agathe, mais sur tout il faut remarquer l'inscription mise en dehors des murailles du Palais, *par la grace de Dieu & du Roy*, qui est celuy d'Espagne, *le tout est au maistre du Logis*; ces mots y ont esté escrits non tant par vantise comme pour dementir vn Gouuerneur de Milan qui donnoit aduis à vne Reine d'Espagne passant de Milan à Genes, que le Prince Doria la receuroit dans vn des plus beaux Palais de l'Italie & qu'elle y seroit veritablement seruie à la Royale, mais que la pluspart des meubles auroient esté empruntés des plus riches maisons de Genes. Ce Palais est accompagné d'vn viuier tres profond, quoy que sur vne haute montagne,

montagne, il a aussi des terraces les vnes sur les autres, des cabinets, des berceaux & des grottes artificielles des plus belles d'Italie, au dessous d'vne grāde statuë de Geant on peut voir le tombeau & l'Epitaphe d'vn chien, qui pendant sa vie auoit cinq cens escus de rente pour son entretien. Le Palais de la Seigneurie qui sert de demeure au Duc, est comme au milieu de la ville dans vn lieu eleué: la maison qu'ils appellent du Monarque en la ruë neuue, est vne des plus belles de Genes : La Casa del Imperial peut voir de ses fenestres douze mille escus de loüage de ses maisons: elle se rencontre en la ruë de Sainct Pierre d'Arena auec iardins, fontaines & pescherie: la plus part des autres maisons ont quatre & cinq estages, à cause que les ruës y sont fort estroites: ce qui rend la ville obscure & triste en plusieurs endroits.

Entre les Bastimens publics il y a l'Arsenal & quelques lieux pour les galeres: il y a le Magazin pour les

Canons & autres artillerie, pour la poudre & pour toutes sortes de munitions de guerre : la Darsine est le petit port de la ville, où il y a les barques d'vn costé & les Galeres de l'autre que l'on renferme par le moyen d'vne chaisne. Proche de l'Arsenal il y a quatre beaux ponts de Pierre, qui seruent à desbarquer les marchandises. L'Eglise Cathedrale est celle de S. Laurens ornée au dehors de marbre blanc & noir, auecque trois portes de front releuées & enrichies de colomnes de marbre; les richesses du dedans correspondent aux embellissemens du dehors : l'on y fait voir auecque ceremonie vn plat d'vne seule Emeraude qui est vne tres belle piece : pour le voir on entre dans vne sale qui a vne porte de fer ou sont trois ou quatre serrures dont Messieurs de la ville ont les clefs : on ferme cette porte quand on est entré, & on fait commandement à tous ceux qui ont des armes de les poser, sous peine d'amende, ceux de Genes nomment cette Relique le

Catin, ils disent qu'elle est vn des presens que fit la Reine de Saba à Salomon; que nostre Seigneur y a fait la Cene; & qu'à la prise d'Antioche les Genois la choisirent pour la part de leur butin: on conserue aussi en cette Eglise les cendres de S. Iean Baptiste. L'Eglise de S. Ambroise deseruie par les Peres Iesuistes est tresbelle, toute pauée de marbre & pleine de rares peintures & de colones qui la font admirer aussi bien que sept domes qu'elle contient; Sçauoir vn à chacun des quatre coings, & trois dans le milieu. La ville de Genes est superbement bastie, non seulement dans l'enclos de ses murailles, mais aussi deux ou trois milles en ses enuirons, qui sont remplis de tres belles maisons. Vne des principales richesses des habitans consiste dans le transport de ses taffetas, veloux, satins & autres estoffes de soye que ceux des Regions Septentrionales viennent chercher, à cause de leur bonté & de leur excellence: la soye pour la pluspart y est apportée de Sicile: il y a bien dans la ville vingt mille familles qui trauaillent à ces estoffes & aux bas de soye. Plusieurs particuliers y ont des Galeres, & des terres considerables dans les Estats de Naples & de Milan, de sorte que pour la plus part ils sont tres-riches & accomodés, mais la Republique est estimée pauure & engagée, n'ayant pas de tresor de reserue comme Venise, aussi dit on que les particuliers de Genes sont autant soigneux du leur particulier, comme ceux de Venise du public. Il y a deux sortes de familles nobles. Les anciennes & les nouuelles, celles-cy ont autrefois suiuy le party du peuple, & ne sont pas si considerables. Les *Doria*, les *Spinola*, les *Grimaldi*, les *Fiesques*, les *Carretes*, les *Pallauicins* & les *Cibes* sont si puissans & si riches qu'ils ne sont pas receus au Gouuernement, de peur qu'ils ne s'en saisissent. Vn Doria & vn Spinola ont autrefois eu rang parmy les plus grands Capitaines de leur Siecle, celui-cy sur terre & l'autre sur mer ; la ville doit sa liberté à ce dernier qui abandonna le seruice du Roy François I. pour y mieux reüssir. Quelque temps auparauant Genes auoit esté suiette à de grandes factions & à beaucoup de seditions populaires. Vn Autheur Moderne a tesmoigné que de son temps chaque habitant auoit vne Tour dans sa maison, d'où il se battoit auec son voisin, de sorte que pour lors on y contoit iusqu'à dix mille Tours: aussi n'y a-il pas aucun Estat en Italie qui ait eu de pareilles reuolutions à celles de Genes, & on a obserué que depuis l'an 1494. iusqu'en l'an 1528. la ville a souffert plus de douze sortes de Gouuernemens, ayant eu des Comtes, des Consuls, des Podestas, des Capitaines, des Gouuerneurs, des Lieutenans, des Recteurs du peuple, des Abbez du peuple, des Reformateurs, des Ducs Nobles & Populaires: elle est aujourd'huy vne Aristocratie dont le chef est nommé Duc.

La Seigneurie quoy que libre reconnoist l'Empereur pour protecteur, mais les particuliers ont presté de si grandes sommes au Roy d'Espagne, qu'elle est obligée d'entretenir vne bonne intelligence auec sa Majesté Catholique, dont ils reçoiuent bien quelqu'interest, mais non pas à proportion de leur prest. L'Empereur Charles-Quint s'aduisa de cét expedient pour tenir ceux de Genes en sa deuotion, & ses successeurs les Roys d'Espagne ont reconnu qu'ils commandent par ce moyen plus absolument aux Genois, que s'ils auoient garnison dans leurs forteresses.

Si nous voulons voir les places de cette Republique, il nous est à propos de suiure la coste du couchant au Leuant.

Apres *Nice* & *Ville-Franche* qui appartiennent au Duc de Sauoye, on trouue *Monaco* appellé autrement *Mourgues* petite Principauté, composée de trois petites places, *Monaco*, *Rocca-Bruna*, & *Menton*, aujourd'huy en la protection du Roy, la ville est de difficile accez, estant enuironnée de marais: son Chasteau est basty sur vn rocher escarpé à perte de veuë & battu par les flots de la mer, il commande à la ville qu'il joinct par vne seule langue de terre de sept ou huict pieds de large, il commande pareillement au port où les vaisseaux qui entrent sont à la deuotion de son artillerie.

A 6. milles de Mourgues est la petite ville de *Menton* sur vn costeau, auec vn beau verger d'orangers & d'oliuiers: le Prince y tient ses greniers à sel dont il fournit la pluspart du Piémont & du Montferrat. *Menton.*

Vintemille est sur vn panchant accompagné d'vn Chasteau fortifié & d'vne plage, son Euesque, de mesme que celuy de Sauone reconnoist l'Archeuesque de Milan. *Vintemille.*

Sainte Reme est connu pour ses beaux arbres fruitiers, orangiers, Citroniers, palmiers & autres qui rendent ses enuirons des plus agreables: il est accompagné d'vn port de mer. *Saincte Reme.*

Le Port Morice n'a pas toute la commodité que son nom tesmoigne, les *Port Morice*

Genois en ont bouché le Port par ialousie, & ils y entretiennent garnison comme dans vne place importante & beaucoup fortifiée.

Oneille   *Oneille* au Duc de Sauoye, est dans vne belle vallée fertile en oliuiers, en quoy consiste la principale richesse des bourgeois: il a titre de Marquisat aussi bien que *Marre*, plus auant en terre au mesme Prince.

Arassi.   *Arassi* est connu pour la pesche de corail que font ses habitans.

Arbengue.   *Arbengue* est vne ville ancienne, autrefois des plus belliqueuses; tous ses capitaines de vaisseaux ont cy deuant esté obligés d'y faire bastir chacun vne Tour: elle est Euesché sous l'Archeuesque de Genes, & donne son nom à vne petite Isle voisine.

Loan.   *Loan* a titre de Comté.

Final.   *Final* chef d'vn Marquisat, est ainsi appellé pour la subtilité de son air, il est à vn quart de lieuë de la mer, & le Roy d'Espagne fait débarquer dans son port les troupes qu'il enuoye dans le Piémont & dans le Montferrat: l'an 1602. le Comte de

description de l'Italie. 121

Fuentes se saisit de cette place pour sa Majesté Catholique.

Noli, est un Euesché, & la ville a de grands Priuileges. Noli.

Vai est accompagné d'une forteresse & d'un port, ou souuent les Espagnols vont débarquer lors qu'ils veulent se rendre dans le Milanez. Vai.

Sauone est la seconde ville de la Republique, à qui elle a autrefois donné de l'ombrage estant appuyée du Roy François I. qui par ce moyen porta le fameux André Doria à se retirer de son seruice pour procurer la liberté de ceux de Genes, qui firent boucher le port de Sauone. Elle est fort ancienne & assez bien bastie: l'on y voit la maison du Pape Iules II. cinq portes, deux forteresses & une Citadelle bien munie. On donne à ses habitans des meurs particuliers & un naturel different de celuy des Genois, on dit qu'ils n'ayment pas les femmes auecque tant de passion; qu'ils elevent mieux leurs enfans, & qu'ils sont plus indulgents à leurs seruiteurs. De Sauone sont sortis Sauone.

trois Papes Gregoire VII. Iules II. & Sixte IV. dans le voisinage de Sauone. L'Apennin commence à se hausser & a diuiser l'Italie en 2. parties.

Cogoreto. Cogoreto est la patrie de Christophle Colomb, à qui nous deuons la decouuerte du nouueau Monde.

Genes. On trouue en suitte Genes la Superbe, qui est asseurée vers le Septentrion par trois forteresses qu'elle conserue au delà de l'Apennin, *Noui*, *Gaui*, *Ottagio*.

Nerui. Nerui est pleine de belles & delicieuses maisons que l'on y a basties pour joüir de la pureté de son air.

Rapalle Rapalle dont vn Golphe voisin porte le mesme nom, a veu commencer la faction des Guelphes & des Gibellins qui a si long temps tourmenté l'Italie.

Lauagne. Sestri de Leuant. Lauagne est aux Comtes de Fiesque. Sestri de Leuant est ainsi appellé à la difference d'vne place de mesme nō qui se trouue en la coste du Ponant.

Brugnet. Brugnet est à 8. milles de la Mer au dedans des terres, auecque titre d'Euesché.

description de l'Italie.

L'Espece a vn Golphe auec beaucoup de forteresses, pour y asseurer la retraite des Vaisseaux.

Lespecé

Lerice est vne des meilleures places du Golphe de l'Espece.

Lerice

Sarzane est estimée la plus forte de tout l'Estat, elle est accompagnée d'vne bonne forteresse qu'ils appellent Sarzanella, elle se trouue au dela des bornes de la Ligurie, aussi vn prouerbe porte que l'acquisition de Lucques & de Sarzane rendroient le Grand Duc Roy de Toscane. Sarzane s'est agrandie des ruynes de l'ancienne ville de *Lune*, que l'on dit auoir esté bastie par les Grecs, auant la guerre de Troye, & ruynée par les Normans l'an 856. les bastimens de cette malheureuse ville estoient d'autant plus beaux que ses enuirons fournissent de tres-beau marbre.

Sarzane

Lunes ruynée

Les Bourgs de cette coste qui n'ont pas de defense, & qui ont peu d'habitans sont quelquesfois visitez & rauagez par les Galeres de Barbarie, qui en emmenent des esclaues que la Republique rachepte ordinairement de ses propres deniers.

Entre les Princes voisins de l'Estat de Genes, le Roy d'Espagne est le plus puissant; Le grand Duc en est proche en son petit Estat de Pontre-Moly & en quelques autres terres: Le Duc de Mantouë en son Estat de Montferrat: Le Duc de Parme en est separé par l'Appennin: les Marquis de Malespine & de Masse, luy confinent vers le leuant: le Duc de Sauoye & le Prince de Monaco vers le couchant.

De Genes à Parme.

IL faut se rendre à *Nerui* 5. m. à *Rapalle* 12. m. à *Lauagne* 7. m. à *Sestri di Leuante* 5. m. iusqu'icy le long de la coste, à *Brugnoto* 17. m. à *Pontremoli* 12. m. cette place est aujourd'huy au Duc de Toscane, à *Castel-Corniglio*, la premiere forteresse du Parmezan 16. m. elle appartient à l'Eglise Cathedrale de Parme, & neantmoins le Duc en jouyt, moyennant vne tasse

description de l'Italie. 125

d'argēt qui porte à cette Eglise pour sa reconnoissance. De Castel-Corniglio il reste vingt & cinq milles iusqu'à la ville de *Parme*, le long de la riuiere de mesme nom, & cet espace de chemin est bien plus agreable que celuy qui se trouue depuis Sestri; car en ce dernier on est obligé de monter & de descendre plusieurs montagnes tres-difficiles, nomement entre Pontremoli & Castel Corniglio où l'Appennin est extremement haut, & où se presente à passer le *Bois de la Cise*. A la sortie de Genes on laisse dans la montagne sur la main gauche la place de Torreglia, capitale d'vne petite Principauté aux Doria.

Ceux qui veulent voir Genes à leur retour de Rome, preferent la commodité du Pô au passage de ces montagnes : lors qu'ils sont à Turin, ils se rendent pour cét effet à *Plaisance* par cette riuiere, de Plaisance à Parme ils content enuiron 34. milles par terre, en ce dernier espace, ils trouuent la Voye Emilie qui estoit suiuie par les anciens Romains, ils vont à Ponte-Nura, à Fiorenzola, à Borgo-Sandonino, à Castel Guelto, & aprés auoir passé le Tare ils arriuent en la ville de Parme; ils laissent à gauche les villes de Corte-Magiore, Busseto, Soragna, Sansecondo & Colorno, toutes situées dans vn fort beau pays.

{Le Parmezan.} Le Parmezan est vn pays fertile en grains, en vins & en fruits de toutes sortes, particulierement en huiles; ses vins muscatels sont curieusement recherchez par ceux du voisinage: des chastaignes & des grosses truffes s'y recouurent en grande quantité. Son assiette est naturellement forte, puis qu'il est enuironné de hautes montagnes, qui font partie de l'Appenin, de grand nombre de riuieres & de plusieurs forteresses aux endroits necessaires: il est long de 65. milles pas & large de 45. mille; il a trois Citez Parme, Plaisance, & Borgo-Sandonino, les deux premieres auecque titre de Duché, cent-cinquante villes ou grosses bourgades, quelques puits d'eau salée dans le Plaisantin, d'où l'on tire du sel fort blanc aprés l'auoir fait boüillir quelques minieres de fer & de cuiure, & mesme dans les montagnes voisines du Genois des veines d'argent. Cét Estat confine à la Seigneurie de Genes & à quelques terres de Toscane vers le Midy, au Modenois vers le Leuant, au Milanez vers le Septentrion & le Couchant. Son Duc tire ordinairement plus de deux cent mille liures de ses Estats, il releue de l'Eglise à laquelle il paye enuiron dix mille escus de reconnoissance, & il s'en dit Gonfalonier perpetuel, il fait battre monoye d'or & d'argent en ses Estats de Lombardie, mais il n'a pas ce droit dans ses Estats de Castro & Ronsillon; il a augmenté son reuenu par la confiscation de plusieurs terres sur quelques-vns de ses vassaux grandement riches; l'Estat des *Pallauincins* ou estoit *Borgo San Donino*, & celuy des Princes *Landi* dont la capitale est *Borgo-Valdi-Taro*, ont pareillement esté reünis à son Domaine. Ses principaux feudataires sont les *Rossi* Comtes de *San-Secondo*, les *Ran-*

gons, Seigneurs de *Rocca-Bianca*, & d'autres places sur le Po, le Comté de *San-Vital* Seigneur de *Fontanellato*, les *Lupi* marquis de *Soragna*, les *Terzi*, Comtes de *Sezza*, le Comte de *Montecelli*, le Seigneur de *Torchiare*, les *Pepoli* Marquis de la Preda & autres qui ne sont obligés à autres choses que de seruir le Duc dans les occasions. *Berzeto, Fornouë, Rocca-Lanzone, & San-Secondo*, le long du Tare appartiennent aux Rossi qui peuuent aller 25. milles sur leurs terres.

Parme. La ville de *Parme* est la demeure ordinaire du Duc & de sa Cour, le siege de sa iustice & le sejour d'vne fameuse Vniuersité establie par le Duc Rainuce, son assiette est en plaine sur vne riuiere de mesme nom, qui en fait deux parties assemblées par trois ponts. Son air est des meilleurs puis que du temps de l'Empereur Vespasian deux hommes y ont vescu plus de 123. ans chacun, son tour est de quatre mille & l'on y conte iusqu'à 25. mil ames. Le Palais du Duc merite bien d'estre veu, & sur toutes choses

choses les jardins, à cause de leurs belles grottes, de leurs fontaines, de leur jets d'eau, & de leurs belles allées d'orangers. Les appartemens de son Altesse y sont tres-beaux, garnis de plusieurs meubles tres riches, de quantité de marbre, de l'aspe, de porphyre & de plusieurs excellentes peintures. La fortification de la ville est bien considerable, elle consiste en plusieurs bastions, remparts & fossés tres-larges: la Citadelle est des mieux entenduë, ayant esté faite selon les regles de fortifier sans espargne de la depense; elle est composée de cinq bastions bien fournis d'artillerie & de huict grands corps de logis au dedans, tant pour loger les soldats, comme pour garder les munitions: on y conserue les armes pour plus de six mille hommes, qui peuuent chacun s'armer sans s'empescher les vns les autres: les fossez y sont tres commodes pour fauoriser les sorties, estans secs des deux costez, auec vn canal plein d'eau dans le milieu. Pour ce qui est des Eglises, la Cathedrale est belle & magnifique; l'Eglise des Capucins a la sepulture d'Alexandre Farnese Duc de Parme, l'vn des plus grands Capitaines de son temps, & celle de Marie de Portugal sa femme. Cét Alexandre Farnese a esté le troisiesme Duc de Parme : le premier qui eut cette dignité fut Pierre Loüis qui fut creé Duc de Parme & de Plaisance par son pere le Pape Paul III. l'an 1545. Cette ville a cy deuant resisté glorieusement pendant deux ans de temps à l'Empereur Federic, Barberousse qui dans l'esperance de s'en rendre maistre auoit fait bastir vne ville qu'il appella Victoire; il luy auoit donné 7200. coudées de longueur & 2200. de largeur, mais les Parmezans ayans defait cét Empereur, ils ruynerent de fond en comble sa nouuelle victoire. Depuis ce temps les habitans de Parme sont en estime d'estre guerriers, & leurs femmes ont la reputation d'estre belles. On fait cas des fromages de cette ville qui sont grands de deux pieds & demy de diametre & quelquefois dauantage, de sorte qu'ils pesent quelquefois plus de deux cens de leurs liures communes: la plus part des Estrangers recherchent cette sorte de mets, & les Venitiens en font transporter tous les ans vne grande quantité à Constantinople, pour faire leurs presens aux Visirs, aux Bachas, & aux autres Ministres de la Cour du grand Seigneur & mesme à sa Hautesse. Les belles prairies & les gras pasturages du pays raportent cette commodité aux habitans, qui outre les vaches y tiennent toute sorte d'autre bestail.

Plaisance est la seconde ville de tout l'Estat, voisine du Po, auec cinq milles de circuit qui renferment bien trente milles ames: ses larges fossez, & ses bastions reuestus de bricques la rendent vne des plus fortes de toute l'Italie, aussi bien que sa Citadelle; mais son vieil chasteau n'est pas considerable pour la force. Les ruës & les maisons y sont belles & ne ressentent en rien les ruines qu'elle a souf-

Plaisance.

fertes à diuerses fois: la grande place est ornée du Palais, que les Ducs y ont fait bastir auec quatre grands corps de logis chacun de sept estages. Les Eglises de S. Sixte & de S. August. y sont enrichies de marbre & de beaux Tableaux; celle de S. Augustin a trois Cloistre beaux, & ses Religieux sont Seigneurs de plusieurs bonnes places du pays. La ville qui semble tirer son nom de sa belle assiette, a donné la naissance au Pape Gregoire X. qui est enterré à Arezzo en Toscane, auec reputation de Sainteté. On montre proche de la ville vers le couchant, le lieu ou S. Antoine fit perir par le feu, les Soldats qui se mocquoient de son nõ. La riuiere de la *Trebie*, qui se rend dans le Pô, au dessus de Plaisance est renommée dans l'Histoire pour auoir esté autrefois le borne de la Gaule Cispadane, & pour la grande victoire d'Annibal sur les Romains. Le village de *Campremorto* semble auoir conserué le nom des morts de cette iournée à Plaisance est le commen-

description de l'Italie. 133

cement de la voye Emilie qui mene jusqu'à Rimini sur la mer Adriatique en la Romagne.

Borgo-San-Domino est dans vn territoire tres abondant en chastaignes & en truffes ; sa fortification de sept bastions a esté abbatuë par ordre du Duc de Parme, qui a voulu retrancher la depence necessaire à l'entretien d'vne garnison pour vne place qui se trouue dans le milieu de ses Estats ; aussi ses autres villes en seroient beaucoup incommodées, si vne fois celle-cy estoit surprise. *Borgo San Domino*

Arquato à 7. m. de Borgo Sandonino est renommé pour ses bons vins. *Arquato.*

Fiorenzola est l'endroit ou Carbo fut entierement deffait par Silla. L'Abbaïe de mesme nom est renommée par plusieurs de ses Abbez qui ont esté grands personnages : vn d'entreux de la maison des Biragues y a cy-deuant receu & regalé le Pape Paul III. l'Empereur Charles V. & le Roy François I. *Fiorenzola.*

Fornoüe prez du Tare à 10. m. de Parme, nous est connu par la signalée *Fornoüe*

I iij

Le Voyage & la victoire du Roy Charles VIII. sur les Princes d'Italie liguez contre sa Majesté à son retour de la conqueste du Royaume de Naples, l'an 1494.

Les forteresses principales de l'Estat de Parme, sont.

Valdi-Taro. *Val di Taro*, la plus considerable & la plus soigneusement gardée : elle se trouue du costé de la Seigneurie de Genes.

Berzeto. *Berzetto* vers le mesme endroit, & vers quelques terres du grand Duc de Toscane, le Duc y tient garnison bien qu'elle appartienne qu'à Rossi.

Rossena *Rossena* estimée imprenable : fortifiée pour la seureté du païs, contre le Modenois ou elle se trouue comme engagée. Au pied de l'Appennin on voit encor les villes de *San-Giouanni, San Stephano, Zizi, Compiano,* & proche de l'Estat de Milan du costé du territoire de Pauie, *Castel San Giouanni.*

De Parme à Modene.

IL y a autant comme de Parme à Plaisance, 35. milles enuiron le milieu du chemin, on trouue la ville de Reggio beaucoup celebre dans l'antiquité. En suiuant la voye Emilie on découure à main droite *Monte-Chiarugolo* forteresse importante, la derniere du Parmesan, & *Montecchio* auant que de se rendre à *Reggio*; la *Lenza* qui se presente à cinq milles de Parme est couuerte d'vn beau pont de bricques basty par la Comtesse Mathilde auec de tres grands frais; de Reggio on vient à *Rubiera*, à *Marzaglia*, & enfin à *Modene*.

Le Modenois.

LE Modenois est à peu pres de la mesme grandeur que le Parmesan, long de 60. ou 65. milles & large plus de 40. milles, on y conte bien

I iiij

cent villes ou beaux bourgs accompagnez la plus part de leurs Chasteaux : il fournit force bestail, des vins, des grains, des fruits, des graisses, des cuirs, & autres sortes de denrées, dont les pays voisins sçauent bien s'accomoder. Il est au Septentrion de l'Appennin, au dela duquel est la vallée *Garfagnane* dependante de cét estat, longue de 20. milles & large de 8. ou 10. m. habitée par vn des plus vaillans peuples de toute l'Italie, grandement affectionné à la maison d'Est, qui est celle de ses Princes. Le Duc tire de cette vallée ses meilleures troupes d'infanterie : il est d'autant plus puissant que ses Estats s'entretiennent : il y peut faire 20. milles bons soldats, & six ou sept cens hommes de Cheual, il a de grandes possessions dans le Ferrarois & mesmes il a pretentió sur plusieurs bonnes places de ce Duché, dont ses predecesseurs ont autrefois esté Seigneurs ; il a la liberté d'en tirer toutes les années certaine quantité de sel. Ses principales Seigneuries sont

description de l'Italie. 137

les Duchez de Modene & de Reggio, les Principautez de Carpi & de Correggio; les Seigneuries de Sasseuïl & de Frignan; la vallée Garfagnane en partie, & le Comté de Roli: tous ces Estats luy rendent plus de deux millions de liures, qui prouiennent des doüannes & des gabelles, de la farine & du vin qui sortent de ses terres, comme aussi des autres Marchandises: de la vente du sel: des titres de Seigneuries qu'il octroye à diuers particuliers. Le Duché de Ferrare est retourné à l'Eglise, la succession estant tombée en vn bastard qui ne conserue que les fiefs d'Empire. Il releue de l'Empereur qui en reçoit annuellement 4000. escus de reconnoissance. Voicy les principaux de ses vassaux, les *Rangons* Marquis de *Sprlimbergo*, les plus riches de tous, le Comte de *S. Pol*, le Comte de *S. Martin*, le Comte de *Montecuculli*, les *Bentiuoglio*, Marquis de *Gualtieri*, les *Buoncompagno*, Marquis de *Vignuolla*, le Comte de *Canossa*, le Marquis *Pepoli*, Seigneur de *Guia*, le Marquis *Gualengo*, les Comtes de *Molza*, & de *Maluazia*, le Comte *Caprari*, le Comte *Taſſane* Ferrarois & autres. Tous ces Seigneurs y tiennēt leurs terres en fief du Duc de Modene, & ſont ſeulement obligez d'en prendre l'inueſtiture ſans rien payer pour la reconnoiſſance. Il s'yen trouue quelques autres, mais ſans Eſtats, ayans ſeulement acheté le nom & la dignité pour jouyr de quelques priuileges & preſeance.

L'eſtat de Modene a pour voiſin celuy de Parme vers le couchant, quelques Terres du Grand Duc & de la Republique de Lucque, auec ceux des Marquis de Maleſpine vers le Midy, le Boulenois & vne partie du Ferrarois qui ſont Prouinces de l'Egliſe vers le Leuant & vers le Septentrion, le Duché de Mantouë, le Duché de la Mirandole, celuy de Guaſtalle, & le Comté de Nouelare qui ſont autant de Souuerainetez.

Modene La ville de *Modene*, la capitale de tout le pays, & la reſidence ordinaire du Prince eſt aſſiſe entre les riuieres de *Secchia* & *Panaro* à vingt milles des montagnes, ceinte de murailles & de fossez pleins d'eau, fortifiée de bastions à l'antique & habitée de plus de trente-cinq mille ames ; elle a quantité de fontaines, plusieurs portiques & arcades sous lesquels on marche, mais ses ruës sont fort estroites & fort incommodes. On garde en la principale Eglise le corps de S. Geminian l'vn de ses Euesques, dont on implore le secours contre les possedés. La pluspart des Modenois ont bel esprit & plusieurs d'entr'eux ont esté grands personnages. Les artisans y trauaillent des Masques & des rondelles mieux que ceux des autres villes d'Italie, ils en distribuent vne grande quantité pendant leur fameuse foire qui dure huict iours. Ce fut dans Modene ou apres le meurtre de Iules Cesar Brutus fut en vain assiegé par Marc Antoine, Octauius ayant heureusement deffait l'armée de celuy qui par ce siege vouloit renouueller les guerres Ciuiles.

Regio autrefois *Regium Lepidi* est à

18. ou 20. milles de Modene, different d'vne ville de mesme nom, qui se trouue en Calabre proche de la Sicile: elle est la seconde ville de l'Estat, grande & forte tout ensemble, accompagné d'vne bonne Citadelle, peuplée d'enuiron vingt mille ames & ornée de belles & larges ruës. Elle garde plusieurs Reliques, entr'autres les corps de S. Prosper, & de S. Maxime Euesques, de S. Chrisanthe & de sa femme Darie, de la Beate Ieanne, & de plusieurs autres. L'Eglise de S. Prosper est tres-belle, pleine de rares & excellentes peintures. Regio doit sa reparation à l'Empereur Charlemagne, l'vn de nos Rois, ayant auparauant esté ruinée à diuerses fois, nomement par les Goths. Les enuirons de la ville sont tres fertiles & abondans en toutes choses. Les artisans y trauaillent artistement de beaux ouurages d'os & de tres-beaux esperons.

Carpi a dix ou douze milles de Modene, est vne ville ancienne, assez grande & forte, à cause de ses bonnes

description de l'Italie. 141

murailles & de ses fossez pleins d'eau: elle est à present ornée du titre d'Euesché, aussi bien que Modene & Regio, qui reconnoissent l'Archeuesque de Bologne pour leur Metropolitain.

Sassueil est à 10. m. de Modene: l'acquisition de cette ville & de son territoire a beaucoup accomodé le Prince, qui ne pouuoit qu'auecque regret voir entre les mains d'autruy vne place de cette consequence dans le milieu de ses Estats, car elle se trouue entre la montagne & la plaine : elle est beaucoup forte auec Gouuerneur & garnison, pour empescher les entreprises des *Py* ses anciens Seigneurs. *Sassueil*

Nonantola à 8. milles de Modene, sur les confins du Boulenois est vne ville considerable pour sa force, & pour les saintes Reliques de sa grande Eglise, où dans vne seule grande caisse on conserue sept corps Saints, entr'autres celuy de S. Adrian Pape & vne bonne partie de celuy de S. Siluestre. La Bibliotecque y est rem- *Nonātola.*

plie de Liures tres anciens manuscrits & autres, parmy lesquels on fait voir le Breuiaire de la Comtesse Mathilde. Entre Regio & Nonantola Claudius Consul Romain, defit autrefois quinze mille Liguriens: vn Roy des Lombards y a fait demeurer sur la place plus de 7. mille Romains: & vn Roy de Corse & de Sardaigne fils de l'Empereur Federic II. y a esté defait & pris par ceux de Boulogne. Cette derniere action se passa au Pont S. Ambroise l'an 1249.

Rubiera *Rubiera* sur le chemin de Rege à Modene à 7. mille de cette derniere, est grandement fortifiée; elle est estimée vne des clefs de l'Estat.

Bersello *Bersello* proche du Po est peuplée de plus de trois mille ames; grandement importante; à cause du voisinage du Duché de Milan & de celuy de Mantouë, dont elle a autrefois fait partie, le Duc de Modene luy en deuant vne paire d'esperons: pour cét effet on a eu soin de la fortifier & d'y tenir tousiours vne bonne garnison; elle a esté muguettée cette année 1655. par les Espagnols du Milanez, sous le Marquis de Carracene, mais le Duc de Modene y auoit mis si bon ordre, que ses ennemis ont esté obligez à faire vne retraite aussi hôteuse que leur irruption auoit esté impreueuë. Nous aprenons dans l'Histoire Romaine, que dans Bersello arriua la mort volontaire de l'Empereur Othon.

Corrèggio à long temps esté Seigneurie particuliere, mais estant tombée entre les mains du Roy d'Espagne, il s'en est accommodé auec le Duc de Modene, à condition de tenir garnison Espagnole dans le Chasteau, pour conseruer ce Duc à son party. Cette garnison a esté chassée cette année par son Altesse, en suite de la rupture des Espagnols. *Corregio.*

Roli chef d'vn Comté voisin, qui releue de l'Empire, est à present au Duc de Modene.

Sestola Capitale du Frignan est de defence, auec garnison & Gouuerneur. *Sestola.*

Castel-Nouo est la principale place *Castel-Nouo.*

de la Garfagnane auec vne forteresse comme imprenable appellée *Monte Alfonso*. Le Duc de Modene y tient bonne garnison, comme dans vn lieu détaché en quelque façon de ses autres terres par les montagnes, & eloigné de sa residence plus de 65. mille. Plusieurs habitans de cette contrée, quoy que tres-riches s'occupent à garder leurs troupeaux, & menent en quelque façon vne vie pareille à celle des anciens Bergers. Cette sorte de vie est plus particuliere à ceux de *Soraggio*, qui est vn territoire dans l'Apennin, composé des villages de *Metello*, *Rocca*, *Villa*, *Bricca*, & *Campograndè*, autrefois ils auoient de coustume de mener tous les ans vn Ours à Modene, & de le mettre entre les mains des Officiers de la Chambre Ducale pour le cens de quelque bois qu'ils tenoient du Duc, mais aujourd'huy ce beau present est conuerty en argent & réduit à la somme de douze escus, & c'est de la qu'est venu le prouerbe qui porte, qu'il ne faut pas mener d'Ours à Modene; le reste

reste de la vallée de Garfagnane, appartient, ou au grand Duc de Toscane, ou à la Republique de Lucque, son principal reuenu consiste en minieres & en troupeaux.

Verrucola est vne forteresse de ce païs *Verrucola.* estimée imprenable, à cause de son assiette sur vn rocher escarpé.

Il y a plusieurs autres villes considerables en cét Estat, *Canossa*, & *Montecchio* vers le Parmezan, la premiere à son Comte, *San-Felia* proche du Duché de la Mirandole, *San-Andrea* dans le Frignan, *Spilimbergo* & *Vignuola* voisines du Boulenois, celle-cy aux Buoncompagni & la premiere aux Rangons.

Canossa a cy deuant seruy de demeure & de forteresse à vn des premiers Seigneurs du pays, qui donna commencement à la maison d'Est, au commencement du dixiéme Siecle,

De Modene à Mantoue.

ON passe la Secchia : on vient à *Corregio* 11. milles à *Nouelare* 8. m. à *Guastalle* 8. m. & puis apres auoir passé les riuieres de Crostolo & du Pô on suit le cours de cette derniere jusqu'à *Borgo Forte*, pendant 10. m. de chemin, & de Borgo Forte à *Mantouë* il reste 7. m.

Le Mantoüna.

Le Mä-touän.

LE païs connu sous le nom de Mantoüan, est aux deux costez du Po, entre le Modenois, l'Estat de l'Eglise, le Domaine de Venise & le Milanez. Sur les confins du Modenois qui est vers le midy, on trouue *la Mirandole*, *Nouelare*, & *Guastalle* : proche du Milanez on rencontre *Sabionette* & *Bozolo* ; & proche de l'Estat des Venitiens *Castillon de Stiuiere* & *Solfarin*. Toutes ces places donnent leur nom, a autant de petites Souuerainetez qui releuent de l'Empire; elles ont autrefois fait partie de l'Estat de Mantouë, si ce n'est la Mirandole, & elles en ont esté demembrées pour Appennager des cadets: elles sont esloignées de Mantouë en presque esgale distance 18. ou 20. milles. Si nous considerons les riuieres de ce pays nous verrons que le *Crostolo*, & la *Secchia*, se rendent dans le Pô à droite, l'*Oglio*, & le *Mince* à gauche. Le Mince vient du Lac de la Garde qui se trouue en l'Estat de Venise, & apres auoir formé le Lac au milieu duquel est Mantouë, il se rend dans le Pô proche de *Sachette*. La longueur du pays du couchant au Leuant passe 55. milles depuis *Vstiano* sur l'Oglio iusqu'à *Sermido* sur le Po. Sa largeur est bien de 40. mille depuis Nouelare iusqu'à Castillon de Stiuiere. Le terroir du Mantoüan est humide, à cause du voisinage du Pô, qui se deborde souuent; & neantmoins il est si fertile en bleds, qu'vne bonne recolte peut nourrir les habitans cinq ans durant; le vin n'y est pas bien excellent, ensuite de sa verdure. Le bestail gros & menu y profite beaucoup & les riuieres aussi bien que le Lac fournissent abondamment du poisson: Les lins que l'on y recueille donnent moyen de faire de fins draps que l'on transporte ailleurs. Le Prince peut tirer trois cent mille escus de son Duché de Mantouë, les seuls moulins de la ville Capitale rendent plus de trente six mille escus chaque année: les Iuifs luy contribuent de grandes sommes pour la continuation de leur priuilege, à ne porter à leur chapeau qu'vn simple rubā iaune doré, qui les distingue d'auecque les autres habitans, & pour la liberté d'exercer toute sorte de trafic. Il y a des haraz & peut faire aisement huit cens hommes de Cheual, son infanterie peut môter à douze mille hommes au moyen de la milice du pays. La Caualerie est beaucoup estimée & la ville de Mantouë est garnie de grand nombre de canons. Les Estats de ce Prince estans separez, il est obligé de s'appuyer d'vne puissance plus considerable que la sienne, le Duc d'aujourd'huy ayans pris alliance en la maison d'Austriche, comme celle d'Austriche auoit pris auparauant en celle de Mantouë, il a pris la protection de cette maison: le Duc Charles son pere auoit pris celle de France. Il se dit Duc de Mantouë & de Monferrat, Prince & Vicaire perpetuel du S. Empire, Marquis de Gonzague, de Viadane, de Gazolo, de Dozolo, Seigneur de Luzara, Comte de Rodiga &c. il releue de l'Empire, & l'an 1630. sous pretexte qu'il n'auoit pas rendu l'hommage, les Imperiaux luy susciterēt la guerre, luy surprirent & pillerent sa ville de Mantouë, & ne cesserent leur desordre que par la paix de Quieras, concluë l'an 1631. entre les maisons de France & d'Austriche, de Sauoye & de Mantouë: ce traité a retranché au Duc de Mantouë vne partie du Montferrat, qui a esté cedée au Duc de Sauoye pour ses pretentions. Outre les Duchez de Mantouë & de

K iij

Monferrat, ce Duc possede en France les Duchez de Niuernois & de Retelois, auecque la souueraineté d'Arches où est Charleuille. Il est chef de l'Ordre des Cheualiers du sang de Christ, institué l'an 1608. par le Duc Vincent qui auoit esté par trois diuerses fois en Austriche, en Hongrie & en Croatie au secours des Chrestiens contre les Infidels. Il est de la famille des *Gonzagues* qui porte mesme nom qu'vn Chasteau assis en la partie Meridionale de l'Estat de Mantouë à 14. ou 15. milles de la Ville.

Mantouë. L'assiette de Mantouë est des plus auantageuses, dans les eauës d'vn lac de 20. milles de tour, qui ne permet l'entrée dans la ville que par quatre ou cinq chaussées, toutes de terre que l'on y a portees auec des pont-leuis aux deux bouts, sous lesquels il reste vn passage libre pour les eauës; vn pont de pierre entre autres a plus de cinq cent pas de longueur, auecque plusieurs beaux pilliers qui soustiennent son couuert;

entre les moulins qui s'y trouuent en grande quantité, on fait estat de ceux qu'on nomme les douze Apostres, dont le Duc tire vn grand reuenu. Sur l'eau qui trauerse la ville, on voit dans vne maison trois moulins à soye qu'vn seul homme peut faire valoir: l'eau seule fait filer, deuider, doubler & retordre la soye, l'homme ne sert qu'à la retirer, à en mettre d'autre, à la noüer si elle se rompt & à la mettre en estat de l'employer. La ville est belle & ancienne tout ensemble, mere de Virgile & du Tasse, deux fameux poëtes, le premier Latin & l'autre Italien; elle ne se ressent plus de la disgrace qu'elle receut du téps d'Auguste, dont il est fait mention dans Virgile, non plus que des ruynes qu'elle a souffertes de nostre temps, lors que les Imperiaux la surprirent; elle passe pour vne des premieres villes d'Italie, apres les sept ou huit plus grandes; elle est la seule Cité de l'Estat; on y fait vne grande quantité de bas de soye, force tabis, & d'autres belles estoffes qui sont moytié fil & moytié soye. Ses ruës qui sont fort larges, droites, & nettes, la rendent beaucoup agreable: elle a quatre milles de circuit, huict portes, dix-huict Paroisses, quarante Monasteres d'hommes & de femmes & quelques cinquante mille ames, parmy lesquelles on conte plus de 4. à 5. milles Iuifs qui ont dans la ville vn quartier particulier separé des autres. Entre les Eglises il faut voir celle du Dome dont la voûte est toute dorée & azurée, on y garde le corps de S. Anselme Euesque de Lucques: en l'Eglise de S. André on conserue le corps de S. Longis, lequel y a porté des gouttes du precieux sang de nostre Sauueur. Le Palais du Duc est le principal ornement de la ville, il est le plus beau, le mieux meublé & le plus enrichy qui soit en Italie, & on fait estat que 5. Roys y peuuent aisement loger auecque toutes leurs maisons; son assiette est entre la ville & le Lac; on y a joinct le vieil Chasteau, qui est tout enuironné d'eau, & si ancien qu'on l'estime auoir esté

Palais de Mātoüe.

description de l'Italie. 153

basti auant Rome. Pour faire vne description de ce Palais conforme à sa magnificence, il ne sera pas hors de propos d'emprunter la plume d'autruy. Il y a dans le Palais de Mantouë cinq cens cinquante chãbres tapissées & des mieux meublées, auecque trois ammeublement pour la plusparc de ces chambres, & deux pour toutes les autres. Il y a des appartemens pour les plus grands Princes, pour les Ambassadeurs, pour les Cardinaux & pour d'autres personnes moins considerables, ou les Seigneurs estrangers sont seruis & traitez selon le logis. On y voit force licts de drap d'or frizé ou plein, auec de la broderie d'or, & quelques-vns en Broderie d'or & de perles, force tapisserie de soye rehaussée d'or à grands personnages à l'antique, outre vne grande quantité de tapisseries de toille d'or & d'argent & la vaisselle ordinaire & commune qu'on estime seule cinquante mille escus d'or. On y voit les chambres enrichies de quantité d'or & de marbre, d'excellens tableaux, de rares peintures contre les murailles, mesme aux voutes des Cabinets, dans lesquels, ou dans les galeries ont peut voir entr'autres choses six tables de la longueur d'enuiron trois pieds, dont l'vne est toute d'Emeraudes, tellement iointes, qu'elle semble toute d'vne piece, l'autre est de Turquoises, l'autre d'Hyacinthes, l'autre de Safirs Violets, l'autre d'Ambre, & l'autre de Iaspe. On admire encore dans ce Palais plusieurs anciennes statuës de marbre & de bronze, plusieurs grands Vases à l'antique d'or & d'argent, vne corne de Licorne d'vne merueilleuse grandeur, des Orgues d'albastre fort harmonieuses, grande quantité de medailles antiques, des coupes de pierreries, diuerses curiositez de coral, de cristal, & semblables choses; diuerses Horloges tres riches, auecque mille artifices, & dans les yeux des Lions & ailleurs des rubis & autres pierres precieuses, outre les sonneries qui rendent vn agreable concert de Musique. On y voit aussi dans des aumoires ou buffets ioints à la muraille, dont vne sale basse est entourée, des bassins, des aiguieres, des chandeliers, de grands vases, & de grandes coupes enrichies de pierreries & pareillement plusieurs Calices d'or, Croix, bassins & chandeliers, & tout le seruice des Chapelles des Cardinaux de cette maison, auec quantité de rubis, emeraudes & autres pierres, outre des vases d'or cizelez à personnages, auec vn fort grand bassin de mesme, deux aiguieres d'or & deux chandeliers aussi d'or en façon de ceux d'Eglise; mais particulierement vne aumoire auec deux grands vases de trois pieds de tres beau cristal, & les aiguieres, coupes, bassins & chandeliers de mesme, outre tout le seruice d'vne Chapelle de crystal qu'on voit encor ailleurs. Dans vne autre aumoire il y a deux espées auec leur poignards dont les gardes & les fourreaux brillent de la pierrerie qui les couure, & des bossetes de bride, auec des estriers enrichis de mefme ; dans la fale haute des meubles de referue, il y a plufieurs harnois, felles, teftieres, croupieres, & caparaffons en broderie d'or fort rehauffée, auec force perles & quantité de pierreries de grand prix, outre qu'on y voit plufieurs habits anciens des defunts Ducs, qui font de tres-grande valeur. Il fait auffi beau voir les deux efcuries à double rang, où l'on tient ordinairement plus de 200. cheuaux : les iardins proche du Palais auecque leurs parterres, fontaines, eaus & ftatuës.

Voila l'eftat du beau Palais de Mantouë auant fa derniere prife.

Dans le Lac de Mātouë trois fauxbourgs femblent autant de petites villes, *Porto Forteze*, le *Bourg S. George* & *le Thé*, la ville mefme n'eftoit autrefois que fur le bord du Lac, hors de la ville il y a plufieurs beaux Palais. Au leuant d'hyuer eft celuy du *Thé* à cent pas de la porte entre les digues du Lac, auec de tres beaux iardins, entre les autres appartemens de ce Palais, on voit vne fale où sont representés les Geants qui veulent escalader les Cieux.

Vers le Septentrion est le Palais de Marmirol, où l'on va par vn chemin bordé des deux costez d'arbres plantez à la ligne. Il y a bien 280. chambres auec d'excellentes peintures & force or. Les appartemens y sont veritablement Royaux, & pour toutes les saisons, les iardins, les belles fontaines & les diuers artifices d'eau correspondant à cette magnificences. {Marmirol.}

La Fauorite est sur le bord du Lac auec enuiron cent belles chambres. {La Fauorite.}

La Virgiliane est vne maison du Prince auec vne menagerie de plus de cent vaches & grand nombre de brebis & de moutons, elle porte le nom du fameux poëte Virgile, qui a pris naissance en vn village voisin, nommé *Pitola* autrefois *Andes*. {La Virgiliane.}

Les principales villes de l'Estat, sont *Viadana* & *Borgo-Forte*, voisines du Po. Celle-cy pouuoit autrefois fermer le canal de cette riuiere, auec vne chaisne de fer en la tirant de ce {Borgoforte.}

lieu iusqu'au fort opposé sur l'autre bord : vn Canal a esté fait depuis le Lac de Mantouë, iusque à Borgo-Forte. Vitellius fit autrefois sejour

Viadana. dans *Viadana*, pour attendre les nouuelles de la mort d'Othon : au dessous de cette place on trouue sur le Po *Pomponesco*, qui a esté beaucoup fortifié pendant les dernieres guerres de Modene.

Goito. *Goito* & *Gouernolo* sur le Mince sont grandement fortes, celle-cy au dessous, celle-là au dessus de Mantouë. *Goito* est accompagnée d'vn beau Palais du Duc. *Gouernolo* est connuë

Gouernolo. dans l'histoire, à cause du respect d'Attila qui se dépoüillade sa cruauté ordinaire pour deferer aux Ordres du Pape S. Leon : il y a des écluses qui peuuent faire môter les eaus pour inonder la campagne voisine.

Caneto *Caneto*, autrefois *Bebriacum* est sur l'Oglio, voisin du *Cremonois* : deux fameuses batailles ont autrefois esté données proche de icette place, la premiere entre les armées d'Othon & de Vitellius mit l'Empire de Rome entre les mains de celuy-cy. La seconde entre le parti de Vitellius & celuy de Vespasian, fut decidée en faueur de ce dernier.

La *Mirandole* que l'on appelle aussi la Mirande, est à 25. milles de Mantouë vers le Leuant d'Hyuer, elle est defenduë de Sept bastions Royaux, d'vne Citadelle & d'vn Chasteau qu'ils apellent *Rocca*, outre plusieurs autres forts qui ont esté bastis dans ses aduenuës. Les habitans y sont vaillans, ciuils, & fort agreables en leur conuersation, l'origine qu'ils donnent au nom de la Mirandole merite d'estre connuë : ils disent qu'vn Marquis Manfred ayant debauché Euride fille de l'Empereur Constance enuiron l'an 365. il la mena en Italie au lieu où est à present la Mirandole, & qu'elle y accoucha de trois enfans masles ; que cette Princesse & son mary estans remis en grace de l'Empereur, ils obtindrent ce pays, où ils firent bastir la Mirande, à cause de ce merueilleux accouchement.

La Mirandole.

La ville de *Concorde* en ce mesme estat est à 5. milles de la Mirandole vers le Couchant. Le Duché à 22. m. de longueur & 6. ou 7. de largeur, il se trouue entre le Mantoüan, le Modenois & le Ferrarois: vn de ses Princes de la maison des *Pics* a esté vn des plus sçauans hommes de l'Europe, & la merueille de son siecle, à cause de la connoissance qu'il eut de toutes sortes de sciences: il mourut à Florence la trente-troisiesme année de son aage l'an 1464. fut enterré en habit de Iacobin comme il auoit ordonné.

Nouelare.   *Nouelare* beaucoup auancée vers le midy dans le Modenois, repare sa petitesse par sa force.

Guastalle.   *Guastalle* a 18. m. de Mantouë vers le midy est proche du Modenois, à 2. m. du Po, le Duc de mesme nom à obtenu du Duc de Mantouë, *Suzara, Luzara* & *Reggiuolo*; deux Conciles ont esté tenus dans Guastalle sous Vrbain II. & sous Paschal II.

Sabionette.   *Sabionette* est en mesme distance de Mantouë que Guastalle 18. m. vers

vers le couchant d'hyuer sur les confins du Mantoüan & du Milanez, aujourd'huy entre les mains d'vn Prince sujet à l'Espagne, la ville est defenduë d'vne bonne Citadelle & l'Estat consiste en 7. ou 8. bourgs.

Bozolo ville & chasteau à 17. milles de Mantouë proche du Cremonois, se trouue au midy de l'Oglio sur lequel est assise la ville *de S. Martin Dellargine*, auec titre de Comté des appartenances du Prince de Bozolo.

Castillon de Stiuere à 18. m. de Mantouë au couchant d'Esté, est beaucoup fort, aussi bien que son chasteau. Son Prince a pareillement fait fortifier *Castel Giufré* petite place vers le midy de Castillon.

Solfarin à vne lieuë de Castillon de Stiuere est peu considerable, soit pour le renom de son Seigneur, soit pour la grandeur de son Estat.

Bozolo

Castillon de Stiuiere.

Solfarin

L

De Mantouë à Venize.

POur faire ce chemin on trouue à propos de se destourner vn peu à gauche & de voir *Verone*, *Vicenze* & *Padoue*; en cette derniere ville on prend la commodité des batteaux pour se rendre à *Stra*, à *Il Dolo*, à *Orlago*, d'où l'on decouure à droite *Gambarara*, le plus grand bourg du Padoüan, à *Lizza-Fuzena*, où il y a de fameuses escluses, & où l'on s'embarque pour *Venise*, tout ce chemin est plein de beaux Palais & jardins, qui sont aux deux costez. De Mantouë à Verone il y a 22. milles de Verone à Vicenze 30. de Vicenze à Padoue 18. de Padouë à Venize 23. de sorte que tout le chemin de Mantouë à Venize passe quatre-vingt milles.

Le Domaine de Venize.

CE que nous appellons Domaine de Venize est proprement l'Estat de Terre Ferme de cette Republique, diuisé en quatorze petites Prouinces, dont nous auons cy dessus fait mention: il se trouue entre les Alpes, la riuiere d'Adde, la riuiere du Po, & le Golfe de Venize: il a de longueur plus de 300. mille pas, sa largeur est beaucoup moins considerable: il confine auecque l'Estat Ecclesiastique, & le Duché de Mantouë vers le midy: auec le Duché de Milan qui est au Roy d'Espagne vers le couchant; & vers le Septentrion auecque la Valteline qui est aux Grisons alliez des Suisses, auecque l'Euesché de Trente, qui est à son Prince, & auec quelques Prouinces de l'Alemagne qui reconnoissent la maison d'Austriche, comme le Tirol & la Carinthie: la Carniole & vne partie de la Dalmatie, qui appartien-

Domaine de Venize.

L iij

nent pareillement à cette maison, luy sont proches vers le Leuant d'Esté. Les autres voisins des Venitiens en leurs Estats de Mer, sont le Turc & la petite Republique de Raguse. L'Estat de Terre Ferme est plein de riuieres, de canaux, & de lacs nauigables, qui contribuët beaucoup à la conduite des Marchandises; il est fertile, riche & bien peuplé, ayant plus de trois millions d'ames, entre lesquelles il y a bien trois ou quatre cent mille hommes de seruice. La Republique est traitée de Sublimité & la seule souueraine en Italie, qui soit independante, les autres principautez y reconnoissent, ou l'Eglise ou l'Empire: elle est maistresse & Dame de son Golfe, que son Duc espouse tous les ans, le iour de l'Ascension auec beaucoup de magnificences; cette ceremonie se fait dans le Bucentaure, qui est vn des plus beaux vaisseaux que l'on puisse voir, d'où l'on iette vn anneau dans la mer, en témoignage des épousailles; on dit que cette puissance luy a esté donnée par le Pape Alexandre III. qui s'estoit retiré à Venise pour éuiter les persecutions de l'Empereur Federic Barberousse. Il n'y a pas de souuerains qui possede plus de terre sur ce Golfe, elle y entretient du moins quarante galeres pour le tenir net des corsaires: on fait estat que dans vn besoin elle pourroit auoir iusqu'à deux cens voiles, comme elle a cy deuant eu en plusieurs occasions, estant mesmes moins puissante qu'elle est à present: la prise de Constantinople, celle de Smirne, le secours de Iaffa, la conqueste des Isles & Royaumes de Chipre & de Candie en sont de veritables tesmoignages. Ses reuenus annuels montent à plus de quatre millions de Ducats, sans y comprendre le sel, & la seule ville de Venize contribuë plus de la moitié de cette somme. On estime que la Republique a mis en reserue des sommes immenses, depuis plusieurs années, outre ce qu'ils appellent Tresor de S. Marc. La guerre qu'elle seule souftient glorieusement contre le Turc depuis plus de dix ans: fait assez iuger de ses forces. Il y a peu d'Estats en Europe qui ait plus grand nombre de canõs, sõ seul Arsenal en a plus de 2000. pieces, ou de batterie ou de campagne; son infanterie ne passe guere le nombre de 8. à 9. mille hommes en temps de paix; elle est beaucoup plus considerable en temps de guerres, quelquefois de trente & quelque fois de quarante mille hommes; elle est cõposée pour la plusſpart de François, Holandois, de Suisses, de Corses & d'autres nations: la caualerie y est de deux sortes grosse & legere, la premiere est composée de cuirassiers & l'autre de cheuaux legers qui sont ordinairement Albanois, ceux cy sont connus sous le nom de Cappelets. Les forces de mer y sont bien plus considerables que celles de terre, c'est aussi par ce moyen qu'elle a commencé son establissement & sa grandeur. Il n'y a point d'Estat en Italie plus soigneux à conseruer ses sujets & qui tasche dauantage à démeurer en paix; aussi ne pretend elle rien sur ses voisins, & au contraire l'Eglise pretend sur elle la Polesine de Rouigo qui a esté du Duché de Ferrare, & le Roy d'Espagne pretend Bergame, Bresce, & autres places qui ont cy deuant fait partie du Duché de Milan.

La ville de *Venize* qui donne son nõ à tout l'Estat, est vne des plus riches & des plus grandes de toute l'Europe, & ceux qui l'ont veuë se peuuent vanter d'auoir veu le plus beau Cabinet des merueilles du monde. Elle commença d'estre bastie l'an 421. quand ceux de la Terre Ferme craignans la fureur d'Attila Roy des Huns, se retirerent dans les estangs & marais d'eau salée qui l'enuironnent; les premieres maisons y furent eleuées en la petite Isle de *Rialto* puis en 59. Isles voisines, & enfin en douze autres qui font en tout le nombre de 72. Isles assemblées par 450. Ponts; le tout est basty sur pilotis, & la seule peur semble auoir obligé au choix d'vne assiette si bizarre. Le circuit

Venize.

L iiij

de la ville est de 8. milles pas, le nombre de Gondoles qui s'y trouuent sur l'eau passe celuy de quatorze mille; on y conte iusqu'à 300. mille ames. Les ruynes d'Aquilée n'ont pas peu seruy a agrandir cette ville, qui depuis a esté renommée entr'autres auantages, pour sa grande richesse & pour son Arsenal, le plus grand, le plus beau & le mieux fourny du monde. Toutes les Isles dont la ville est composée, sont separées par des canaux d'eau de differentes largeurs, qui donnent la commodité d'aller en toutes les parties de la ville par eau: vne grande langue de terre en forme de leuée qu'ils nomment Liddo ou Riuage, couure du costé de Leuant la ville, & la plus part des places qui se trouuent dans les marais voisins: cette leuée est longue de 35. milles courbée, comme vn arc. Les Paroisses de la ville passent le nombre de 70 outre vne centaine d'autres Eglises. Le Dome qui est l'Eglise Patriarchale porte le nom de S. Pierre à Castello. *L'Eglise de S. Marc* n'est proprement que la Chapelle des Ducs: S. Theodore ayant esté le premier patron de Venize, S. Marc fut plus particulierement honoré par les Venitiens, depuis que son corps y fut apporté d'Alexandrie; on luy bastit pour cét effet l'Eglise qui porte à present son nom, & qui a 24. Chanoines, entr'autres Ecclesiastiques, sous vn Chef nommé Primicier, qui doit estre eleu par le Prince, & qui porte le roquet, la mitre, l'anneau, & les autres ornemens d'Euesque, il donne mesmes la benediction au peuple & peut octroyer quarante iours d'Indulgence. Le dedans de l'Eglise est de diuers marbres, des plus beaux, & des plus fins qu'il se voye, 36. colomnes de cette matiere meritent bien d'y estre considerées, le paué est fait de plusieurs petites pieces de porphire, de serpentin, & d'autres pierres precieuses à la Mosaïque. Deux tables de marbre blanc qui se trouuent à main gauche, representent naturellement vn homme aussi bien que si l'art y auoit esté adiousté. Le maistre Autel est couuert d'vne voute disposée en forme de Croix, enrichie de marbre, & soustenuë de quatre colomnes pareillement de marbre auecque plusieurs histoires en relief. Au dessus de cét Autel il y a vne boule d'or & d'argent d'vn prix infini, à cause du grand nombre de perles & de pierreries qui l'enrichissent.

Le couuert de l'Eglise consiste en cinq cupules ou voutes couuertes de plomb: Ses portes sont en nombre de cinq, toutes de bronze; il fait beau voir sur la grand porte quatre cheuaux de bronze doré, de iuste grandeur qui furent premierement en l'arc de Neron, lors qu'il triompha des Parthes, puis transportez à Constantinople, & enfin emportés dans Venize, auec plusieurs autres richesses, apres que les Venitiens eurent pris Constantinople. Il y a dans cette Eglise plusieurs figures qui ont cy deuant esté faites par ordre de l'Abbé Ioachim, les vnes representent ses predictions ; entre les autres il y a les effigies de S. Dominique & de Sainct François, faites long temps auant leur naissance. Mais ce qui peut mieux contenter les curieux, c'est la veuë du Tresor de S. Marc: on y voit premierement 12. couronnes Royales & douze corselets d'or auec des pierreries & des perles en nombre & en grosseur extraordinaire, dix rubis balais, entr'autres pesant chacun plus de 8. onces, & vn saphir en pese plus de dix. On voit ensuitte deux grandes cornes de Licorne, l'vne du masle tirant sur le rouge, & l'autre de la femelle presque blanche: l'vne & l'autre richement garnies auec des Lettres Grecques & Armeniennes: on voit aussi des vases d'or, d'Agathe, de Iaspe, des Encensoirs d'or, vn vase d'Emeraude, dont Vsumcassan Roy de Perse fit autrefois present à la Seigneurie; vn petit plat d'vne seule Turquoise, auec des Lettres Egyptiennes: vn petit seau à puiser l'eau grand comme la moitié de ceux des maisons, fait d'vne seule piece de grenat. On y conserue vn diamant de grand prix donné au Duc Loüis de Mocenigo par Henry III. Roy de France à son retour de Pologne, vn Calice & sa paix de prix inestimable, de mesme que la Corne ou le Bonnet auec lequel on couronne le Duc; ce bonnet entr'autres pierreries à vne Croix d'Emeraude, auec vn Rubi & vn Diamant à six pointes des plus riches qu'il se voye. On y voit aussi les vases qui parerent autrefois le buffet de l'Empereur Constantin. Si on veut voir les ornemens de l'Eglise, on trouuera des Chandeliers d'or, d'argent, & de cristal en grand nombre, des Croix d'or conquises à Constantinople, & vne infinité de Chasubles & d'ornemens d'vn prix inestimable. Entre grand nombre de Reliques gardées dans la sacristie, il y a plusieurs Croix qui renferment du bois de celle de N. Seigneur: vne partie du bras de S. Luc, auec le portrait de la Vierge fait par ce Saint, les actes des Apostres en Lettres d'or écrits de la propre main de S. Iean Chrysostome Patriarche de Constantinople; vne coste de S. Estienne, vn doigt de Sainte Marie Magdelaine, vn des poulces de S. Marc, & l'Euangile écrit de sa main, outre son corps qui est en vn autre endroit de l'Eglise; vne piece haute de demy brasse de la colomne ou nostre Seigneur fut attaché pour estre foüetté. Le clocher de l'Eglise est large de 40. pieds en chaque face, haut de 230. auec vn Angedoré au dessus, haut de 16. pieds pour monstrer le vent: la montée est sans degrez, fort douce & faite en limaçon. C'est vne chose bien agreable que de découurir du haut de ce clocher, toute la ville auecque les Isles circonuoisines, vne partie de la Lōbardie, les embouchures du Pô & de l'Adige, les montagnes de l'Istrie & de Carniole auec la mer voisine.

Aprés l'Eglise il est à propos de voir le *Palais de S. Marc*, dont les deux faces de deuant sont toutes reuestuës de marbre blanc & rouge, son couuert est de lames de bronze depuis l'embrazement de l'an 1574. qui cōsomma celuy de plomb: les arcades, les colomnes, les sales, & les chambres, y sont des plus magnifiques, pleines d'or & d'azur. Dans la Sale du College on voit le siege du Duc & l'image de Venize, figurée en Reine qui luy met la Couronne sur la teste, dans vne autre sale il y a vnze belles statuës d'Empereurs, & la description des Prouinces que possedent les Venitiens en Terre Ferme. La sale du grand Conseil est longue de 150. pieds & large de 73. dans les petites sales d'armes qui en sont proche, il y a des espées à deux mains, toutes nuës, des pistolets tout chargés, des halebardes, des coutelas, des cuirasses & autres armes pour enuiron 1500. Gentilhommes: il ne faut pas oublier les armes du Roy Henry IV. dont sa Majesté à fait present à la Republique, apres s'en estre seruy à la reduction de son Royaume. On y voit vn coffret à l'ouuerture duquel il y a quatre pistolets, qui se debandent à la fois, pour tuer celuy qui l'ouure s'ils estoient chargez: on voit aussi vne petite couleurine d'argent

description de l'Italie. 175

auecque la charettte qui le porte pareil metal: vn fanal tout de cristal de roche, garny d'argent en quelques endroits, de la valeur de cent mille ducats, vne rondache & vn gantelet semez de turquoises & de rubis, on y fait voir plusieurs armes, qui n'ont qu'vn bras, faites expres par vn Bajamonte de Trepoli, afin de les cacher sous de grandes robes, & de s'en seruir à tuer le Conseil. Le lieu le plus diuertissant de la ville de Venize est la place de S. Marc enuironnée de belles maisons, accompagnées de beaux portiques, le tout auec vn mesme ordre, on y voit toutes sortes de nations, auecque leurs habits differents: au bout de cette place du costé de la mer, il y a deux colomnes de marbre toutes d'vne piece de la hauteur de soixante brasses, espaisses pour le moins de huict; sur l'vne est vn Lyon aislé doré, & sur l'autre la statuë dorée de S. Theodore. Dans le milieu de la place, il y a trois grāds arbres ou masts de Nauire, pour arborer les grands estendars d'or & de soye de la Republique aux festes solemnelles. La maison de la monoye qui est proche est considerable pour estre bastie de pierre & de fer sans aucun bois.

Le Pont de Rialto est vn des plus beaux bastimens de la ville, sur le grand canal, qui est long de 1300. pas, & large de 40. quoy qu'il n'ait qu'vn arche, il a cousté plus de 250. mille ducats à bastir, aussi est il de marbre, auecque trois larges ruës separées par deux rangs de boutiques voutées & couuertes de lames de plomb. L'on y monte par trois rangs de degrez dont ceux du milieu sont en nombre de 66. & chaque costé en a 145. Outre le Palais de Sainct Marc, il y en a vn grand nōbre d'autres dans Venise, pour la description desquels on auroit besoin de plusieurs volumes. La maison des Alemans ou cette nation demeure & serre ses marchandises, est accompagnée de 200. chambres, auec 512. pieds de tour & des façades embellies au dehors de diuers peintures tres-

description de l'Italie. 177

tres-agreables. L'Arsenal est enuironné de la mer de tous costez, auec vn enceinte de murailles d'enuiron trois milles de tour, quinze ou seize cens hommes y trauaillent ordinairement; & les vieillards mesme y sont entretenus pour monstrer aux plus ieunes ce que le grand âge leur a apris. Il y a des armes & des munitions de toutes sortes. Les galeres y passent le nombre de trois cens, outre lesquelles on en bastit tousiours de neuues; les plus excellents ouuriers y sont entretenus & considerez, comme ceux qui de iour en iour decouurent de nouueaux secrets. Outre les richesses du public il y a dans Venize des particuliers si accommodez, que pendant la derniere guerre auecque le Turc on y a veu douze familles de bourgeois vouloir contribuer iusqu'à cinq millions de ducats, pour auoir le titre de Noblesse. Le ducat vaut enuiron 48. ou 50. de nos sols, il en faut deux pour le Zequin, ainsi nommé de la Zecca qui est le lieu où l'ō bat la monoye; les

M

richesses de la ville sont dautant plus considerables qu'elle n'a iamais esté pillée & qu'elle a profité de beaucoup, de dépoüilles du pays de Leuant; aussi est elle remplie de tant d'or, d'argent, de perles, de pierreries, & de meubles de grand prix qu'il est impossible d'estimer ses grands tresors. Vn Ambassadeur de Venize dit autrefois auecque raison à vn Prince que S. Marc ne manqueroit iamais de Sequins, non plus que la France de Soldats: le trafic y est tel que la plus grande partie des espiceries, des cires, des soyes, des cuirs, des tapis & autres denrées passent par les mains de ses habitans, il les recouurent par la voye de Sourie, d'Egypte, de Barbarie, & par la mer Majoure, pour les distribuer en Italie & en Alemagne, où ils ont plusieurs passages dans les Alpes. On tient que le seul commerce d'Alep leur vaut deux, trois & quelque fois quatre millions d'or par an. Les Venitiens ne sont pas moins propres au Conseil qu'au trafic, ils sont la pluspart portez des leur enfance aux affaires d'Estat, le Senat ne quitte point ses robes rouges pour porter le düeil du Duc, la Republique voulant peut estre témoigner par là qu'elle a beaucoup d'autres personnes capables du gouuernement, aussi la Republique n'a iamais changé de gouuernement depuis son establissemēt. L'Assiette de Venize n'empesche pas que son air ne soit des meilleurs & des plus purs, y ayant tousiours quelques vents agreables qui dissipe les vapeurs & le flux de la mer qui hausse de deux pieds ou enuiron, emportant auec soy les immondices de la ville. L'eau douce y manque à la verité, mais on y porte celle de la Brente ; & à S. Nicolas du Riuage il y a vn puits où l'on peut en faire prouision.

Dans les enuirons de Venise il y a plusieurs Isles qui meritent d'estre veuës, celle *La Giudeça* vers le midy à plusieurs Eglises, & entr'autres celle des conuerses qui sont les Courtisanes repenties.

L. Giudeça.

Muran.   Muran à vn mille vers le Septentrion est nommé les delices des Venitiens, comme estant pleine de belles maisons & richement meublées; on y fait les beaux verres & les vases de cristal qui sont fort estimés par toute l'Europe, ils representent en relief des canons, des tours des chasteaux, des nauires, des galeres, des orgues & plusieurs autres choses enrichies d'or & d'argent, & de toutes sortes de couleurs fort viues, les habitans en vendent tous les ans pour plus de soixante mille escus, l'air y est espuré, à cause des fournaises qui font dissiper les vapeurs des marais.

Sainte Helene.   L'Isle de *S. Helene* est au Leuant de la ville, accompagnée d'vn superbe Monastere & d'vne magnifique Eglise des Religieux du Mont Oliuet, où est le corps de l'Imperatrice Saincte Helene. Vers ce mesme endroit à deux mille de la ville, on trouue les deux forteresses de *Liddo* & de *Castelnouo*, qui se defendent mutuellement & assurent Venize contre l'abord des vaisseaux ennemis.

description de l'Italie.

L'Isle de *Malamocco* a cy deuant seruy de demeure aux Ducs de Venize; elle a vn port beaucoup considerable pour sa profondeur: l'inondation qui arriua l'an 1101. en fit transporter le Siege Episcopal à Chioggia.

Malamocco.

A 500. pas de Venize vis à vis de S. Marc est *l'Isle de S. George Major* auec vne Abbaye de l'ordre de Saint Benoist, l'Eglise y est pauée de marbre de plusieurs couleurs, auec quātité de colomnes: aux quatre coins de l'Autel, il y a quatre colomnes de marbre blanc, & derriere on trouue vne Chapelle auec deux colomnes de marbre violet, en l'vne des colomnes de cét Eglise, il s'est trouué vn Crucifix si bien representé que l'on l'estimeroit volōtiers vn ouurage d'art. Vne grande pierre de marbre sur l'Autel a pareillement quantité d'oiseaux, naturellement figurez dās la pierre, dont la bordure est faite de menuserie la plus delicate qu'il se voye, où la passion de nostre Seigneur est décrite. Il y a par tout de beaux

I. Saint George maior.

M iij

tableaux enrichis d'or, & ce qui est plus remarquable, vn beau iardin auec deux allées extraordinairement longues, le tout dans la mer.

Chiogia. *Chioggia* à 10. m. au midy de Venize est posée dans vne Isle auecque les lieux où l'on fait en Esté durcir & congeler l'eau de la mer en sel, dont la Republique retire vn grand profit. On y voit vne plaine couuerte de beaux iardins & d'arbres fruitiers, qui fournissent à ceux de Venize des melons, des citroüilles, des artichaux, des choux pommez, & toutes sortes d'herbages & de fruits. Les Genois s'en sont autrefois saisi dans les guerres qu'ils auoient contre les Venitiens, mais ils ne sceurent pas la conseruer. *Chioggia* à titre d'Euesché aussi bien que *Torcello*,
Torcello qui est à peu prez en mesme distance de Venize vers le Septentrion.

A 5. m. au Couchant d'Esté est la petite ville de *Mestre*, où ceux qui vien-
Mestre. nent du costé de Trente, ont de coustume de s'embarquer à la faueur du nouueau canal, elle est dans la Terre

description de l'Italie,

Ferme, au lieu que la pluspart des autres places du Dogado sont dans la mer, ou en des marais.

Caborte & *Grado* sur la coste de Frioul *Caborte* en de petites Isles sont estimez du Dogado. Elles seruent toutes deux de retraite à la pluspart des pescheurs de ce quartier. *Caborle* a titre de Cité, & *Grado* a esté autrefois *Grado.* la residence des Patriarches de Venize, comme aussi le lieu depositaire de la chaire de S. Marc, laquelle y fut enuoyée par l'Empereur Heraclius.

Maran est pareillement attribué *Maran.* au Duché de Venize, bien que sur la coste du Frioul.

Apres la description de la ville capitale de cét Estat & des lieux qui en sont proche, il ne sera pas hors de propos de faire mention des villes capitales de ces Prouinces qui reconnoissent en Italie la Republique de Venize; de ce nombre sont *Treuigi Feltri, Delluhne, Pieue-de-Cadore, Vdine, Cabo d'Istria, Padoue, Rouigo, Vicenze, Verone, Bresce, Bergame & Creme.* Toutes ces villes donnent leur nom à leur pays, si ce n'est que Venize est dans le Dogado, Vdine dans le Frioul, & Rouigo dans la Polesine.

De Venize à Treuigi on conte 16. milles.

De Venise à Feltre 40. m.

De Venize à Bellune 45. m.

De Venize à Pieue-de-Cadore 60. m.

Toutes ces places vers le Couchant d'Esté.

De Venize à Vdine 50. m. vers le Leuant d'Esté.

De Venise à Cabo d'Istria 60. m. qui se peuuent faire par mer vers le Leuant.

De Venize à Padouë 23. m.

De Venize à Rouigo 30. m.

De Venize à Vicence enuiron 40. milles.

De Venize à Verone 70. m.

De Venize à Bresce 100. m.

De Venize à Bergame 130. m.

De Venize à Creme enuiron autant comme à Bergame.

Toutes ces places vers le Couchant

description de l'Italie. 185

de Venize, horsmis Rouigo qui se trouue vers le couchant d'hyuer.

Le pays de Treuis a eu le nom de Marche depuis que les Lombards partagerent leur conquestes en deux Marquisats Treuis & Ancone, ausquels ils soumirent les Duchez de Spolete, de Béneuent, de Piemont, & de Frioul; les Venitiens font passer sous ce nom le Feltrin, le Bellunese & le Cadorin, comprenant sous le nom de Lombardie leurs autres Prouinces qui sont au couchant de leur ville : Treuis est si forte que les Venitiens ayans presque tout perdu, ce qu'ils possedoient en la Terre Ferme apres leur defaite de Carauas, elle seule se maintint contre les Princes liguez, & donna moyen à la Republique de recouurer ce que l'on auoit pris sur elle : aux fortifications de la ville, on a adiousté l'auantage des écluses, qui peuuent inonder le pays voisin. La ville de Treuis a mis au iour le Pape Benoist XI. celuy qui accueillit fauorablement sa mere estant vestuë de ses habits ordinaires, apres l'auoir mé-

Treuis.

connuë comme elle estoit habillée pompeusement.

Entre les autres villes du Treuisan *Bassano* donne son nom à vn petit païs, sur la Brente grandemét fertile: son assiette la rend grandement marchande, ses soyes sont autant & plus estimées que celles de la Chine; les Carrares anciens Seigneurs de Padouë en sont yssus, aussi bien qu'vn fameux peintre qui en porte le nom.

Asolo a cy deuant esté les delices d'vne Reine de Chipre.

Colaltro est renommé pour ses derniers Seigneurs qui ont commandé des armées de l'Empereur.

Ceneda, est des appartenances du Pape.

Serraualle, est dans le voisinage du Frioul.

Oderzo, a autrefois esté proche de la mer: où elle a eu des armées Naualcs: apres plusieurs ruynes qu'elle a souffertes, elle a conserué plusieurs degrés de marbre, par où l'on descendoit aux vaisseaux, elle est aujourd'huy eloignée de la mer 25. m.

Altino, vers la mer est demeurée ensevelie dans les ruynes qu'elle souffrit sous Attila. *Altino*

Conegliano a esté la premiere place du Continent, où les Venitiens ayent estably leurs Magistrats. *Conegliano.*

Feltri, Bellune & *Pieue-de-Cadore* sont peu considerables à l'egard des autres villes de ce domaine. Bellune est petite, mais assez iolie entre des montagnes. *Feltri. Bellune Cadore*

Vdine à cinq mille de tour & seize ou dix-huict mille ames : elle est la capitale de la Prouince du Frioul, mais Aquilée quoy que ruynée a beaucoup plus renom. *Vdine.*

Aquilée la porte de l'Italie, a eu autrefois plus de douze mille de circuit & pour lors elle renfermoit plus de 120. mille ames, elle a resisté à l'Empereur Maximin, lequel y fut tué: Attila la ruyna après trois ans de siege : le Patriarche qui en porte le nom reside à present à Vdine : son Eglise Patriarchale a seruy de siege à S. Marc. A l'Orient d'Aquilée est la riuiere de *Lisonce*, proche de la *Aquilée* quelle Odbacer qui s'eſtoit fait Roy d'Italie fut tué par Theodoric Roy des Goths.

la Noue, *Palme la Noue* eſt l'vne des plus re-
Palme gulieres forterſſes du môde, defen-
duë de neuf baſtions Royaux, & de dix-huict Caualiers qui commandẽt à la campagne voiſine: elle a plus de 700. Canons, des foſſez, larges de trente pas, & profonds de douze; vn rempart eleué d'autãt: elle fut commentée l'an 1593. au milieu du pont il y a vn pont-leuis fait auecque tel artifice, que ſi celuy qui eſt en faction voit venir quelque force, il peut en touchant certain fer auec le pied, faire leuer le pont. Les Venitiens ont fait creuſer vn canal capable de trois grands vaiſſeaux de front pour dans les occaſions donner ſecours de mer à cette place importante.

Concor- *Concordia* a titre d'Eueſché.
dia.
Ciudad *Ciudad di Friuli* eſt voiſine du Comté
di Friu- de Goritz.
li.
Vanzo- *Vanzone* eſt le lieu où l'on viſite les
ne. Marchandiſe qui entrent & qui ſor-
tent de l'Eſtat.

description de l'Italie. 189

La Chiufa est vne des plus fortes du pays, à cause de la frontiere de la Carinthie. *Chiufa.*

Cabo d'Itria appellée autrefois Iustinopolis, en l'honneur de l'Empereur Iustin, est dans la mer, attachée à la terre par des ponts qui se peuuent aisement leuer : elle porte le nom de sa Prouince qui semble auoir eu le sien de la riuiere *Ister* par où les Argonautes estoient venus vers ce pays auecque Medée. *Cabo d'Istria*

Citta Noua & Parenzo sont villes Episcopales sur la mer. *Cita Noua. Parenzo*

Pola est remarquable pour son Amphitheatre, pour son Palais, pour son Chasteau & pour son port qui est fort grand entre deux montagnes. *Pola*

Piram proche de la mer doit estre mentioné à cause de la defaite d'Othon, fils de l'Empereur Federic par les Venitiens. *Piram*

Fianone la derniere place d'Istrie est sur vne montagne dans le panchant de laquelle il y a vne fontaine qui fait moudre vingt & deux moulins, l'vn apres l'autre, auant que de se *Fianone* rendre à la plaine.

Trieste. Trieste est des appartenances de la maison d'Austriche, de mesme que Pedena, toutes deux auecque titre d'Eueschez, dans le voisinage de Trieste vers S. Iean Duino il y a d'excellens vignoble, dont les vins sont grandement estimez. Les Historiens disent que Liuie Auguste estimoit leur estre redeuable de ses 82. ans.

Padoüe. Padoüe autrefois Patauium est la plus ancienne ville d'Italie, s'il est vray que le Troyen Antenor en ait esté le fondateur : elle est la mere de Venize & recommandable sur toutes autres choses pour sa fameuse Vniuersité; elle a souuent esté destruite & puis remise sus pied sous Charlemagne; elle a vne double enceinte & 6200. pas de tour, plus de 4000. maisons & enuiron 35. mille ames. L'an 1519. pendant la guerre de l'Empereur Maximilian, les Venitiens firent demolir les faux-bourgs, auecque plus de trois mille maisons, qui les composoient de peur qu'ils ne seruissent à leur ennemis. On y voit dans plusieurs maisons particulieres des vieilles tours, faites du temps de la faction des Guelphes & des Gibellins. Dans le vieil Chasteau on monstre encor celle du Tiran Errelin, auec vne fosse fort profonde, ou il iettoit ceux qu'il vouloit tuer. Entre les Eglises, celle de Saincte Sophie est la plus magnifique; celle de Saincte Iustine où il y a des Moines de l'Ordre de S. Benoist, garde les corps de S. Luc, de S. Mathias, de trois S. Innocens, de Saint Prosdocime premier Euesque de Padouë, de Saincte Iustine & autres: elle est toute pauée de marbre blanc & rouge; la reforme de Saint Benoist a eu son commencement en l'Abbaye voisine, qui a esté autrefois vn Temple dedié à la concorde. Deuant cette Eglise il y a vne place où l'on pourroit mettre dix mille hommes en bataille. L'Eglise de S. Antoine de Lisbone est vne des plus belles, tant pour le dessein de son bastiment, comme pour ses autres richesses, il y a entr'autres choses des figures d'argent de dix

Saincts, seize riches calices, cinquante beaux vases, cinquante-quatre veux d'argent de la grandeur d'vn enfant; & plusieurs ornemens d'Eglise tres-riches; mais ce qui est plus considerable est le corps de S. Antoine que l'on appelle quelquefois de Padouë à cause qu'il y est mort & enterré; on baise la pierre de marbre qui est sur son cercueil, & on dit qu'elle sent le musq, ou vne odeur pareille. Le Palais de la Iustice y est vn des plus superbes de l'Europe, l'on y monte par quatre grands degrez tous de marbre; il est couuert de plomb sans appuy d'aucunes colomnes, la sale est longue de 256. pieds, large de 86. embellie de force peintures, auec les Signes Celestes. Le Palais du Gouuerneur, celuy des Capolistes où l'on voit la grande machine du Cheual de Troye, celuy des Docteurs, le lieu des estudes & autres meritent bien d'estre veus, aussi bien que le Tombeau du fameux Tite Liue. On y obserue vne coustume de faire sonner toutes les nuicts

description de l'Italie.

nuicts 39. coups d'horloge, au lieu de la premiere, ils disent que c'est en memoire d'autant de traistres qui ont autrefois voulu liurer la ville aux ennemis. Le territoire de Padoüe est si fertile & si agreable que Constantin Paleologue disoit que s'il ne sçauoit pas par bons tesmoignages des Saints Peres, que le Paradis Terrestre estoit en Leuant, il le croiroit dans le Padoüan, on dit aussi *Bologna la grassa, ma Padoa la passa.*

Entre les places du Padoüan *Este* a donné son nom aux Ducs de Ferrare & de Modene; elle est bien peuplée de dix mille ames. — *Esté*

Arqua lieu voisin a long temps esté le sejour de Petrarque. — *Arqua*

Abano est estimé pour ses bains qui sont souuerains contre la Fiebure Tierce. — *Abano*

Le village de *Poluerara* à 8. ou 18. m. de Padoüe vers le Leuant d'hiuer est connu à cause de la grandeur & de la beauté de ses poules. Les autres villes du Padoüan les plus considerables sont, *Castelbaldo, Montagnana, Mon-* — *Poluerara* felice, Pieue di Sacco, Campo S. Pietro, & Citadella.

Rouigo — La ville de R*ouigo*, est ceinte de profonds fossez, peuplée d'enuiron douze mille ames, la residence de l'Euesque d'Adria. La Polesine qui est le pays des enuirons est ainsi nommée, comme estant vne presqu'Isle, enuironnée du Pô, de l'Adige, & de quelques autres riuieres, elle a esté membre du Ferrarois.

Adria — *Adria* ville ancienne a donné le nom d'Adriatique au Golfe de Venise.

Vicence — *Vicence* y compris les fauxbourgs, enferme bien 40. milles ames; elle a plusieurs beaux Palais auec vne grãde place, ornée de portiques pour les tournois. Dans le voisinage de Vicence il faut voir le beau Palais des Comtes Capra nommé *la Rigonda*; l'on y monte par quatre beaux escaliers de marbre qui conduisent à autant de corps de logis agreables pour leur belles colomnes, pour la voute de la sale, & pour les chambres merueilleusement bien dorées & peintes. Les iardins y sont pareillement bien delicieux. Les Vicentins ont le renom d'estre les plus grands vindicatifs de toute l'Italie, aussi ont ils donné lieu au prouerbe d'*Assassins de Vicence*, ils se disent presque tous Comtes, de mesme que ceux de Verone Marquis, & ceux de Padoüe Docteurs: le terroir y est appellé le iardin de Venize, à cause de la quantité de ses beaux fruicts, il passe aussi pour sa boucherie, à cause du grand nombre de bestail qu'il luy fournit: entre les autres places du Vicentin, on fait estat de *Marostico*, au Septentrion & de *Lonigo* au Midy de Vicenze. *Marostica. Lonigo.*

Verone est dans vne assiette auantageuse, & telle que François Marie Duc d'Vrbin, disoit qu'il ne sçauoit aucune ville qui fut plus capable de se bien defendre, elle a 13. beaux bastions Royaux & sept milles de Tour; elle renferme en son enceinte plus de septante milles ames; l'Adige en fait deux parties, en l'vne & en l'autre on voit plusieurs belles ruës, places, Palais, & bastimens, tant anciens *Verone.*

que modernes; il y a vn Amphitheatre nommé l'Arene, fait de pierre de taille auec des portiques à trois rãgs & plusieurs chemins & degrez pour la commodité des spectateurs. Sa longueur est de 380. pieds, sa largeur de 220. il est vne des plus anciennes marques de la magnificence Romaine. On y voit aussi vn Cirque où l'on peut ranger plus de vingt & trois mille personnes, les sieges y sont de marbre, & le dernier degré de ce Cirque a 500. pas de tour. Les Seigneurs de la Scale dont on voit les sepultures, ont esté les derniers Seigneurs de cette ville, auant qu'elle fut aux Venitiens.

Garda   Entre le Veronois & le Bressan est le fameux Lac de la *Garde*, ou les tempestes s'eleuent comme sur la mer, il tire son nom d'vne place de mesme appellation au Leuant, de laquelle on voit l'importante forteresse de la *Chiusa.* *Chiusa*. Sur ce mesme Lac *Peschiera* *Peschiera* est connu pour ses fortifications & *Sermione* *Sermione* pour auoir esté la patrie de *ne.* Catulle. Sur l'Adige au dessous de

description de l'Italie.

Verone on trouue *Legnago*.

Brefce est glorieuse d'vn Epithete *Breste* qui la fait passer pour l'Epouse de Venize : elle est beaucoup fortifiée à cause qu'elle est ville frontiere ; son tour est de 4200. pas en y comprenant le Chasteau, l'on y conte enuiron 50. mille ames. L'Euesque de Bresce porte nom de Duc, de Marquis & de Comte ; l'Eglise Cathedrale a vne Croix de couleur celeste qu'ils appellent Oriflame tenuë pour celle qui apparut à Constantin, combattant contre Maxence. Le Chasteau est vne des meilleures places d'Italie, basty sur vne montagne, d'où il commande à la ville : son Arsenal est garny de plusieurs canons, vne escurie y est capable de tenir plus de trois cens cheuaux, quatre cisternes y ont chacune de l'eau pour vne année. On recouure en ce pays vn espece de marbre noir qu'ils appellent parangon auecque presque les mesmes qualitez qu'vn miroir.

Aux confins du Bressan pres de l'Oglio & du Lac d'Isseo, il y a vne petite

Le Voyage & la

Franca Curta. côtrée qui porte nom de *Franza-Curta*, soit que les François y ayent demeuré apres que la puissance des Lombards fut esteinte, soit que Charles frere d'vn Roy Louys luy ait donné son nom, lors qu'ayant iuré de faire la feste de S. Denis en France, il fut obligé de la faire en ce quartier à cause de la resistance de ceux du païs plus grande qu'il n'esperoit. *Salo* est

Salo Azola Orcinoui sur le Lac de Garda, *Azola* proche du Mantoüan & *Orcinoui* sur les confins du Milanez, l'vne des plus fortes places du domaine de Venize.

Bergame est assise sur le panchant

Bergame d'vne montagne; sa fortification cósiste en neuf bastions outre le chasteau qui est grandement fort; l'Eglise Catedrale conserue 24. corps Saincts; on voit dans l'Eglise des Iacobins plusieurs figures de bois raporté qui semblent peintes, on y voit aussi vne Biblioteque des plus estimées d'Europe dressée à grand frais par Alexandre Martinengo Seigneur de Malpaga. Le pays des enuirons abonde en queux propres à emoudre

description de l'Italie. 199

diuers instrumens de fer ; on y recouure aussi des pierres dont on fait les meules de moulin. La langue de ceux de Bergame est affectée par la plus part des basteleurs, comme estant la plus grossiere.

Chuson & *Martinengo* sont les deux meilleures places du Bergamase apres Bergame. *Chuson Martinengo*

Creme & son territoire sont tout enuironnées des terres d'Espagne dans le Milanez, voilà pourquoy la Republique a vn grand soin de la conseruation de cette ville, auant que d'estre Cité elle estoit vne des plus considerables places d'Italie, qu'ils appellent *Castelli*, pour cét effet elle fit difficulté de receuoir la prerogatiue de Cité, qui la rendoit inferieure à beaucoup d'autres places de ce mesme titre. *Creme*

De Venize à Trente.

CE chemin est d'environ 60. milles. On se rend premierement à *Marghera* & à *Mestre* en gondole, delà on rencontre *Altino* & *Treuigi*: *Bassano*, *Valstagna* *Cismone*, *Couato*, *Primolano*, la derniere place de l'Estat des Venitiens, apres laquelle on se rend dans le Trentin à *Grigne*, à *Hospidaleta*, à *Castelnouo*, à *Borgo* à *Persene*, & enfin à *Trente*, par vne route la plus penible qu'on puisse tenir. Le chemin est à la verité plus long, mais beaucoup plus aisé & plus diuertissant par *Padoüe*, par *Verone*, & par la vallée d'*Adige*. Les Allemans qui viennent en Italie prennent ordinairement leur route par cette ville de Trente, où ils trouuent beaucoup de leurs compatriotes. Entre les places susnommées *Valstagna* est renommée pour la fabrique des Scies, *Cismone* pour le transport des bois qu'elle enuoye au dehors à la faueur de la riuiere qui porte son nom, & *Couolo* est vn Château inaccessible sur le roc, si escarpé que ceux qui veulent y entrer, s'y font guinder auec des cordes, elle est gardée par les Alemans: & les Venitiens en tiennent vn qui n'est pas moins fort, nommé *la Scala*. Apres Bassano on laisse à main gauche la ville de *Marostica* cy deuant *Morij Statio*, renommée pour ses bonnes cerise, & remarquable pour vn Lac de son voisinage, où il y a mesme flux & reflux que dans les enuirons de Venize.

Le Trentin.

LE Trentin est enfermé entre les terres de la Republique de Venize & celles des Archiducs d'Inspruc: il confine aussi aux Grisons vers les sources de la *Nace* qui se rend dans l'Adige au dessus de Trente. La Valteline est terre des Grisons, & le Bressan luy sont vers le Couchant. Le Veronois & le Vicentin vers le midy, le Feltrin & le Bellune vers le Leuāt,

& vers le Septentrion le Tirol qui reconnoist la maison d'Austriche, ou plustost les Archiducs d'Inspruc. Sa longueur est bien de soixante milles & sa largeur d'enuiron autant, l'air y est agreable en esté, mais les chaleurs y sont insupportables pendant les iours caniculaires & dans le profond de l'hyuer, il est bien difficile de s'y defendre du froid, qui est d'autant plus long & violent que les montagnes voisines sont couuertes de neges; ces montagnes pour la plufpart ont autrefois esté connuës sous le nom des peuples *Tridentini*, qui ont habité ce pays.

Les chemins au reste y sont tenus auec vn merueilleux soin, quoy qu'ils soient la plufpart en des montagnes, ou les bestes de somme vont aussi aisement que dans les plaines.

L'Euesque de Trente est Seigneur Temporel & Spirituel de sa ville, dont il se dit Comte, Prince de l'Empire & d'Italie tout ensemble: il est esleu par le Chapitre, son reuenu est de cinquante mille florins & ses troupes peuuent monter à huit ou dix mille hommes, sa principale force consiste en la protection de la maison d'Austriche, auecque laquelle il a ligue offensiue & defensiue, il a plusieurs vassaux, le Comte d'Arc, le Comte de Lodrone, le Comte de Liechtenstein, le Baron de Madruzzi, celuy de Volkenstein & autres: les Comtes de Tirol mesmes & le Duc de Mantouë en releuent, pour quelques fiefs qu'ils y ont. La principale riuiere du pays est celle de *l'Adige*, qui le parcoure de Septentrion au midy, où elle forme deux principales auenuës. Le mont *Nansberg* à trois lieuës de Trente est considerable pour les commoditez que les habitans en retirent: il fournit du froment, du vin, du foin, du bois, des pommes, des noix, du beurre, du fromage, de l'or, de l'argent, du plomb, de l'estain, du fer, des chamois, des cheureuils, des marmotes, du bestail gros & menu & toutes sortes de gibier.

La ville de *Trente* autrefois *Triden-*

tum est petite, mais belle & ancienne sur l'Adige dans vne plaine agreable enuironnée de montagnes, & habitée d'Italiens & d'Alemans qui s'y retirent & s'y refugient ; elle est renommée par le dernier Concile General tenu l'an 1546. sous le Pape Paul III. Les seance de ce fameux Concile furent en l'Eglise de nostre Dame, qui est toute reuestuë en dehors de marbre rouge & blanc, auecque les plus belles orgues de l'Europe. L'Eglise Cathedrale est dediée à S. Vigile, qui y est enterré auec sa mere Maxentie; en l'Eglise de S. Pierre on voit le cercueil d'vn enfant cruellement égorgé par des Iuifs, & l'Epitaphe du fameux George de Fronsperg qui commandoit les troupes Alemandes en la iournée de Pauie. Le pont de bois qui est sur l'Adige est considerable pour sa lōgueur de 140. pas. Plusieurs leuées ont esté faites pour empescher les debordemens de quelques torrens qui s'y rendent proche de cette ville. Le Palais de l'Euesque est veritablement Royal, capable de

description de l'Italie.

loger plusieurs Empereurs & Rois. La maison des Madruzzi, est la plus considerable d'entre celles des particuliers.

Bolzano est la plus grande & la plus riche ville de cét Estat apres Trente, dont elle est eloignée 25. milles vers le Septentrion, sur les confins du Tirol; elle fait vn grand trafic de vins, & ses foires y attirent la pluspart des nations voisines. *Bolzano*

Madrucei à 6. m. au couchant de Trente & *Lodrone* sur les confins du Bressan, ont donné leur nom à deux puissantes familles, qui depuis quelque temps ont esté en possession de cét Estat. *Madrucei. Lodrone.*

De Venize à Rome.

ON va voir Lorette auparauant que Rome, & ce chemin se fait ou par mer ou par terre : par mer on se rend à *Ancone*, & de la à *Lorette* qui en est eloigné treize ou quatorze milles. Par terre on va à *Ferrare* à *Rauenne*, & le long de la mer à *Ancone*.

De Venize à Ferrare.

ON peut aller par *Padoüe* ou par *Chioggia*. Le premier chemin se fait en gondole jusqu'à *Lizza Fusina*, d'où l'on remonte à *Orlago*, à *il Dolo*, à *Stra* & à *Padoüe*, de *Padoüe* à *Conselüe* il y a 11. m. à *Anguillam* 4. m. à *Rouigo* 10. m. à *Francolin* 20. m. à *Ferrare* 6. m.

De *Chioggia* où l'on se rend de Venize par mer, on conte à *Loredo* 10. m. à *Adria* 5. m. à *Colobo* 4. m. à *Papozo* 5. m. à *Francolin* 18. m. à *Ferrare* 6. m.

De Ferrare à Ancone & Lorette.

APres auoir passé le Pô on trouue *S. Giorgio*, *Belriguardo* 6. m. *Porto* 5. m. *Argenta* 7. m. Argenta est sur le principal bras du Pô, ainsi appellée de l'argent qu'elle payoit autrefois à l'Eglise de Rauenne; auant que d'y arriuer on laisse à main droite les beaux Palais de *Consandolo* & *Bocaltone*

description de l'Italie. 207
d'Argenta à *Baſtia* 5. m. proche de la fut donné le combat entre l'armée du Pape Iules II. & celle d'Alphonſe Duc de Ferrare: il reſte 18. ou 20. m. de *Baſtia* à *Rauenne.* On peut ſe deſtourner à main droite pour aller voir *Bologne* diſtant 27. ou 28. m. de Ferrare; & l'a on peut prendre la route de la voye Emilie que nous auons laiſſé à Modene & qui finit à Rimini. De Modene à *S. Ambroſio* 6. m. à *Caſtel Franco* premiere place de l'Eſtat Eccleſiaſtique dans le Boulenois 2. m. de Caſtel Franco à Bologne 12. m. à *Imola* 16. à *Caſtel Bologneſe* 3. m. à Faenza 5. m. à *Forli* 11. à *Forlimpopoli* 3. m. à *Ceſena* 7. m. au *Rubicon* 4. m. à *Rimini* 16. m. on coſtoye enſuitte le Golphe de Veniſe, de Rimini à *Peſaro* 20. m. à *Fano* 6. m. à Senigaglia 16. m. & enfin à *Ancone* 10. m. d'Ancone il reſte 14. m. iuſqu'à *Lorette.*

De Lorette à Rome.

REcanati 4. m. *Macerata* 7. m. *Tolentino* 8. m. *Varano* Chasteau 11. m. On laisse à main droite la ville de *Camerino*. *Muccia* Chasteau 3. m. le *Chiento* petite riuiere, *Serauálle* village enuironné de precipices 7. m. *Colle-Fioreto* 4. m. auant que d'y arriuer on trauerse l'Apennin dans vne route bien penible; & laissant *Foligni* à droite on arriue à *Spolete* dix milles, de Spolete on entre dans vne vallée de douze milles de long, apres laquelle on vient à *Terni*, à *Narni* 6. m. à *Otricoli*, 8. m. à *Magliano* 4. m. on y passe le Tibre pour venir à *Borghetto* 3. m. & apres auoir passé le mont S. *Siluestre* autrefois *Soracle* à *Arignano* 4. m. à *Castelnouo* 6. m. à *Prima porta* 6. m. à *Ponte Mole* 5. m. il reste vn beau & spatieux chemin bien paué qui conduit dans *Rome* par la porte del Popolo, c'estoit autrefois la voye Flaminiene que le Consul Flaminius

minius continua depuis Rome iusqu'à Rimini.

En cette route de Lorette à Rome la plufpart des vins font defagreables, à caufe de leur exceffiue douceur: & les voyageurs y ayment mieux les vins verds qu'ils appellent Brufco.

L'Eſtat Eccleſiaſtique.

DOuze Prouince compoſent aujourd'huy cet Eſtat, qui ſe trouue au milieu de l'Italie entre la Lombardie, la Toſcane, la mer Mediteranée, le Royaume de Naples, & le Golfe de Venize: il a pour voiſins la Republique de Venize vers le Septentrion, le Duc de Mantouë, le Duc de la Mirandole, & le Duc de Modene vers l'Occident, le Grand Duc de Toſcane vers le Couchant d'Hyuer, & le Roy d'Eſpag. entant que Roy de Naples vers l'Orient: quelques autres petits Princes en ſōt proche & y ont leurs Eſtats réfermez, le Duc de

Eſtat Eccleſiaſtique.

Parme en son Duché de Castro, le Duc de Bracciano, le Comte de Petillan, la petite Republique de Saint Marin, le Marquis de Mont, & le Marquis de Meldola. Cet Estat cōprend la plus belle partie de l'Italie, Apres celle du Roy d'Espagne, & il est d'autant plus considerable que le Pape qui le gouuerne est Chef & Souuerain Pontife de la Chrestienté: La coste sur le Golphe de Venize est bien de deux cent mille pas, celle sur la mer de Toscane est enuiron de la moitié. Il y a bien d'vne mer à l'autre, six vingt mille pas : la longueur depuis la Toscane iusqu'au Royaume de Naples est inégale, quelquefois de soixante & quelquefois de cent mille pas. Le mont Apennin en fait deux parties l'vne vers le Septentrion, & l'autre vers le Midy ; il y a en toutes deux des qualitez bien differentes. Toutes les Prouinces y sont fertiles & bien peuplées, & les habitans y sont riches & belliqueux tout ensemble. On y conte plus de deux milliōs d'ames parmy lesquelles on peut faire estat d'enuiron trois cent mille hommes capables de seruice: le Pape dans vn besoin pourroit mettre sous les armes cinquante à soixante mille hommes de pied & dix mille cheuaux, mais la plus grande force de sa Sainteté consiste au respect, que les plus grands Princes de la Chrestienté luy rendent, comme au chef de l'Eglise & de la Religion, au dispensateur des choses sacrées, & au Iuge Souuerain de toutes les affaires spirituelles. On fait estat que les Papes ont vn reuenu annuel de plus de deux millions d'or, ils ont beau moyen de l'augmenter; lors qu'ils en ont la volonté. Sixte IV. disoit que l'argent ne luy manqueroit iamais tandis qu'il auroit vne main & vne plume. Sixte V. mit ensemble en peu de mois plus de cinq millions d'or. Plusieurs autres Papes ont enrichy leurs neueus & leur ont laissé des reuenus excessifs. Paul V. laissa au Prince de Sulmone l'vn de ses nepueus mille escus de rente par iour.

L'air de cét Estat est assez grossier particulierement vers la Marine, où il y a peu de bons ports: le plus considerable sur le Golfe de Venise est celuy d'*Ancone*, celuy de la mer Mediterranée est *Ciuita Vechia*. l'Estat de la despense du Pape est pour l'entretien de douze Galeres, mais il y en a seulement sept ou huict pour l'ordinaire. L'election d'vn nouueau Pape qui se doit faire au lieu du decez de son predecesseur se fait presque tousiours à Rome, à cause du seiour de sa Sainteté, qui s'en eloigne rarement; les ceremonies qui s'y obseruent sont differentes de celles dont on s'est autrefois seruy: cette eletió se fait en deux façons, par Scrutins, & par Adoration. La premiere per Scrutins est lors que les deux tiers des billets des Cardinaux sont en faueur d'vn Pape. La seconde façon d'élire, arriue quand les Cardinaux estans assemblez dans le conclaue, les deux tiers d'entr'eux vont faire la genuflexion à celuy qu'ils veulent pour Pape; cette premiere dignité de l'Eglise est dautant plus briguée par les Cardinaux, en faueur d'vn de leurs amis, que le Pape a le moyen de beaucoup enrichir ceux qu'il ayme, faisant des Princes quand bon luy semble, & pouuant grieuement punir par excommunications ceux qui l'offensent. La dignité qui est en suitte plus releuée est celle de Cardinal, au lieu qu'autrefois elle n'estoit pas si considerable que celle d'Euesque; les derniers Papes ont reglé le nombre des Cardinaux à celuy de soixante & dix. La Cour de Rome à plus qu'aucune autre grand nombre d'Officiers. Il y a en tout l'Estat six principaux Gouuernemens qu'ils nomment Legations, *La Romagne, Ferrare, Bologne, Peruge* auecque l'Ombrie, la *Marche d'Ancone*, & *Auignon*; Il y a des Vice-Legats en l'absence des Legats, lorsque ceux cy se trouuent aupres de sa Sainteté; le Pape gouuerne luy mesme la ville de Rome, où il fait parfaitement beau voir aux iours de Caualcates & de Ceremonies les grandes magnificences qui s'y font.

La Riuiere plus renommée de l'Eſtat Eccleſiaſtique eſt celle du *Tibre*, dont l'eau eſtant repoſée eſt des plus ſaines. Le *Teueron* entre dans le Tibre vn peu au deſſus de Rome, où l'on a propoſé autrefois de le cõduire: outre pluſieurs commoditez que l'on diſoit deuoir accompagner cette entrepriſe, on mettoit en auant que le Tibre ne receuant pas ſi toſt les eaux du Teueron, ne ſeroit plus ſi ſuiet aux debordemens.

Rome.

Avtrefois la Capitale d'vn fameux Empire qui a fait la quatriéme grande Monarchie, autrefois la maiſtreſſe de la plus belle partie du monde, & aujourd'huy la premiere de la Chreſtienté, eſt appellée *Sainéte* à cauſe de la reſidence du Pape: le nom de *Rome* luy a touſiours eſté conſerué, bien que quelques vns ayent eſſaié de le changer. L'Empereut commode voulut la faire appeller *Colonie Commedienne*, & vn Roy des Gots *Gotie*, mais l'intention de ces Souuerains n'a pas esté secondée par leurs successeurs. Le nom d'*Vrbs* luy a souuent esté attribué par les Autheurs Latins qui luy donnoient ce nom par preference à toutes les autres villes du monde. On peut dire auec verité qu'il n'y a guere de villes pareille à Rome, si on considere sa magnificence, ses antiquitez, ses delices & les curiositez qui s'y rencôtrent, elle semble presque autant considerable que par le passé, & tant de pillages, tant de feux allumez par les siens & par les Estrãgers n'ont pas eu le pouuoir d'empescher qu'elle ne se soit releuée de ses cendres, sans changer sa premiere assiette ; elle a esté prise par quatrefois, la premiere par les Gaulois sous Brennus : la seconde par Alaric Roy des Goths : la troisiéme par Genseric Roy des Vandales, & la quatriéme par les Imperiaux sous Charles de Bourbon qui fut tué à l'assaut. Le tour de la ville est de treize milles, au lieu qu'autrefois il estoit de trente & mesme de cinquante selon quelques-vns: son enceinte est flanquée de 360. Tours qui sous les Empereurs ont esté en nombre de 740. elle a 14. *Regions* ou quartiers qu'ils apellent *Rioni*. *De Monti, della Colomna, del Ponte, del Arenula ou Regola, della Pigna, del Capitello, del Transteuere, del Campo Marzo, di Parione, di S. Angelo, della Ripa, di Borgo, di S. Eustachio, di Riuo.*

On entre dans Rome par plusieurs *Portes*.

La Porte del Popolo, autrefois Flaminie.

La porte de Saincte Metodie, autrefois Gabiosa.

La Porte Pinciane, autrefois Collatine.

La Porte Latine, autrefois Ferentine.

La Porte Agonie, autrefois Quirinale.

La Porte de S. Sebastien, autrefois Capene.

description de l'Italie. 217

La Porte de S. Agnes ou Pie, autrefois Viminale.

La porte de S. Paul ou d'Ostia, autrefois Trigemine.

La Porte Ripa, autrefois Portuenses.

La Porte de S. Laurens, autrefois Esquiline.

La Porte de S. Pancrace, autrefois Aurelie & Septime.

La Porta Major, autrefois Neuie.

La Porte Septimiane, autrefois Fontinale.

La Porte de S. Iean, autrefois Cælimontane.

La Vaticane estoit proche du Tibre.

La Tiburtine a esté fermée.

Il y a bien cinq ou six autres Portes, au Bourg & aux Faux-bourgs. Celle du S. Esprit estoit appellée Triomphale, à cause des Triomphes que l'on y conduisoit: il n'estoit pas permis à aucun paysan d'y passer: elle est celle par où Charles V. Empereur se rendit maistre de la ville, & ou Charles de Bourbon fut tué d'vne Arquebusade.

Trente Portes anciennes ont autrefois donné commencement a autant de grands chemins pauez, auec vn trauail incroyable, sans espargner ce qui pouuoit contribuer à la durée & à la commodité des voyageurs ; la grandeur des pierres, l'égalité des lieux raboteux, les vallons comblés, & les colomnes de marbre posées de mille en mille, sont de puissans tesmoignages d'vne haute magnificéce. Voicy vn denōbremét des ces anciés grands chemins. La *Voye Appie*, la *Voye Campanienne*, la *Voye Valerie*, la *Voye Cassie*, la *Voye Tiburtine*, la *Voye Latine*, la *Voye Prenestine*, la *Voye Ostiense*, la *Voye Laurentine*, la *Voye Collatine*, la *Voye Labicane*, la *Voye Cimine*, la *Voye Flaminiene*, la *Voye Ardeatine*, la *Voye Gallicane*, la *Voye Tiberine*, la *Voye Setine*, la *Voye Portuense*, la *Voye Cornelie*, la *Voye Laticulense*, la *Voye Nomentane*, la *Voye Quinctie*, la *Voye Pretorienne*, la *Voye Claudie*, la *Voye Salarie*, la *Voye Emilie*, la *Voye*

description de l'Italie.

Triomphale, & la *Voye Aurelie.*

Le long de ces grands chemins on trouue les restes d'vn grand nombre d'anciens Sepulchres, que l'on dressoit en ces endroits, parce qu'vne Loy deffendoit d'enterrer dans la ville. On y voit aussi des Aqueducs dont la plusparteltoient destinez à conduire l'eau dans les bains de la ville nommez *Thermes*, où les particuliers alloient se lauer & suer à toutes heures, le bois & l'huile y estans fournis par le public.

La puissance de Rome a paru en ce qu'elle seule a formé le plus grand, le plus beau & le plus considerable Empire de l'Vniuers; elle a pareillement, nourry les plus excellens hommes de la terre, qui ont surpassé tous les autres peuples en valeur aussi bien qu'en pieté, en iustice, & en temperance. Elle est encor aujourd'huy si peuplée que l'on y côte plus de 300. mille ames & iusqu'à huict mille Iuifs, qui sont obligez sous peine de certaine amende d'oüyr tous les Samedis vn sermon, que fait ordinairement vn Iacobin contre leur secte: ils ont aussi leur quartier particulier, où ils se retirent à certaine heures. Les Eglises des Paroisses passent le nombre de 92. il y a bien vingt & deux mille maisons, parmy lesquelles on fait estat de plusieurs beaux Palais, comme ceux du Vatican, de Monte-Cauallo, de S. Iean de Latran, des Colonnes, des Farneses, des Medicis, des Mathei, des Borgheses, des Cesis, des Barberins, de Mazarin & autres, pour la description desquels comme aussi des autres particularitez de Rome, il y a plusieurs traitez particuliers.

Les Iardins y sont appellez *Vignes*, outre ceux de Belueder & de Monte Cauallo, qui sont au Pape, il y en a grand nombre d'autres qui meritent bien d'estre veus: ceux de Farneses, de Mathei, de Medicis, de Borghese, de Ludouisio, & quelques autres sont les plus beaux & les plus delicieux.

Entre plus de trois cens Eglises qui se trouuent dans Rome, la pluspart sont pauées de marbre, & on en baſtit tous les iours de nouuelles, ou la depenſe n'eſt pas epargnée.

Les ſept Egliſes principales que l'on viſite par deuotion, ſont

S. Pierre du Vatican.

S. Paul hors de Rome, ſur le chemin d'Oſtia.

Saincte Marie Maieure.

S. Sebaſtien, hors la porte Capene.

S. Iean de Latran.

Saincte Croix en Ieruſalem.

S. Laurens hors la porte Eſquiline.

Quant à ce qui eſt des autres Egliſes, voicy celles qui meritent d'eſtre mentionnées, ſoit pour leur antiquité, ſoit pour leur richeſſe, ſoit pour quelqu'autre particularité, & on pourra les voir ſi on le trouue à propos, conformément à la viſite de Rome que nous faiſons cy deſſous.

S. *Adrien*, dediée autrefois à Saturne, a de belles portes de bronze.

S. *Agnes* a 26. colomnes de marbre, & vne deſcente de 32. degrez. Vne Egliſe voiſine dediée à la bien-heureuſe Conſtance fille de l'Empereur Conſtantin, a vne tombe de Porphire auec la representation de quelques enfans qui foulent des raisins, ce qui fait voir qu'elle a auparauant esté dediée à Bacchus : elle est ronde auec 24. colomnes de Marbre, & des peintures à la Mosaïque, aueeque plusieurs corps Saints.

S. *Alexis* au Mont Auentin estoit autrefois le Temple d'Hercule victorieux, l'on y garde les degrez sous lesquels ce Saint vescut en la maison de son pere.

S. *André* proche la Tour Argentine, est vne Eglise de nation pour les Flamans.

S. *Antoine de Padoue* en la vallée martie, est remarquable en ce que le iour de la feste de ce Sainct, on fait aller toutes sortes de bestes autour de l'Autel, afin que Dieu les garantisse du loup & de maladie.

S. *Augustin* au champ de Mars est accompagnée d'vn Conuent de Religieux de mesme nom, l'on y conserue le corps de Saincte Monique mere de ce Sainct.

Saincte Balbine au mont Auentin est

dans l'endroit où estoient autrefois les Thermes ou Estuues d'Antoine, & le Palais de Licinius.

Saincte Barbe en la region de Pigna, a esté vn Temple de Venus dans le Theatre de Pompée.

S. Barthelemy de l'Isle a seruy de Temple à Iupiter & à Esculape.

S. Blaise au Champ de Mars, occupe le lieu où estoit le Temple de Neptune.

Saincte Brigide est vne Eglise de nation pour les Suedois.

S. Cosme & S. Damien en la voye Sacrée estoient autrefois le Temple de Romulus & de Remus.

S. Estienne est vne Eglise de nation pour les Hongrois.

S. Iacques au Cirque Flaminien est accompagné d'vn Hospital pour les Espagnols.

S. Iean Baptiste est vne Eglise de nation pour les Florentins.

S. Iean Baptiste proche du riuage du Tibre est pour les Genois.

S. Laurens au Ianicule a esté vn Temple de Iunon Lucine.

Saincte Luce au Palais, vn Temple d'Apollon Palatin.

Sainct Louys proche de la place Nauonne, est l'Eglise de la nation Françoise.

Saincte Marie de l'Ame, est pour la nation Alemande.

Saincte Marie in Ara Celi au mont Capitolin, est l'Eglise du Senat & du peuple Romain, auec vn Conuent des Religieux de S. François, le Temple de Iupiter Feretrien y estoit autrefois.

Saincte Marie au Capitole, ancien Temple de Iupiter Capitolin.

Saincte Marie sur la Minerue est seruie par les Iacobins, qui ont le corps de Saincte Catherine de Sienne.

Saincte Marie de la Rotonde, est ce fameux Pantheon qui seruit de demeure à tous les faux Dieux des anciens Romains.

Saincte Marie delle Strada, aujourd'huy du nom de Iesus, est remarquable par vne source d'huyle qui sous Auguste sortit en vn hostelerie comme pour signifier que Iesus-Christ

Christ deuoit bien-tost venir au monde.

S. *Nerée* & S. *Achilée* proche des Thermes d'Antonin, ont esté le Temple d'Isis.

S. *Onufrie au Ianicule* est l'Eglise où est enterré le Tasse.

S. *Pancrace* au mesme lieu a plusieurs grottes pleines de corps Saincts.

Saincte Praxede au Mont Esquilin, est considerable par la demeure de S. Pierre. Saincte Praxede y apportoit le sang des martyrs qu'elle recueilloit auec vn esponge.

Saincte Potentiane au Viminal conserue les corps de trois mille martyrs auec vn puits où il y a de leur sang.

Saincte Sabine au mont Auentin est le sejour des Iacobins, la premiere demeure des Papes, autrefois Temple de Diane.

S. *Sabas* en l'Auentin, est en possession d'vn Sepulchre que l'on dit estre de Tite & de Vespasien.

S. *Stanislas* est l'Eglise de la nation Polonoise.

Saincte Trinité du Mont, est accompagnée d'vn Conuent de Minimes, basty par ordre du Roy Louys XI.

Sainēte Trinité des Anglois à son College, pour les Anglois Catholiques.

Les *Ponts de Rome* sont en nombre de six.

Le *Pont* S. *Ange* ou du *Castel* estoit autrefois nommé *Ælius*.

Le *Pont des quatre Capi* est ainsi appellé à cause de quelques statuës de marbre de quatre face chacune; il attache la cité à l'Isle de S. Barthelemy & est appellé *Ponte Giudeo* à cause de la Iuifuerie voisine. Son nom ancien estoit *Fabricius & Tarpeius*.

Le *Pont de Sixte* autrefois *Ianiculensis & Aurelius*.

Le *Pont de* S. *Barthelemy* connu auparauant sous le nom de *Cestius & Esquilinus*.

Le *Pont de Sainēte Marie Egyptiene* ou *Transleuere*, estoit appellé *Palatinus*, & *Senatorius*, à cause que les Senateurs y passoient, lors qu'ils alloient consulter les liures Sibillins au Ianicule.

Ponte Mole autrefois *Miluius*, est hors de Rome, remarquable par la victoire du grand Constantin, sur le Tiran Maxence, qui fut estouffé dans l'eau du Tibre.

Il y a les ruines de plusieurs autres Ponts, celles du *Pont Vatican, ou Triomphal*, sont proche de l'Hospital du S. Esprit.

Sept Montagnes ont esté bien renommées dans l'ancienne Rome.

Le *Mont Capitolin* ou *Tarpeien*, domicile des Dieux sous le Roy Tarquin, ayant eu plus de soixante Temples.

Le *Mont Palatin*, sejour des Roys, plein de voutes sousterraines, auec les ruines des maisons d'Auguste, de Ciceron, d'Hortensius, de Catilina, & autres ; on y voit auiourd'huy la vigne Farneze.

Le *Mont Auantin*, est à present dit de Saincte Sabine.

Le *Mont Celien*.

Le *Mont Esquilin*, où estoit la maison de Virgile, celle de Properce & les iardins de Mecenas.

Le *Mont Viminal*, auec les ruines de la maison de Crassus.

Le *Mont Quirinal* aujourd'huy *Monte*

Cauallo, où estoient les maisons de Catulle, d'Aquilius, les iardins & la maison de Salluste.

Il y a outre ce quelques autres montagnes, celle de *Pincie*, ou de *Saincte Trinité*, le *Vatican*, le *Ianicule* ou *Montorio*, le *Mont Testacée* proche de la porte d'Ostia &c.

Entre les *Biblioteques* de Rome la principale est celle du Pape au Vatican, pleine de Liures manuscripts, Grecs, Hebreux, Latins, Arabes, & en autres Langues : elle a esté beaucoup augmentée par celle du Prince Palatin, la plus curieuse de l'Europe enuoiée à Rome apres la prise d'Heidelberg. On y voit des escritures anciennes faites sur du bois & d'autres sur des tablettes de cire ; les Liures imprimez y sont fort peu considerez.

Les plus puissantes familles de la ville sont, les Vrsins, les Colonnes, les Conti, les Sauelli, les Caietans, les Baglioni, les Vitelli, les Sforces, les Buoncompagni, les Peretti, les Aldobrandins, les Farneses, les Cesis les Altemps, les Borgheses, les Barberins, les Panfilio, & autres qui possedent en toutes les parties d'Italie, des Principautez, des Duchez, des Comtez, des Marquisats, des Baronies & autres fiefs.

Pour bien obseruer les particularitez de Rome, nous pouuons premieremēt voir le Vatican & le Bourg, passer en suitte dans la ville, & apres en auoir fait le tour, nous rendre dans le milieu, au beau Palais de Monte-Cauallo.

Le *Bourg de Rome* appellé par quelques vns le quartier du Vatican, est separé du reste de la ville par la Riuiere du Tibre, qu'on voit encor proche de l'Hospital du S. Esprit, les restes du pont Triomphal ainsi appellé à cause des Triomphes que l'on y menoit. Le *Pont sainct Ange* y a porté nom d'*Ælius*, qui est celuy d'Adrian à cause du Chasteau voisin nommé Moles Adriani qui fut dressé pour la conseruation des cendres de l'Empereur Adrian & des Antonins : ce Chasteau a depuis esté fortifié par les

Papes, & le nom de S. Ange luy a esté donné à cause de la statuë d'vn Ange qui se trouue au plus haut auec vne espée à la main. Belissaire s'y est autrefois defendu cõtre les Gots. Alexandre VI. y a fait faire vn coridor secret ou galerie derobée, qui vient du Palais de S. Pierre, d'où les Papes, aux occasions peuuent se retirer au Chasteau sans estre veus. Cette forteresse est sans fossé du costé de la ville & du pont, mais plusieurs bastions & de bons dehors, la defendent en ses autres parties, l'on y tient tousiours grosse garnison, & le Pape y fait garder les prisonniers d'Estat, comme aussi les Tresors de l'Eglise Romaine. On y voit encor vne teste de l'Empereur Adrian armé & vne Pallas, outre quelques antiquitez & inscriptions: la pluspart des marbres, colomnes & statuës que l'õ y voyoit autrefois, ont esté transportées au Vatican dans l'Eglise de S. Pierre ou bien dans le Palais du Pape, on y garde grand nombre d'armes, on fait voir entr'autres celles

description de l'Italie. 231

de Charles de Bourbon. Il y a quantité d'artillerie dont ou fait la descharge, la veille & le matin des festes solemnelles: le iour de S. Pierre on y fait la Girandola, composée de grand nombre de rayons, qui s'esleuent fort haut par le moyen des artifices à feu, auec quantité de fusées qui vont fondre sur le Tibre ou sur la ville. Aux deux costez du pont S. Ange, on voit des statuës de S. Pierre & de S. Paul des mieux faites, au dessous du Chasteau on trouue les *Champs Mutiens* ainsi nommez depuis que Mutius Sceuola chercha d'y tuer Porsena Roy d'Estrurie. Le Bourg est fortifié de quelques bastions, & le lieu le plus asseuré de Rome, car les autres endroits ne sont defendus que d'vne simple murailles, il est plein de beaux bastimens dont le principal est le *Palais du Vatican*, d'vne grandeur extreme, auec trois rangs de galeries & portiques, auec des peintures du vieil & du nouueau Testament, & auecque plusieurs sales pleines de peintures excellentes, de marbre & d'albaſtre, dont les plus belles ſont la Royale & la Clementine. En la ſale Imperiale on fait voir vne pierre où la nature a mis l'image du Pape Pie V. plus au naif que le pinceau n'euſt pû faire; ce Palais eſt le ſeiour ordinaire du Pape pendant l'Hyuer, le nom de Vatican luy eſt demeuré des anciés, qui appelloient ainſi la montagne ou il eſt ſitué, à cauſe des Vaticines & des diuinations qui s'y faiſoient, il fut commencé par le Pape Nicolas V. acheué par Leon V. & enrichy de pluſieurs peintures & ornemens par Sixte V. par Clement VIII. & par Vrbain VIII. La Chapelle de Sixte merite bien d'y eſtre veuë: ſon circuit égale celuy d'vne grande Egliſe; Les Cardinaux s'y aſſemblent pour créer le Pape, & on y garde le merueilleux tableau du iugement de Michel-Ange. Buonarroty l'vn des plus excellens peintres de ſon ſiecle, auec pluſieurs autres de ſes ouurages, côme auſſi ceux de Raphael. Les iardins de *Belueder* ne ſont pas moins confiderables pour leur beauté, que pour les belles antiquitez qu'ils renferment, le nom de Belueder leur a efté donné, parce qu'ils découurent la ville de Rome: l'on y trouue plufieurs plantes qui ne fe voyent gueres ailleurs: on y voit la ftatuë du Tibre, appuié fur vne Louue, qui donne à teter à Romulus & à Remus: & de l'autre cofté le Nil fur vn Sphinx auec 17. enfans, chacun haut d'vne braffée qui marquent les 17. diuerfes mefures de la creuë du Nil: on voit fur la bafe des crocodils, des hippopotames ou cheuaux de Riuiere: plus bas en de grandes niches on voit vn Antinous de marbre tres blanc, la ftatuë de l'Arne, gifant en forme d'homme, verfant de l'eau de fa cruche, la ftatuë de Cleopatre mourante par la morfure d'vn ferpent qui entortille fon bras, celle de Venus Ericine fur le point de fortir du bain, vn Bacchus, vn Hercule, vn Mercure, vn cofre de marbre fur lequel eft figurée à demy-relief, la chaffe de Meleagre, la ftatuë de l'Empereur Cōmode en habit d'Hercule, celle d'Apollon, celle de Laocon, enuelopé auec ses deux enfans de deux serpens, Cybele auec vn Lyon, Atys appuyé contr'vn pain auec vne musette & vne Cymbale. Ces iardins de Belueder sont en nōbre de cinq, les vns en terrace, les autres en bas pleins d'orangers, & de belles fontaines en l'vne desquelles on voit vn Nauire artificiel, il ne faut pas oublier de voir la Biblioteque ou il y a quantité de manuscrits, & la sale d'armes où il y a bien dequoy armer douze mille hommes de pied, & huict mille de Cheual.

L'Eglise de S. Pierre est toute bastie de marbre de Tiuoli & autres des plus fins dedans & dehors : le front qui est entre deux superbes Tours à 500. paumes de long. On y voit deux grands portiques voutez, auec des figures de demy relief en la voute, qui est toute dorée ; c'est vn vaisseau le plus beau que l'on puisse voir, soit pour sa grandeur, soit pour son modele, & pour ses enrichissemens. Son

description de l'Italie.

tour qui enferme cinq cupoles ou voutes endomes dont on n'vse pas en France, est fait suiuant le dessein de Bramant & de Michel Ange, tout de demy cercles en forme d'vne rose; la partie adioustée par le Maderno semble faire le pied d'vne Croix merueilleuse. La longueur y comprise l'epesseur des murailles, est de 840. pieds Geometriques. La plus grande largeur de 725. la hauteur de 300. & tout le tour de 2465. Il n'y a point de bois en cette Eglise, tout y est de marbre & de metail; son couuert est de plomb & de cuiure doré, le dedans a de grandes voutes ou l'ō nevoit qu'or & Mosaïque. Les carreaux du paué y sont de marbre tres fin. Cent belles colomnes y ont esté transportées d'Asie & d'Afrique par les anciens Empereurs: 12. colomnes de marbre blanc & autres richesses prises dans le Temple de Salomon par Vespasien, ont pareillement esté mises en cette Eglise. Plusieurs belles Chapelles sont sur les aisles, la Gregorienne où le Pape Greg. XIII.

a choisi sa sepulture en est la plus superbe : on voit ailleurs dans l'Eglise plusieurs Tombeaux & Epitaphes de diuers Papes. Si on a la deuotion de sçauoir les Reliques de cette Eglise : on y garde le voile de la Veronique auecque la face de Christ imprimée, & on le monstre tous les ans, pendant la semaine Sainte : le fer auecque lequel fut ouuert le costé de nostre Seigneur : la chaire de bois de Sainct Pierre ; la moitié des corps de Sainct Pierre & de S. Paul sous le grand Autel ; vn Autel de marbre ou est l'image & la teste de S. André portée à Rome, par vn des Despotes de la Morée ; les corps de S. Simon & de S. Iude : les corps de dix Papes martyrs proches successeurs de S. Pierre. Les testes de S. Iacques le Mineur, de S. Luc l'Euangeliste, de S. Iean, & de S. Thomas de Cantorbery : les bras de Ioseph d'Arimathie & de Longin qui donna le coup de Lance à nostre Seigneur. Grand nombre d'autres corps Saincts & Reliques dont il seroit difficile de faire le denōbremēt.

description de l'Italie. 237

La place de S. Pierre a deux choses remarquables, vne fontaine & vn obelisque. La fontaine iette l'eau par en haut de la grosseur d'vn homme, & de la hauteur d'vne demy-picque. *L'Obelisque* qu'ils nomment l'aiguille & dont la pierre est nommée Granito, y a esté transportée du cirque de Neron, l'an 1586. sous le Pape Sixte V. qui fit vne depense incroyable pour ce sujet, elle est haute plus de 170. pieds sans la base qui en a bien 37. Sa largeur de bas est de 12. pieds celle du haut est de 8. il est supporté par quatre lyons de bronze surdorez qui se soustiennent sur vn grand pied de marbre quarré. Dominique Fontana de Come conduisit l'ouurage de ce transport auec vne merueilleuse adresse, il se seruit de plusieurs machines & instrumens dont le nombre & le poids estoient tout a fait extraordinaires.

Cet Obelisque fut apporté d'Egypte dans vne Galere à trois bancs, par le commandement de Caligula, ja les Historiens font mention de ce Vaisseau, côme estant d'vne monstrueuse grandeur: il fut mis à fonds par Claudius à Ostia, pour seruir de fondement au port qu'il y fit bastir.

Le *Cirque de Neron* est l'endroit où ce cruel Empereur faisoit exposer ceux qui se disoient Chrestiens. Proche de là est la Naumachie où ce mesme Empereur faisoit faire plusieurs côbats de plaisir sur l'eau. Auant que de sortir du bourg, il est à propos de voir le superbe *Palais de Cesi*, où il y a le plus grand nombre d'antiquitez & les plus curieuses qui se voyent dãs Rome. On ne peut dire la quantité des belles statuës qui si trouuent, & les doctes y ont dequoy se diuertir dans les Liures anciens & modernes de sa Bibliotheque. *L'Hospital du S. Esprit* est aussi des plus magnifiques; il a esté basty par Innocent III. & enrichy par Sixte IV. auec vn reuenu annuel de plus de 70. mille escus pour les estrangers, pour les orphelins, & pour les autres pauures que l'on y traitte auec grand soin.

Le *Montorio* ou Mont d'Or est assis

description de l'Italie.

au Couchant du Tibre auſſi bien que le bourg; il eſt ainſi nommé du Sablõ eſtincelant qui s'y trouue: ſon ancien nom, eſtoit le *Ianicule*: il deſcouure au deſſous de ſoy toute la Region qu'ils appellent Trans-Teuere au delà du Tibre, on y fait eſtat de l'Egliſe de S. Pierre, qu'ils appellent de Montorio, auec vne belle Chapelle à la Dorique & quelques rares tableaux. En la partie Meridionale de cette Region, on voit ſur le Tibre les reſtes du *Pont Sublicien*, ſur lequel Horatius Cocles ſouſtint ſeul les efforts de toute la Toſcane. Auant que de paſſer la Riuiere, il eſt a propos de voir *l'Egliſe de Saincte Marie Transteuere*, auec la fontaine qui ietta de l'huile en abondance pendant trois iours & trois nuicts, lorſque noſtre Seigneur vint au mõde. Comme auſſi les beaux *Iardins de Farneſe*, où il y a les plus belles Venus de marbre que l'on puiſſe voir, des hommes de cette meſme matiere, des femmes, des enfans, des muſes, des bacchantes, des ſilenes, des lyons, &c.

L'Isle qui se trouue dans le Tibre est seulement depuis le temps de Tarquin le Superbe, sous le regne duquel elle se forma du bled que l'on y ietta, parce qu'il appartenoit à ce tyran, & des immodices qui s'y amasserent; elle estoit autrefois dediée à Esculape elle a aujourd'huy S. Barthelemy pour patron; on voit à la pointe de l'Isle la forme du Nauire qui conduisit la statuë d'Esculape d'Epidaure. *Le Pont Cestien* dit aujourd'huy de S. Barthelemy, ioint cette Isle à la Region de la le Tibre, & *Le Pont Fabricien* appellé *des quatre Testes*, la ioint à la Cité. Proche de ce dernier est le *Palais des Sauelli*, au lieu ou estoit autrefois l'Amphitheatre de Marcellus: on y voit vn Lyõ de marbre, trois hommes armez pour combatre; les sculptures des trauaux d'Hercule & autres antiquitez. En allant plus vers le Midy, on trouue le *Mont-Auentin*, ou beaucoup de maisons particulieres ont de beaux restes d'antiquitez, des statuës, des testes, & d'autres figures de diuers Dieux & Empereurs.

Remus

Remus y auoit autrefois sa demeure & Cacus sa cauerne. L'Eglise de *sainct Estienne le Rond* y est soustenuë de tous costez par des Colomnes Corinthiennes, & reçoit la lumiere par vn trou d'enhaut fait au milieu du couuert. L'Eglise de *Saincte Sabine* est sur le plus haut de la montagne: celle de *Sainct Alexis* en est proche, bastie au mesme lieu où estoit la maison de son pere. Entre le mont Auentin & la Riuiere du Tibre, il y de grands restes d'antiquitez, & les ruynes des 140. anciens greniers du peuple Romain. Le *Mont* des pots cassez dit *Testacée*, se trouue au midy du mont Auentin: en son voisinage, contre les murailles de la ville on voit la *Pyramide & Sepulture de Caius Sestius*, faite de grandes pierres carrées de marbre blanc, & demeurée en son entier. La *Porte de S. Paul* ou *d'Ostia* fut autrefois appellée *Trigemine*, à cause des trois Horaces qui sortirent par la pour aller combatre les trois Curiaces de la ville d'Albe; on monstre proche delà vne Chapelle bastie au lieu où S.

Q

Pierre & S. Paul s'embrasserent en se quittans, pour aller à la mort. On voit encor en cét endroit les grandes ruynes des estuues d'Antonin, auec des murailles de bricque fort espesses, plusieurs voûtes & pieces de marbre. Proche de l'Eglise de Saint Gregoire entre le mont Palatin & le mont Celien, estoit autrefois le grãd bastiment de l'Empereur Septimie Seuere : il estoit composé de sept rangs ou ceintures de colomnes & nommé pour ce sujet *Septizonium* : vn de ses bastimens de pierre distingué en sept estages estoit appellé *Septisolium*. Sixte V. en fit razer entieremẽt les restes, au grand regret du peuple Romain.

Les ruynes du *Grand Cirque* se voyent entre le mõt Palatin & le mont Auentin ; il estoit long de trois stades, & large d'vn, capable de 260. mille personnes & plus, selon quelques autheurs. On n'y voit plus que des iardins, & quelques ruynes de degrez. Le lieu de la Naumachie où l'on faisoit les combats sur l'eau, est aujourd'huy plein de marais & de canes.

Le *Mont Celieu* est de plus grande estenduë que les autres, l'Eglise de S. Iean & de S. Paul y est bastie sur les ruynes de *la Cour Hostilie* ou autrefois le Senat auoit coustume de s'assembler pour les affaires publiques. *La Vigne de Mathei* qui est en ce quartier est bien la plus agreable de toutes celles de Rome; outre les statuës & les autres antiquitez qu'on y trouue, il y a plusieurs artifices d'eau, dõt le plus estimé est celuy des miroirs posez contre vn pillier d'où le iardinier remuant certain ressort d'vne chambre voisine, fait aller de l'eau contre le visage de ceux qui s'y mirent, sans aucune apparence que telle chose leur puisse arriuer. L'artifice de la fontaine est encor beaucoup considerable, il fait voir en l'air au moyen de l'eau l'arc en Ciel, auec ses plus viues couleurs, lors que le Soleil y donne.

Les ruynes des *Aqueducs de l'eau Claudie* meritent d'estre considerées: Pline tesmoigne que cet ouurage cousta autrefois 60. mille talens à paracheuer, chaque talent de six cens escus. L'Eglise de S. Iean de Latran est celle où les Empereurs auoient coustume de receuoir la Couronne d'or. Les Papes y ont vn Palais qui seruit de seiour à ceux qui firent tenir le fameux Concile de Latran, elle est l'Euesché du S. Pere & vne des plus anciennes de Rome. Son paué est tout de marbre & son Ciel est soustenu de quatre rangs de colomnes, doré & figuré auec grand artifice. Le Baptistaire de Constantin est proche de l'Eglise; il est ainsi nommé, parce que l'Empereur Constantin y fut baptisé par le Pape Sylueftre. C'est vn bastiment rond soustenu de 8. colomnes de Porphire, outre deux autres de ces colomnes qui sont à la porte. L'Obelisque deuãt l'Eglise est plein de Lettres Hierogliſiques, & haut de 115. pieds. Sixte V. l'y a fait dresser & faire en mesme temps cette belle galerie, d'où les Papes donnent souuent la benediction au peuple, qui se trouue en la place voisine. Cette

Eglife eſt vne des plus belles de Rome, baſtie par le Grand Conſtantin, que nous venons de nommer en ſuitte de ſa conuerſion en l'année 318. Cét Empereur y fit preſent de pluſieurs ſtatuës d'argent, deux de noſtre Seigneur, douze autres repreſentans les Apoſtres, chacune du poids de 90. liures, & deux ſtatuës d'Anges: ſept autres couuerts de lames d'or, autant de Couronnes d'or maſſif, vn vaſe de meſme eſtoffe qui peſoit 50. liures, remply du baume de la Iudée eſtimé du moins autant comme le vaſe; les Chappelles y ſont toutes reueſtuës & crouſtées de marbre. Les Sepulchres des Papes que l'on y a enterrez ſont des plus magnifiques, les Autels des plus ſuperbes. Le Roy Tres-Chreſtien y preſente deux Chanoines à ſa Sainteté, en conſideration des ſignalez bienſfaits de ſa Majeſté: tous les ans il ſe fait vn ſeruice fort ſolemnel à la memoire glorieuſe d'Henry le Grãd; les armes du Roy dont on voit vne belle ſtatuë en entrant à main gauche, celle de l'Ambassadeur, & du Cardinal protecteur, tesmoignent la protection de cette Eglise par sa Majesté. Le maistre Autel est des plus riches qu'il se voye, à cause de son Tabernacle & de la derniere Cene de nostre Seigneur faite d'argent. Les Orgues & la Sacristie y sont remarquables, comme aussi quatre colomnes dorées que l'on a fait mettre sur le grand Autel, elles sont de brōze, creuses, & canelées, auec leurs chapiteaux à la Corinthienne : on dit qu'elles ont esté apportées de Ierusalem pleines de la Terre Saincte du Sepulchre de Iesus-Christ. Le Tombeau des colomnes qui est de bronze y est parfaictement bien trauaillé.

Mais ce qui est plus à estimer c'est le grand nombre de Sainctes Reliques, en voicy les plus considerables; l'Arche du Testament, la Verge de Moyse, le Pastoral d'Aarō, le Portrait de Iesus-Christ fait par S. Luc, la Table de la derniere Cene de I. Christ. le Nombril de Christ, vne Ampoule de son sang, quelques espines de sa Couronne, vn cloud entier de sa Croix, & autres choses apportées à Rome par Vespasian & par Constantin. On y garde aussi dans vn pulpitre les testes de S. Pierre & de S. Paul celles de S. Zacharie & de S. Pancrace, le Calice de S. Iean l'Euangeliste, duquel il beut la poison sans qu'elle luy nuisit; la chaisne auecque laquelle il fut conduit à Rome, le linge dont Iesus-Christ se seruit à secher les pieds de ses Apostres les ayant lauez, le roseau qui le frapa, la robe de pourpre qu'on luy mit, l'esponge pleine de vinaigre qu'on luy offrit en la Croix, vne dent de S. Pierre, la teste de S. Paul. Il y a vne Chapelle voisine bastie par Sixte V. où l'on garde l'escalier du logis de Pilate, sur lequel Iesus-Christ marcha portant la Couronne d'espine sur la teste, & le roseau à la main, lorsque Pilate le monstra aux Iuifs apres l'auoir condamné: l'on y monte à genoux, & l'on y a grillé les endroits où il y a du sang de nostre

Seigneur, pour ne pas marcher dessus; en la Chappelle de S. Iean Baptiste on ne permet pas l'entrée aux femmes, à cause qu'vne femme fut cause de la mort de ce Sainct. A l'Orient de S. Iean de Latran est *l'Eglise de Ste. Croix de Ierusalem*, bastie par Cōstantin est reparée par d'autres: on y garde vne partie de la Croix de Iesus Christ, le titre qui fut mis dessus par le commandement de Pilate, dont les lettres assez mal escrites sont attribuées à quelques soldats, vn des trente deniers pour lesquels Iudas trahit nostre Seigneur, & vne espine de sa couronne. Il y a sous cette Eglise vne Chapelle bastie par Ste. Helene, où l'on laisse entrer seulement les femmes. En allant vers le Septentrion on trouue *l'Eglise de Ste. Marie Maior* auecque la porte de mesme nom, ou passent les arches de l'aqueduc de l'eau Claudie, qui vōt au Palais de Latran par le Mont Celien, cette Eglise est sur le mont Esquilin, des plus belles qui soient à Rome: on n'y voit qu'or & marbre auec diuers ouurages de Moſaïque. La ſeule Chapelle de Sixte baſtie en Dome de marbre blanc taillé à perſonnages, a couſté plus de 700. mille eſcus: l'on y garde vne partie de la créche ou I. Chriſt repoſa venant au monde du precieux laict, des cheueux, & vne chemiſe de la Vierge, la Sacriſtie eſt pleine de Reliques enrichies d'or & de pierreries: les ornemens y ſont des plus riches, quelques-vns tout brodez de perles: on voit en cette Egliſe vn portraict de la Vierge Marie fait par S. Luc, & ſous le Tabernacle on garde le corps de S. Mathieu, entr'autres Tombeaux on y voit celuy du Cardinal d'Eſtouteuille Archeueſque de Roüen & protecteur de France. Proche de la il faut viſiter *l'Egliſe de Ste. Praxede* pauée de marbre ; & y voir la Colomne à laquelle N. Seigneur fut attaché pour eſtre foüetté: plus de 2300. Martyrs y ont autrefois eſté enterrez.

Sur le mont Viminal on trouue l'Egliſe de *S. Laurés in Paliſperna*, auec vne

Chapelle sous terre, où l'on tient qu'il fut mis sur le gril; on y fait aussi voir vn marbre où l'on dit que son corps fut mis ayant esté rosty, vne pierre toute percée est estimée auoir esté faite de la sorte par les larmes de S. Pierre, lors qu'il renia nostre Seigneur. On voit proche de la les restes des Estuues de Diocletian, dont les voûtes sont fort hautes & les colomnes de marbre tres-beau.

Proche de la Trinité du mont on va voir le *Palais du Grand Duc*, où il y a vne sale pleine de portraits de personnes illustres: les peintres de Rome vont ordinairement tirer leurs copies sur ces originaux. Le iardin est embelly de plusieurs belles statuës, parmy lesquelles on estime celles de Niobe & de ses enfans mourans, tous de marbre blanc des plus estimé. Pour acheuer le tour de Rome on vient à la porte del Popolo voisine de l'Eglise *de Ste. Marie del Populo*: Il y a deuant cette Eglise vn Obelisque dressé par commandement de Sixte V. qui le fit enleuer du

description de l'Italie. 251

grand Cirque où Auguste l'auoit fait mettre en le dediant au Soleil, elle est à quatre face d'vne pierre couuerte de Lettres Hieroglifiques: dans sa pointe il y a vne Croix & au pied vn grand bassin, d'où sort vne belle fontaine.

Dans *le Champ de Mars* qui est entre le mont Quirinal & le pont de Sixte on trouue le Mausolée d'Auguste. La ieunesse Romaine faisoit autrefois ses excercices en ce champ, & on y tenoit les assemblées pour la creation des Magistrats. Il est à propos de voir en ce quartier la belle *Colomne d'Antonin*, où sont representez les beaux faits de cét Empereur contre les Armeniens, les Allemans & les Parthes, le tout a demy relief par vne main des plus habiles. Il y a au dedans 207. degrez de marbre pour monter au plus haut : elle reçoit la clarté par 56. petites fenestres: au dessus est la statuë de S. Paul de bronze doré.

Le beau *Palais des Farnese* qui se trouue en la place du Duc, merite bien d'estre veu; il y a premierement dans la Cour deux admirables statuës d'Hercule, vne autre de Iupiter tenant auec celles de deux Gladiateurs; au commencement de l'escalier deux belles statuës, l'vne du Tibre & l'autre de l'Ocean: sur les degrez deux prisonniers barbares vestus à l'antique. Les chambres, les sales & les galeries sont pleines de belles peintures; la statuë du Duc Alexandre y a sous ses pieds la riuiere de l'Escaud & la Flandre à genoux deuant luy, auec vne victoire derriere qui le couronne: trois chiens de bronze y sont merueilleusement bien faits, & toutes les sttatuës cy dessus nommées sont d'vne grandeur qui surpasse la naturelle. La Bibliotheque renferme grand nombre de medailles & des pierres de prix taillées à l'antique, auecque plusieurs belles peintures. Sortant par la porte de derriere on voit vne grande statuë de l'Empereur Marc Aurele, & proche de la on conserue les statuës des trois Horaces & des trois

description de l'Italie. 253

Curiaces, vne statuë de Dircé, liée auec des tresses à la corne d'vn Taureau, c'est vn ouurage des plus estimez, fait tout d'vne piece par deux Rhodiots. Quelques maisons voisines gardent plusieurs antiquitez, statuës & inscriptions tres-curieuses. Au *Champ de Flore* dit *Campo de Fior*, on voit le *Palais des Vrsins* basti dans les ruines du theatre de Pompée, dont vne partie est restée entiere, il y a dans ce Palais plusieurs statuës qui meritent d'estre veuës, on y monstre le lieu ou Cesar fut tué. Dans le Palais du Cardinal *de Capo di Ferro* proche de ce mesme champ de Flore, il y a la representation des quatre Saisons de l'année auecque leurs proprietez, les quatre Elemens, & les complexions des corps humains, les figures de Mars, de Saturne, de Iupiter, & les larcins de Iupiter faits par Michel Ange. Auec grand nombre de statuës de Dieux, d'Empereurs, de Consuls, de Matrones, &c.

Le grand *Palais de la Chancelerie* du Pape est basty de marbre & d'autres belles pierres de l'Arc Gordian & de l'amphitheatre de Vespasien ou Colissée, deux grandes statuës se presentent à l'entrée de ce Palais, & dans le haut on voit les testes d'Antonin, de Septimie-Seuere, de Tite, de Domitien, d'Auguste, & de Gete Empereurs, celles d'vne femme Sabine, de Pyrrhe Roy des Epirotes, de Cupidon & autres. Dans le voisinage de ce lieu il y a la statuë du *Pasquin*, qu'õ dit estre celle d'vn soldat d'Alexandre, connuë pour les placards & satyres que l'on y affiche presque tous les iours. On a proposé autrefois aux Papes de la faire abbatre pour oster moyen aux medisances & aux railleries; mais vn d'entr'eux respondit à ceux qui luy conseilloient de faire ietter ce Pasquin dans le Tibre, qu'il auoit peur qu'il ne s'y conuertit en grenoüille & criast desormais iour & nuit, au lieu qu'on ne l'oyoit que de iour. La *Place Nauone* est accompagnée d'vne belle fontaine, auec vn grand bassin de marbre & diuerses statuës de mesme matiere, elle est le rendez vous & le seiour ordinaire des Charlatans. On peut s'acheminer de la au *Pantheon* le Temple de tous les Dieux basty par Agrippa ainsi que le témoigne l'inscription qui est au dessus du frontispice. On l'appelle aujourd'huy *l'Eglise de la Rotonde*, parce qu'elle est toute ronde sans aucunes fenestres ; elle reçoit la lumiere par la porte, & par vn grand trou rond qui est au couuert: Son portique est des plus beaux, auec treize colônes & leurs chapiteaux à la Syracusaine, les portes & les cheurons du plancher de l'entrée sont de bronze doré ; les colomnes de marbre non poly qu'ils appellent Granito d'vne grandeur & d'vne grosseur merueilleuse, ayans cinquante-trois pieds de haut & six d'espesseur. Autour de la muraille on voit encor les niches ou les anciés auoient placé leurs faux Dieux, selon le rang qu'ils leurs donnoient. Ayant passé la porte on trouue vn bastiment tout rond haut de 144. pieds & large de mesme non soustenu d'aucune colomnes. Le Pantheon a premierement esté couuert de lames d'argent puis de cuiure, & enfin de plomb par le Pape Martin II. Il est vn veritable chef d'œuure d'Architecture, & la piece la plus entiere & la plus admirable de toutes les anciennes qu'on voit à Rome. On peut voir en ce quartier plusieurs belles Eglises, & des Palais qui ont dequoy satisfaire les yeux & l'esprit. Mais le *Capitole*, nous inuite comme vn bastiment des plus renommés & des plus anciens de Rome, ses anciennes richesses & ornemens ont esté tels qu'on les a estimé iusqu'à 12000. talens ; on y monte par 128. degrez de marbre, que l'on dit auoir esté fait des aumosnes du peuple pour auoir esté deliuré de la peste au temps de S. Gregoire le Grand. A la descente on trouue deux statuës de Constantin & deux cheuaux de marbre de Castor & de Pollux. Dans le plus haut du Capitole on trouue l'Eglise *d'Ara cœli* deseruie par les Religieux de Sainct François, que nous appelons Cordeliers

liers, enrichie de divers marbres, & de plusieurs belles colomnes & soliueaux dorez, en ce mesme endroit estoit autrefois le Temple de Iupiter Feretrien. En la place du Capitole il y a vne grande statuë à cheual, quelques-vns disent qu'elle est celle de Marc-Aurele-Antonin, d'autres celle de L. Verus ou de Metellus. Le *Palais des Conseruateurs*, fait vne partie du Capitole ; entr'autres choses on y voit vn cheual qui tient vn Lyon auec les dents, le tout estimé vn chef d'œuure par Michel Ange, la mesure du pied Romain, vn pied de marbre dont le pouce est long d'vne coudée, le rauissement des Sabines, vne colomne à esperons de nauire qu'ils appelloient *Rostrata* dressée à l'honneur de C. Duillius apres qu'il eut vaincu les Carthaginois, les statuës d'Vranie & de l'Empereur Adrian, vne statuë d'Hercule de bronze doré, auecque la massuë en la main droite & vne pomme des Hesperides en la gauche, vn satyre de marbre auec des pieds de bouc, vne statuë de

R

bronze d'vn ieune garçon qui se tire vne espine du pied, on en void vne pareille dans le iardin de Fontainebleau : vne Louue de Bronze qui allaite Romulus & Remus. Les fragmens d'vne grande table de marbre, ou sont grauez les noms des Consuls, Dictateurs, & Censeurs Romains, iusqu'au temps d'Auguste : on conserue aussi en ce lieu les Fasces des Magistrats & Triomphes Romains, transportez en ce lieu par commandement de Paul III. les statuës de marbre de Leon X. de Gregoire XIII. & de Sixte V. & autres. On monstre proche de la vne colomne appellée *Milliaire*, autrefois dans le beau milieu de Rome & le commencement de tous les chemins d'Italie : vne grande statuë estenduë, qu'on estime estre celle du Rhin, l'on y a souuent affiché les responses aux mesdisances du Pasquin : la statuë du Nil auec vn Sphinx, celle de la riuiere du Tigre auec vn Tigre proche, meritent bien d'estre veuës. Aux extremitez du Capitole est le Rocher

Tarpejen, d'où les condānez estoient precipitez, au dessous on voit la *Chapelle de S. Pierre in Carcere*, où estoit la prison Tulliene.

Le *Mont-Palatin* sejour des anciens Empereurs, est comme au beau milieu de Rome, diuisé de celuy du Capitole par vne grande vallée, large de 800. pieds, où estoit anciennement la grande place Romaine; entre les anciens bastimens de ce quartier qui sont en grand nombre, il reste d'vn Temple de la Paix, vne colomne entiere canelée, la plus grande de toutes celles qu'on trouue à Rome; dans vn coin de la place il y a l'Arc de marbre de Vespasian, auquel on voit en relief la pompe de son triomphe & les despoüilles qu'il emporta de Ierusalem, comme l'Arche d'Alliance, le Chandelier à 7. branches, la Table des dix Propositions, les Tables des dix Commandemens que Dieu donna à Moyse, & les Vaisseaux sacrés de pur or dont les Iuifs se seruoient en leurs Sacrifices. Sur le mont Palatin il y a la vigne Farnese bien agreable, & on monstre proche de la le lieu du *Lac* ou Goufre Curcie ou Curce se precipita auec son cheual, pour deliurer ses compatriotes de la peste causée par la corruption de l'air qui sortoit de cette ouuerture. Vers le Leuant on rencontre l'Arc triomphal de Constantin; puis le Colisée ou Amphitheatre de Vespasian, de figure ouale, & rond par le dehors, capable autrefois de plus de 85000. personnes, basty de grandes & belles pierres c'est maintenant vn lieu de Manege & vn passage public, son Arene a 130. pas de long 80. de large: le tour de dehors est de 374. pas. Les Barbares n'ayant pû consumer par le feu ce beau bastiment, en ont percé les murailles en plusieurs endroits. Dans *l'Eglise de S. Pierre aux Liens* qui est soustenuë de vingt colomnes canelées, on garde les chaisnes qui attacherēt ce Sainct. On y voit vn Moyse admirable de marbre, fait de la main de Michel Ange. Sans s'arrester ailleurs il faut aller du costé du Septentrion, voir la belle *Colomne de Traian*, en la place qui en porte le nom; elle est haute de 128. pieds sans la base qui est de douze, composée de 24. pierres fort grandes, dont chacune a 8. degrez par lesquels on monte par dedans iusqu'au plus haut, & 44. fenestres y donnent la clarté; les beaux faits de cét Empereur en la Dace y sont si bien representez en demy relief, que cét ouurage est vn des plus merueilleux que l'on voye.

Monte-Cauallo est ainsi appellé à cause que l'on y trouue deux statuës Gegantesque d'Alexandre, qui tiennent deux cheuaux Bucephales de marbre par la bride, l'inscription de la base fait foy que ce sont des ouurages de Phidie & de Praxitele menez à Rome par Tiridate Roy d'Armenie & donnez à Neron: le nom ancien de *Mont Quirinal* est venu du Temple de Quirin ou Romulus. Le Palais que les Papes y ont fait bastir pour leur demeure d'Esté, est des plus agreables pour ses iardins, bocages, berceaux, allées, fontaines &

R iij

artifices d'eau. On y conte iusqu'à deux cens sources d'eau viue, qui forment autant de belles fontaines, celle de Clement VIII. est beaucoup considerable, on y voit l'Histoire de Moyse en œuure Mosaïque auec des anciennes statuës des Muses & de plusieurs Empereurs, & on y fait oüir des orgues qui sonnent, & des oyseaux qui chantent par la force de l'eau; vn petit bois de Laurier est remply de toutes sortes d'animaux de pierre, grands comme le Naturel, & si bien representez qu'ils semblent estre viuans, voila à peu pres ce qui merite d'estre veu dans Rome: Le Palais du Cardinal Mazarin sur ceste montagne merite bien d'estre veu, à cause de sa magnificence & de ses raretez : vers ce quartier estoit la maison de Ciceron & le lieu d'où Neron prenoit plaisir à voir l'embrasement de Rome. Si quelqu'vn a le temps & la curiosité d'en voir d'auantage, il ne manquera pas de rencontrer grand nombre d'objets qui le pourront satisfaire; il est temps de sortir de la ville, & auant que de voir la campagne de Rome, visiter les Eglises de S. Laurens, de S. Sebastien & de S. Paul.

On trouue celle de *S. Laurens* hors la ville de Rome en sortant par la porte qui a le nom de ce Sainct. L'Eglise est soustenuë par trente six colomnes de marbre & accompagnée d'vn Monastere de Chanoines Reguliers de S. Augustin. Dans vn lieu sousterrain on conserue les os de plusieurs martyrs & les Reliques de S. Laurens. L'Eglise de *S. Sebastien* est hors la porte de mesme nom, toute pauée de marbre. On y garde le corps de S. Estienne Pape & martyr, ceux de 46. Papes Beats, & les Reliques de plus de 174. mille martirs qui sont en des grottes appellées autrefois Catacombes, ou Rome sousterraine, l'on y descend auec de la lumiere & de bons guides. On fait voir dans cette Eglise la trace du pied de nostre Seigneur, laissée imprimée dans la pierre, lors qu'il mõta au Ciel en presence de ses Disci-

R iiij

ples. L'Eglise de S. Paul est à vn mille de Rome du costé d'Ostie: elle est longue de 120. pas large de 85. en forme de Croix pauée de marbre, & soustenuë de grand nombre de colomnes de mesme matiere, l'on y montre l'image du Crucifix qui parla à Saincte Brigide tandis qu'elle estoit en prieres. Iesus-Christ, Sainct Pierre, S. Paul, S. André auec tous les instrumens de la Passion & mort du Sauueur du monde, y sont merueilleusement bien representez en Mosaïque. Les Portes de l'Eglise sont de bronze auec les figures de diuerses histoires Sainctes. La Sacristie a beaucoup de Reliques, entr'autres la colomne sur laquelle on trancha la teste à S. Paul, les restes de plusieurs milliers de Chrestiens martyrisés par ordre de Neron, la teste de la Samaritaine, & la chaisne auecque laquelle on lia S. Paul. L'Eglise est aujourd'huy gouuernée par des Benedictins de la Congregation du mont Cassin, on voit proche de la les trois fontaines qui sortirent aux

description de l'Italie. 265

trois endroits ou frapa la teste de S. Paul, sautant sur la terre, en memoire dequoy on y a basty vne fort belle Eglise & vne Abbaye de grand reuenu.

Apres la ville de Rome il y en a plusieurs autres Capitales, dans les Prouinces qui composent l'Estat Ecclesiastique: *Viterbe* est dans le Patrimoine de S. Pierre, Rauenne dans la Romagne, les autres donnent le nom aux Prouinces ou elles se trouuent.

La *Campagne de Rome* est sur la mer de Toscane à gauche du Tibre; elle comprenoit vne partie du Royaume de Naples ou est Gaiete & Fondi, lors que les anciens la bornoient par le Garigliano: elle fut autrefois appellée *Latium*, & ses anciens habitans ont esté les Aborigenes, les Siciliens, les Pelasges, les Arcades, les Troyens, les Aurunces, les Volsques, les Osques, les Ausones, les Herniques, les Æques, les Marses & autres dont les noms sont peu connus. La riuiere de Teuerone qui sert de borne à cette Pro-

Campagne de Rome,

uince vers le Couchant d'Esté, se rend dans le Tibre vn peu au dessus de Rome ; ses eaus ont beaucoup de salpestre, c'est pourquoy les habitans voisins du Tibre meslent toutes les deux eaus pour les conseruer long-temps : au fonds du Teuerone on trouue de petites pierres, les vnes longues, les autres rondes, qui semblent de la dragée d'aniz, d'amande, de coriande & de canelle: on en remplit des boëttes pour se rire des plus grossiers & pour tromper les petits enfans, en leur disant que c'est de la dragée de Tiuoli. Cette riuiere a sa naissance vers *Subiaco*, autrefois la retraicte de S. Benoist, & aujourd'huy fameuse Abbaye, ou l'on voit les restes d'vn des plus beaux aqueducts de toute l'Italie. L'air du pays est grossier & la coste mal peuplée en suitte du mauuais air, dont on attribuë la cause aux eaus croupissantes & à l'humidité du terroir : la ville mesmes de Rome n'en est pas exempte, aussi les Medecins y defendent la sortie du matin, lors que le Soleil n'a pû encor éclaircir l'air, ils y defendent aussi pour maintenir la santé de sortir trop tard, & lors que le temps est couuert: quelques Vers Latins à Saincte Marie de la Minerue prescriuent le moyen de se conseruer. Ils portent que l'air de Rome defait les Estrangers, qu'il est nuisible à ceux du pays : mais que pour s'y maintenir en bon estat, les estrangers doiuent prendre Medecine sept iours apres qu'ils y sont arriuez, euiter les lieux de mauuaise odeur, trauailler peu, se garder d'endurer trop long temps la faim & le froid, s'abstenir du fruit & des femmes, aussi bien que de boire de l'eau fraiche.

Nous auons veu cy dessus la ville de Rome la capitale de la Prouince, & de tout l'Estat Ecclesiastique : voicy les autres places remarquables qui se trouuent en cette campagne.

Tiuoli a 15. m. de Rome doit estre visité si on veut contenter sa curiosité pour l'antique, pour les iardins, pour les bastimens, pour les peintures & pour les fontaines, il passe dans le sentiment des experts, pour le plus gentil, pour le plus curieux & pour le plus diuersifié de tous les beaux lieux de l'Italie. On trouue sur le chemin plusieurs tours qui sont les restes des metairies des anciens Romains, plusieurs aqueducs, inscriptions, & autres antiquitez. L'air au reste y est des meilleurs & son voisinage fournit largement cette belle pierre que l'on appelle Trauertine, employée dans les plus beaux bastimens de Rome. La principale Eglise est accompagnée du superbe Sepulchre du Cardinal Hippolite d'Est, fait de diuers marbres; vne grande statuë de marbre blanc y represente ce Cardinal, qui depensa plus de trois millions de liures pour faire bastir le Palais & dresser les iardins, qui n'ont pas leurs pareils dans Tiuoly & dans les enuirons de Rome.

Ce Palais est si agreable & si richement meublé, qu'il semble n'estre destiné que pour les delices : il a la veuë sur quatre iardins qui sont au dessous, où l'on rencontre toute sorte de choses qui peuuent donner du contentement: auant que d'y d'escendre on trouue les statuës de Thetis, & d'Esculape, d'Arethuse, de Pandore, de Pomone & de Flore; auecque leurs fontaines. Descendant dans le premier iardin, on trouue à main droite le Colosse du Cheual Pegase, qui de son pied fait reiallir en haut vne belle fontaine: on trouue en suitte dans le bois & dans les Rochers vne cauerne ou proche des statuës de Venus & de Bacchus quatre Amours font autant de fontaines auecque leurs bouteilles: deux ruisseaux descendent des rochers dans vn lac voisin, auec grand tintamare, & à costé il y a deux colosses, l'vn de la Sibylle Tiburtine ou Albunée, & l'autre de Melicerte. Proche du Lac 2. statuës des fleuues Anien & Herculanée auec des vases, & les statuës de dix Nimphes auecque des cruches font couler leurs eaus dans le Lac. A l'autre costé du iardin on voit Rome representée en Deesse guerriere au milieu de ses sept collines : sa statuë est de marbre Parien plus grande qu'vne homme en forme de Vierge, auecque la robe courte & troussée, le genouil nud, l'espée au costé, la salade en teste, vn d'ard à la main droite, & vn écu à la gauche; les bastimens qui l'enuironnent sont le Pantheon, le Capitole, & les principaux Cirques, Theatres, Colomnes, Obelisques, Mausolées, Arcs de Triomphe, Pyramides, Aqueducs & Estuues; le Tibre y verse de l'eau d'vne grande vrne par la Cité & dans le milieu de son cours, il fait voir vne Isle en forme d'vn Nauire de pierre, où il y a pour mast vn Obelisque. Diuerses autres statuës d'Hermites & de Bergers sont si bien faites qu'on les estimeroit animées. Descendant dans le second iardin on trouue entre certains rochers vn bocage verd que l'on pourroit à juste titre nommer le lieu des oyseaux, pour ce qu'ō y voit sur les branches des arbres plusieurs figures d'oyseaux qui chātent & qui battent des aisles, comme s'ils estoient en vie, & tout cela par

description de l'Italie. 271

le moyen du vent & de l'eau, & de certaines petites cannes cachées adroitement dans les branches des arbres. Il y a pareillement des machines qui les font cesser de chanter, lors que le Hibou paroist. Il faut voir en suitte la fontaine des Dragons, qui font sortir l'eau par leur bouche, ayans au beau milieu des Trompettes qui par leurs jets d'eau font vn bruit aussi grand que le tonnerre & les canons; cette mesme fontaine represente auec son eau la Girandola qui se fait à Rome auec le feu. La Grotte de la nature à des orgues qui rendent vne merueilleuse harmonie au moyen des soufflets, aidez seulement par le mouuement de l'eau. Le troisiesme iardin a plusieurs fontaines & des reseruoirs pleins de Cygnes & de poissons, on voit au milieu l'effigie de l'Ocean posée en demy cercle, sur vn chariot de marbre fait en façon de Coquille de Venus Marine, le tout tiré par quatre cheuaux marins qui ont au dessus vn grand Neptune auec son Trident. Le dernier iardin a d'vn costé la fontaine de Triton & de l'autre celle de Venus: il a des Labirinthes aussi agreables que pleins d'artifices. Et ceux qui seront icy sur les lieux verront beaucoup d'autres particularitez que ie laisse pour venir à Frascati.

Frascati Frascati à dix ou douze mille de Rome vers l'Orient, a en son voisinage les ruynes de l'ancienne *Tusculum*, le *Tusculan* de Ciceron renommé pour les questions Tusculaines qu'y fit ce grand personnage, & pareillement la maison de campagne de Luculle. Cette ville n'est pas belle, mais le Palais & le Iardin du Cardinal Aldobrandin sont si superbes & si delicieux que Paul V. nommoit quelquefois en riant le Cardinal Aldobrandin Seigneur de Frascati. On monte de la ville à ce Palais par vn chemin large, fait en allée, bordé des deux costez d'vne haye viue, beaucoup plus haute qu'vn homme à cheual: au bout de cette allée on trouue vne belle fontaine, puis vne platteforme

forme en demy cercle, bordée de vases à l'antique, remplis de diuerses plantes: on entre ensuitte en la Cour du Palais, où plusieurs statuës peuuent ietter l'eau de tous costez. Il y fait merueillement beau voir la sale des neuf muses qui accompagnent Apollon sur le mont Parnasse, auec leurs instrumens que l'on peut faire joüer par des artifices; le Cheual Pegase battant le roc auecque le pied en fait sortir l'eau; les orgues d'eau, & le concert des oyseaux, n'y cedent en rien au chant de ceux qui ont vie; & non seulement l'eau, mais aussi l'air y agissent auec des ressorts tout à fait extraordinaires. On y a percé auec grand trauail vne montagne pour faire passer vn conduit d'eau de cinq milles; on y a fait precipiter en bas auec diuerses cheutes vn torrent par plus de cent degrez, qui seruent d'eschelle au pendant de la mesme montagne toute verte & ombragée de diuerses plantes. Outre plusieurs petits sentiers aux enuirons, de cette montagne, on y a la commodité d'en

S

faire la Tour & d'y monter en carrosse, bien qu'elle soit d'vne hauteur considerable, il y a tant d'autres particularitez à voir en ce Palais, que les plus curieux en sortent grandement satisfaits.

Du costé de Tiuoli & de Frascati il y a les principautez de *Palestrina*, de *Gallicano*, & de *Colonna*, les Duchez de *Poli*, de *San-Gregorio*, & de *Zagarolo*.

Finochio. *Hosteria di Finochio* au Septentrion de Frascati, occupe le lieu de l'ancienne ville des *Gabiens* renommée dans l'Histoire pour le Stratageme de Tarquin, & pour la victoire que Camillus remporta sur les Gaulois.

Monte-Algido. *Monte-Algido*, dans le mesme voisinage est le lieu ou Virginius, fit mourir sa fille, plustost que de la laisser en la puissance d'Appius Claudius.

Ceux qui vont de Rome à Naples passent ordinairement par *Velletri*, lieu de naissance des predecesseurs d'Auguste; ils laissent à gauche *Segni*.
Segni. ville Episcopale, renommée pour l'inuention des Orgues.

Frosinone. *Frosinone* patrie des Papes Hor-

description de l'Italie.

misda & Siluerius; & plus auant en terre *Anagni*, *Ferentino*, *Veroli*, & *Alatro* villes & Eueschez.

Fumone connu pour la mort de S. Pierre Celestin, lequel y fut renfer- *Fumone* mé par son successeur Boniface VIII.

A gauche du grand chemin ils peu- uent aller voir *Albano* Principauté *Albano* qui garde le nom des anciens Albains les ruynes d'*Aricia* de *Lauinium*, de *Laurentum*, d'*Ardea* & d'autres villes considerables dans le commence- ment de l'Empire de Rome.

Laurentum aujourd'huy *Patrica* a *Patrica* esté la demeure de Pic Roy des Abo- rigenes, *Ardea* sejour des Roys Ru- *Ardea.* tules est demeurée la plus entiere.

Les places suiuantes sont le long de la coste.

Ostia est à l'embouchure du Tibre *Ostia.* accompagnée de quelques salines. Cette ville ayant esté souuent ruy- née, le Pape Leon IV. la reparée & Martin V. y a fait faire vn bon Cha- steau. Elle est sur le bras gauche de la riuiere qui en cet endroit forme l'*Isola Sacra*; le bras droit qui se trouue

S ij

vers le Couchãt est appellé *Fiumecino*.

Nettano. Nettano est proche des ruynes de l'ancienne ville *Antium*, renommée pour la premiere bataille Naualle que gagnerent les anciens Romains.

Astura. Astura est le lieu où l'on fit mourir Ciceron, lors qu'il se retiroit pour euiter la vengeance de Marc Antoine. Conradin petit fils de l'Empereur Federic II. y a pareillement esté defait par le Duc d'Anjou, & du depuis decapité. Sur vne petite riuiere de mesme nom est *Fossa Nuoua*, Monastere de l'Ordre de Cisteaux, où est mort S. Thomas.

Monte-Circello Monte-Circello a esté la demeure de la Magicienne Circe que l'on disoit transformer les hommes en bestes; Strabon dit que de son temps on y monstroit encor la coupe, ou cette Magicienne faisoit boire Vlisse: Les Papes y ont cy deuant fait faire vn Chasteau pour leur seruir de retraite au besoin. Celestin II. a demeuré long temps en celuy de *S. Felicita*, qui se trouue au bas de la montagne proche de la mer.

Terracina est la derniere ville de *l'Estat Ecclesiastique* sur la mer du coste de l'Orient. *Terracina.*

Entre Nettuno & Terracina sont les *Marais Pontins*, qui ont autrefois eu iusqu'à vingt & quatre villes, apres qu'ils eurent esté mis à sec par Cornelius Cethegus Romain. Theodoric Roy des Gots & le Pape Sixte V. ont pareillement fait trauailler pour les dessecher, mais cette entreprise n'a pas esté mise afin, *Marais Ptins.*

LE *Patrimoine de S. Pierre* est ainsi appellé pour auoir esté donné au Sainct Siege par la Comtesse Matilde il y a cinq cent cinquante ans : il fait partie de l'ancienne Toscane & s'estend le long de la mer de mesme nom depuis la riuiere *Pescia* iusqu'au Tibre. *Patrimoine de S. Pierre.*

Viterbe la ville Capitale est assise dans vne plaine, proche d'vne montagne appellée autrefois *Mons Ciminius*, l'Eglise Catedrale y conserue les Sepultures de 4. Papes, Iean XXI. *Viterbe*

Alexandre IV. Adrien V. & Clement IV. L'Eglise de Saincte Rose y est en possession du corps de cette Beate. Plusieurs artisans de Viterbe ont la reputation de faire de bons esperons.

Bolsena — *Bolsena* ancienne ville des Vulsiniens, est sur vn Lac de mesme nom où il y a deux Isles, dont l'vne appellée *Martana* est connuë par le meurtre de la braue Amalasonte Reine des Gots; l'on garde à Bolsena le corps de Saincte Christine, & la ville est remarquée par plusieurs, à cause d'vn Miracle du S. Sacrement.

Monte-Fiascone — *Monte-Fiascone* Mont des Falisques proche du mesme Lac de Bolsene, est renommé pour son bon muscat & pour son territoire qui est grandement fertile & agreable tout ensemble. En cette partie de la Prouince plusieurs petites places meritent d'estre connuës.

Bagnaia — *Bagnaia*, pour ses belles allées & pour ses beaux iardins, où il y a vne belle chute d'eau & huit fontaines, l'vne d'essus l'autre. A droite & à

description de l'Italie. 279

gauche on trouue deux caffines, chacune bien meublée & remplie de tableaux des plus excellens maistres; & plus auant deux terrasses couuertes & deux grottes. Il y a dans le Parc plusieurs fontaines, deux belles pescheries, où l'on garde la nege & la glace.

La *Madona de la Quercia* qui est proche, est considerable pour sa belle Eglise, où il y a vne image miraculeuse dans le chefne auec force vœux; l'Eglise est accompagnée de deux beaux Cloistres & seruie par les Dominicains.

Vitorchiana, pour la fidelité que ses habitans ont tesmoigné enuers le peuple Romain.

Vitorchiana.

Soriano, autrefois l'vne des plus fortes places d'Italie bastie par Nicolas III. de la famille des Vrsins.

Soriano.

Bassanello proche d'vn Lac appellé autrefois *Lacus Vadimonis* est remarquée dans l'histoire ancienne pour la deffaite d'vn reste de Gaulois par Dolabella.

Bassanello.

Vers le milieu du pays.

S iiij

Sutri.   Sutri est vne ancienne cité, à presfent peu habitée.

Monte-roſi.   Monteroſi qui en est proche, est renommée pour ses bains.

Nepi.   Nepi a pareillement titre de Cité.

Orta. Cita-Caſtel-lana. Porto.   Dans le voiſinage du Tibre, *Orta*, *Cita Caſtelana* & *Porto* ſont Citez, celle-cy proche de *l'Iſola Sacra*, qui est du Patrimoine S. Pierre: *Fiano* a titre de Duché & la *Varcafoſſa* autrefois *Cremera* est connu dans l'histoire pour la defaite des 300. Fabiens.

Vers la mer Mediterranée *Corneto*
Corneto Tolfa. a titre d'Eueſché. *Tolfa* est accompagné de pluſieurs minieres d'alun, qui font vn bon reuenu au Pape.

Ciuita-Vechia   Ciuita-Vechia a vn Chaſteau conſiderable, auec vn port qui est le ſeiour ordinaire des Galeres du Pape.

Palo   Palo est vne forterefſe ſur la coſte des dependances du Duché de Bracciano.

Le Duché de *Caſtro*, & le Comté de *Roncillon*, des appartenances des Ducs de Parme ſont enfermez en cette Prouince, comme auſſi le Duché de *Bracciano* aux enuirons d'vn Lac de *description d'Italie.* 281

mesme nom à la maison des Vrsins. Le Comté de *Petillan* se trouue entre le Siennois & le Duché de Castro, auec vne place de mesme nom.

La ville de *Castro* est enuironnée de precipices qui en rendent les aduenuës tres-difficiles; elle a en son voisinage le Chasteau *Farnese* qui porte le nom de la famille dont estoit le Pape Paul III. *Roncillon* est chef d'vn Comté de mesme nom, mais *Caprarole* est bien plus remarquable.

Castro.
Farnese.
Roncillon.
Caprarole.

Ce beau Palais est vn ouurage du fameux Architecte Vignole, basty par ordre du Cardinal Alexandre Farnese: il surpasse en excellence d'Architecture tous les bastimens anciens & modernes; il est en Pentagone auecque cinq faces fort hautes toutes egales, & vne cour au milieu parfaitemét rõde, de mesme que les Corridors ou Galeries qui l'enuirõnent, & neantmoins les sales & les chambres sont toutes ou carrées, ou carre-longues: dauantage il y a autant de logement au dessous terre, comme au dessus. Les tapisseries &

les autres meubles y sont des plus riches & les statuës des plus belles. On y voit quantité de tableaux faits par les plus excellens peintres d'Italie, & des tables composées de diuerses pierres precieuses.

Les belles allées du Iardin, les fontaines, les parterres & les autres embellissemens ressentent vne pareille magnificence.

Terre Sabine. LA *Terre Sabine* est pleine de collines qui sont couuertes de vignes, de figuiers, & d'autres arbres fruitiers : on y recouure abondamment le petit raisin sans pepin qu'ils appellent *Vua Passerina*, autant estimé que celuy de Corinthe. Le nom de cette Prouince est tres ancien, aussi bien que celuy des peuples *Sabins* dont les filles & les femmes furent autrefois enleuées par les premiers Romains qui pour cét effet leur auoient preparés des ieux & des spectacles.

Vescouie, appelle *Cures* chez les anciens, porte le nom de l'Euesché du pays, l'vn des six qui sont affectez à autant de Cardinaux.

Otricoli atribué quelquefois à l'Ombrie, est bien connu à ceux qui vont de Rome à Lorete: on dit qu'il y a eu autrefois depuis Otricoli iusqu'à Rome des maisons qui seruoient côme de fauxbourg à cette grande ville, & Constance Auguste y passant creut qu'il estoit encor au milieu de la ville.

Magliana est vne iolie ville, estimée la principale de la Prouince.

Lamentana autrefois *Nomentum* donne son nom à vn grand chemin, elle est la patrie de Crescentius qui se maintint long temps côtre les Goths, & qui defendit le Chasteau de S. Ange, lors que cette forteresse, qu'il fit appeller le Chasteau de Crescentius portoit encor le nom de l'Empereur Adrien.

La petite riuiere *Allia* qui se rend auiourd'huy dans le Tibre sous le nom de *Rio Caminato* est renommée à cause d'vne defaite des Romains.

Ombrie L'Ombrie est appellée Duché de Spolete de la ville principale qui eut le titre de Duché, en consideration de la demeure des Ducs establis par l'Exarque Longin, & continués par les Lombards; les etimologistes font venir le nom d'Ombrie de l'Ombre de l'Appennin qui regne en plusieurs endroits de cette Prouince.

Spolete La ville de Spolete est accompagnée d'vn Chasteau; son assiette est sur vne môtagne où l'on voit les fondemens d'vn ancien theatre, & le Temple de la Concorde: l'Eglise Cathedrale y a des murailles de marbre: vn pont de pierres soustenu de 24. piles, ioint la plus haute partie de la ville au Chasteau, elle a resisté à Annibal & quelques Roys Gots y ont fait leur sejour, Theodoric entr'autres y a fait bastir vn superbe Palais qui s'y voit encor. La ville est belle & forte, bien qu'elle ait esté souuent ruynée, les habitans y sont guerriers, & la vallée qui en est proche abonde en toutes sortes de commoditez.

description de l'Italie.

Les principales places du pays apres Spolete sont *Todi* sur le Tibre *Todi.* toute ruinée par les guerres ciuiles, elle est la patrie du Pape S. Martin, qui fut exilé par l'Empereur Constance III.

Vers le Midy de Spolete on trouue les places de *San-Gemini, Cesi,* & *Sparte,* auec titre de Duchez, *Amelia* connu *Amelia* pour ses raisins les plus delicats de l'Italie.

Narni & Terni sont sur la Nera: *Nerni*, autrefois *Nequinum* peut estre *Narni.* à cause de la malice de ses habitans, est assis sur vn haut, d'où elle decouure en bas la Nera, auecque trois fontaines de bronze, dont les eaus viennent d'vn Aqueduc de 15. milles & passent au dessous des montagnes.

Terni la patrie de Corneille Tacite, est renommée pour ses bons pigeons, *Terni.* & pour ses grandes raues, dont quelques-vnes ont pesé iusqu'à trente & qnarante liures chacunes; la fertilité des enuirons de Terni est telle que l'on y a souuent fauché les prez trois & quatrefois l'année. Autour de la Nera du costé de Narni on trouue vne terre merueilleuse qui se conuertit en bouë, au temps de secheresse, & qui se resout en poudre, lors qu'il pleut.

Pie-di-Luco. Vers l'Orient de Spolete on trouue *Pie-di-Luco*, dont le Lac est estimé le milieu de l'Italie, auec plusieurs particularités: il a des truites & des tanches sans arrestes, son eau à ce que disent les habitans putrifie en peu de iours le bois que l'on y iette.

Rieti. Rieti est dans le plus fertile pays de l'Italie selon Tacite; les asnes y sont grandement estimés, à cause que leur corne s'endurcit à l'eau.

Norcia Norcia est connu pour la naissance du grand Capitaine Sertorius, & pour celle de S. Benoist: le *Lac de Norcia* est fameux par l'opinion du vulgaire qui dit que le Diable s'y promene, peut-estre à cause des vents qui se coulent dans les replis des montagnes voisines, & qui font emouuoir ses eaus. Cela donne suiet aux Magiciens d'y faire souuent leur rendez-vous & aux habitans de faire garde pour leur en empescher l'abord, la cauerne de la Sibille qui se trouue pareillement en ces quartiers est estimée l'entrée, par laquelle on va voir vne Sibille, ou vne Fée qui possede vn beau Royaume, ou plusieurs hommes & femmes prennent toutes sortes de plaisirs pendant le iour & se conuertissent la nuit en serpents.

Cereto sur la Nera est en estime de fournir des Charlatans à vne bonne partie de l'Italie. *Cereta*

Vers le Couchant de Spolete on trouue *Monte-Falcone* patrie & lieu depositaire du corps de Saincte Claire, au cœur de laquelle on trouua grauez tous les misteres de la passion de nostre Seigneur.

Assise est glorieux du corps de S. François, qui est chez les Cordeliers, on y voit trois Eglises l'vne sur l'autre, la plus basse est celle ou repose le corps de ce Sainct tout debout, les yeux ouuerts & eleuez au Ciel & les bras croisez: elle est toute murée afin que personne n'y descende. A deux milles d'Assise il y a la fa- *Assisi.*

meuse deuotion de Nostre Dame des

Folligni. Anges. *Foligni* est renommé pour ses foires & pour ses confitures estimées les meilleures de l'Italie: ses habitans ont la reputation d'estre grandement vindicatifs.

Beuagna. *Beuagna* autresfois *Meuania* patrie de Properce donne son nom à vne vallée qui en est proche.

ON trouuera le Pays d'Oruiete de petite estenduë, si l'on a esgard aux autres Prouinces de l'Estat Ecclesiastique: il est au Couchant du Tibre, diuisé comme en deux parties égales par la riuiere Daglia.

Oruiete. La ville d'*Oruiete* est naturellement ceinte d'vn mur de viue roche qui la rend comme imprenable, elle a vn puis admirable ou l'on descend par vn costé, & où l'on remonte par l'autre, auecque 550. degrez & 70. fenestres, le dome y est vne des belles pieces d'Italie, on voit en sa Facade de tres belles peintures à la Mosaïque, quantité de petites statuës de marbre des mieux trauaillées.

Bagnarea

Bagnarea, auec titre d'Euesché est la patrie de S. Bonauenture.

Acqua pendente, est ainsi nommé de ses eaus.

Onano, à titre de Duché.

Ponte-Centino est connu par le chemin de Rome à Sienne.

La ville de *Peruge* communique son nom à sa Prouince, & au fameux Lac de Trasimene proche duquel arriua la sanglante defaite des Romains sous le Consul Flaminius, qui voulant donner cette malheureuse bataille contre la volonté du Senat & l'aduis des augures fut deffait & tué par Annibal Capitaine des Cartaginois; elle est bastie sur vne colline, pauée de carreaux de brique, defenduë de plusieurs bastions & d'vne Citadelle qui fut faite par ordre de Paul III. au dessus de la grande place pour retenir les Bourgeois en leur deuoir. Son Vniuersité & ses Colleges la font beaucoup renommer en Italie. Son Eglise Cathedrale dediée à Sainct Laurens a vne belle statuë du Pape susnommé toute de bronze, l'on y monstre à ce que l'on dit la bague nuptiale de la Vierge Marie. L'Eglise de S. Pierre a de belles colomnes de marbre qui la soustiennent & d'excellentes peintures à la Mosaïque le long de ses murailles. La ville a soustenu vn siege de dix ans contre Totilas Roy des Gots, qui enfin la prit & la ruyna; elle a plusieurs autrefois esté ruynées & neantmoins elle est encor bien considerable, & le seiour d'vn des Legats du Pape.

Fratta. Fratta sur le Tibre est la meilleure ville du pays apres Peruge.

Castiglione de Lago Passignano. Castiglione qu'ils nomment *de Lago*, est sur le Lac de Peruge de mesme que *Passignano* qui se trouue proche du lieu où les Romains furent deffaits, appellé encor auiourd'huy *Ossaria* à 6. milles au dessous de Peruge. Il y a sur la gauche du Tibre le bourg de *Diruta* où se fait la belle vaisselle

Diruta. de terre qui semble dorée & que l'on appelle Mallorquine, parce que l'inuention est premierement venuë d'vne des Isles de Mallorque. De l'autre costé du Tibre est vne leuée de terre nommée *La Colina* qui sert d'empeschement aux frequents debordements de cette Riuiere.

LE Comté de *Citta di Castello* a peu de choses considerables, outre sa ville Capitale de mesme nom que l'on a beaucoup fortifiée à cause du voisinage du Grand Duc: elle a donné l'origine à la noble famille des Vitelli, dont plusieurs se sont faits connoistre dans les guerres de Hongrie & d'Italie. *Citta di Castello.*

LA *Marche-d'Ancone* autrefois *Picenum* a eu son nom de la ville principale, où les Lombards establirent vn de leurs Marquisats; elle se trouue entre le Golfe de Venise, le Duché d'Vrbin, l'Ombrie, & le Royaume de Naples: elle est tres-fertile, pleine de vignes, d'oliuiers, & d'autres arbres fruitiers, principalement le long de la mer, où l'on recouure grande quantité d'oranges, de citrõs, de limons & de figues: la chasse & la pesche y sont également considera- *Marche d'Ancone.*

bles, Ce seul pays a autrefois mis sur pied iusqu'à 15. mille hommes pour aller secourir le Pape Clement VII. à Oruiete.

Ancone La ville *d'Ancone* est fortifiée de plusieurs bastions & forts qu'ils appellent Rauelins, où il y a grande quantité de canons: le Pape cy dessus y a fait bastir vne forteresse qui sert de demeure à son Legat, lorsqu'il fait sejour à Ancone. Le port y a esté si estimé, que l'on a dit en prouerbe, *Porto-d'Ancona, Torre di Cremona,* & *Petro di Roma*; il est encor vn des plus renommez de l'Italie par l'abord des Marchands Grecs, Slauons, *Dalmatins, Hongrois,* & autres, il a esté autrefois entierement fermé de marbre: des colomnes eloignées raisonnablement les vnes des autres, seruoient à attacher les vaisseaux; on descendoit à la mer par plusieurs beaux degrez à present mal entretenus, & deux chaisnes fermoient l'entrée du port. L'Arc de Triomphe dressé par les Romains en l'honneur de l'Empereur Trajan, est vne

description de l'Italie.

des plus belles pieces que l'on puisse voir, à cause des beaux chariots de triomphe & des trophées dont il est chargé, Il y a plusieurs belles Eglises. On monte à celle de S. François par 60. beaux degrez. Entr'autres ouurages ou ceux d'Ancone reussissent le mieux, ils blanchissent parfaitement bien la cire, Le *Mont Guasco* voisin d'Ancone est considerable par l'Eglise de S. Ciriac enrichie de diuers marbre, tres rares & d'vne Architecture admirable auecque plusieurs corps & reliques de Saincts & diuers dons que l'on y a fait,

Plus auant vers l'Orient est le lieu de *Sirolo* renommé pour ses bons vins qu'ils appellent Siroli. On voit en- suitte la Cité d'*Humana* tout en ruines & enfin la Cité de Lorete, le lieu depositaire de la chambre de la Vierge conuertie en Chapelle.

La ville est sur vn haut, bien bastionnée & fortifiée pour se defendre des attaques des Turcs & des Corsaires qui ont eu souuent le dessein d'enleuer les grands tresors que l'on

Sirolo
Humana,
Lorete.

y garde. On y fait aussi bonne chere de chair & de poisson qu'en aucune autre ville d'Italie. La chambre de la Vierge est celle où elle a esté née & nourrie ; elle est dans l'Eglise qui est toute revestuë de tables de beau marbre, où est entaillée l'histoire de ladite chambre que l'on n'a jamais pû faire joindre à la chapelle. Cette chambre où l'on est touché d'une devotion tout extraordinaire. Cette chambre ou Chapelle fut premierement portée de Nazareth en Esclauonie par les Anges, puis à Recanati, où l'on voit encor sa place & enfin à Lorette où elle s'est arrestée : elle est voutée & bastie de gros carreaux de brique, on voit contre la muraille un portrait de nostre Seigneur & celuy de la Vierge peints en huyle à ce qu'on dit par S. Luc. Autre-fois le jour y entroit d'enhaut par une fenestre ronde, on y voit encor aujour-d'huy derriere l'Autel la petite cheminée de la Vierge, elle se ferme auec 2. fenestres d'argent & chacũ y jette son offrande, grand nombre de lampes d'or & d'argent touſiours ardantes y pendent deuant l'Autel, On y voit contre vne feneſtre de marbre vn Ange & vne Vierge en relief, qui marquent l'endroit où la Vierge apperceut premierement l'Ange & receut le ſalut. L'image de la Vierge a vne robe toute couuerte de perles & vne couronne d'or enrichie de pierreries ſur la teſte, où il y a vne eſcarboucle au deſſus gros comme vn œuf. Il ſeroit difficille d'exprimer le grãd nombre de couronnes des offrandes & de vœux, qui ſont aux colomnes & aux murailles de l'Egliſe, les Sacriſties renfermẽt des richeſſes immenſes par le moyen des preſens continuels que font en cette Egliſe, les Souuerains, les Princes, les Seigneurs & les plus grands de la Chreſtienté.

On y voit treize Apoſtres d'argent maſſifs de la hauteur d'vne coudée, quantité de grandes lampes qui n'õt pû eſtre miſes dans la Chapelle, grãd nombre de Calices couuerts & des Croix d'or, & de Criſtal des mieux trauaillez, vn Calice de Lapis, auec que le couuert de mesme garny d'or émaillé, & au dessus vne Croix & vne fleur de Lys de diamant, que le Roy Henry III. donna à son retour de Pologne. Vne garniture de Chapelle toute de Cristal garny d'or, donnée par vn Duc de Lorraine ; les Chappes & les Aubes de toilles de drap d'or en broderie, & autrement y sont les plus belles que l'on puisse voir deuant le portail de l'Eglise est la figure du Pape Sixte V. eleuée en bronze. On y trouue des Confesseurs Iesuites pour toutes les nations de l'Europe, ces bons Peres demeurent dans le Palais, & la ville est pleine de Marchands, qui ont des Chapelets & des Rosaires de toutes sortes, des tableaux, des Images, des medailles & autres pieces de deuotion.

Du costé du Royaume de Naples il y a *Fermo* Archeuesché.

Fermo.
Ripa-Trasone
Acqua-viua.

Ripa Transone grandement peuplée.

Acqua-Viua qui communique son nom à vne famille bien connuë en Italie.

Montalto & *Ascoli* Citez.

description de l'Italie. 297

Sur le chemin de Rome on trouve Recatiati ville assise en longueur sur une montagne, connuë pour ses belles femmes & pour les foires qui s'y tiennent Gregoire XII. qui se deffit de son Pontificat est enterré en l'Eglise Cathedrale. *Recanati.*

Macerata la seconde ville du pays est pareillement sur un haut, la residence du Legat aussi bien qu'Ancone. *Macerata.*

Tolentino garde les Reliques de S. Nicolas de Tolentin de l'ordre de S. Augustin. *Tolentino.*

Sanseuerino porte le nom de ces Seigneurs qui ont donné des marques de leur valeur & de leur conduitte en Italie: Il y a un autre Sanseuerino en la principauté Citerieure du Royaume de Naples. *Sanseuerino.*

Camerino qui a tiltre du Duché, a autrefois assisté les Romains en beaucoup d'occasions. *Camerino.*

Vers le Duché d'Vrbin on trouve *Osmo* qui fut long temps defendu par les Gots contre Belissaire. *Osmo.*

Iesi sur le fleuve *Æsis* auiourd'huy *Fiumesine*, qui seruoit autrefois de *Iesi.*

borne à l'Italie & à la Gaule Cispadane.

Sasso-Ferrato. Sasso-Ferrato ainsi appellé des Grottes & des Forges de fer qui s'y voient, la patrie de Bertole fameux Iurisconsulte.

Fabriano. Fabriano auec titre de Principauté est renommé pour son bon papier.

Duché d'Vrbin. LE Duché d'Vrbin a huict villes Episcopales, trois bons ports, sept ou huict forteresses & 350. places fermées: Il y a 25. ans qu'il auoit encor son Duc particulier, mais l'Estat a esté reüny au S. Siege l'an 1631. le l'an mil six cens trente-vn, le dernier Duc a esté Guy Vbald.

Vrbin. Vrbin la Metropolitaine du pays est siege d'vn Archeuesque, assise sur vne montagne: elle est à la verité petite, mais accompagnée d'vn beau Palais, basti par ordre du Duc Federic, orné de plusieurs anciennes statuës de marbre & de bronze, de peintures excellentes, & d'vne Bibliotéque pleine de Liures curieux enrichis d'or & d'argent. Cette ville a fourny à l'Italie vn des plus habiles peintres de son siecle, Raphael d'Vrbin.

Pesaro sur la mer a plusieurs belles maisons & vn magnifique Palais, elle est des plus agreables & des mieux peuplées de ces quartiers. Ses bonnes murailles & ses bastions la rendent vne des meilleures places du Duché. Le Chasteau qui seruoit de demeure à ses Ducs est capable d'vne longue defense, garny d'vn bon nombre de canons, auec vn magazin remply de belles armes de diuerses sortes. La ville ayant esté ruynée par Totilas Roy des Goths, elle a esté reparée par Belissaire au couchant de Pesaro on voit vn superbe Palais nommé *Poggio-Imperiale* ainsi appellé parce que l'Empereur Federic III. y mit la premiere pierre, il a esté basty par ordre de Constance Seigneur de Pesaro agrandy & orné de plusieurs bastimens par le Duc François Marie de la Rouere. Suiuant la coste du Golfe de Venize.

Pesaro.

Paggio

Fano **Fano** autrefois *Fanum* ou Temple de la Fortune est habitée d'vn beau monde; les Dames s'y habillent aux occasions aussi richement qu'en aucune autre ville d'Italie; on y voit vn Arc triomphal de marbre haut de trente coudées & des plus magnifiques de l'Italie: la ville de Fano a esté de l'Estat Ecclesiastique auant que le Duché d'Vrbin y fut reüny.

Senigaglia **Seniglagia** est vn ouurage des anciens Gaulois Senonois, dont elle a conserué le nom: la ville est petite, mais assez forte & accompagnée d'vn port de Mer.

Les autres Citez au dedans du pays sont,

Fossombrone, *Forum Sempronij.*

Cagli **Cagli**, nommé pendant quelque
Engubio temps la Cité de S. Ange.

Engubio où l'on garde le corps entier de S. Vbald.

Castel-Durante, aujourd'huy *Vrbanea.*

Sanleo, Capitale du fameux Comté
Sanleo de *Monte Feltre.* Cette derniere est grandement forte, à cause de son assiette sur vn roc escarpé de tous co-

stez, sinon de celuy par lequel on y monte: les derniers Ducs y ont fait garder leur tresors, comme en la place la plus asseurée de leur Estat.

Castel-Durante est habité de beau- *Castel à* coup de Noblesse, le dernier Duc y *Duráte* auoit son principal Palais, auec vne Librairie estimée vingt & cinq mille escus d'or; il y a proche de la ville vn beau parc plein de cerfs, de biches, de cheureuls, & d'autres bestes semblables.

Dans le voisinage de S. Leo en la partie Occidentale du Duché, on trouue la petite Republique *de S. Ma-* *S. Marin* *rin* & le Marquisat de *Mont* qui releuent aujourd'huy de l'Eglise comme auparauant du Duc d'Vrbin. La Republique de S. Marin est nommée par les Italiens *Republichetta* à cause de la petite estenduë de sa Iuridictiō qui est bornée pa la possessió de deux ou trois Chasteaux ou petits bougs, & neantmoins à ce que dit Boccalin elle nomme la Republique de Venise sa *Carißima Sorella*. La ville est sur vn haut d'enuiron 8000. feux.

Entre Vrbin & Cagli il y a deux petites places connuës en l'Histoire.

Formignana. *Formignana*, ou Asdrubal fut defait par Neró & Liuius Consuls Romains comme il venoit ioindre son frere Annibal.

Acqualagna. *Acqualagna* proche de laquelle Narses defit Totilas Roy des Gots.

Romagne. LA *Romagne* ou *Romandiole* à esté autrefois appellée *Flaminie* & *Emilie* à cause des fameux chemins de mesme nom qui s'y rencontroient.

Rauene. *Rauenne* la ville capitale est grandement ancienne, ayāt seruy de sejour à Theodoric Roy des Gots, & aux Exarques enuoyez en Italie par les Empereurs de Constantinople. On y voit vne porte de marbre que le peuple appelle porte d'Or, ou Belle Porte. L'an 1512. les François s'en rendirent maistres par force, & obtindrent en son voisinage vne signalée victoire sur leurs ennemis. Le Port de Rauenne a souuent esté le sejour des flottes des anciens Romains. La principale Eglise de la ville est sou-

description de l'Italie. 303

stenuë par quatre rangs de colomnes de tres-beau marbre. Le riche Ciel d'argent qui estoit sur le maistre Autel appuyé de 4. Colomnes de marbre, a esté pillé pendant les guerres d'Italie. Les marescages des enuirons ont esté dessechés & ensemencez.

Suiuant la coste de la mer vers l'Orient on trouue *Ceruia* auec des salines, & vne ancienne sepulture de marbre blanc, faite en forme de Pyramide & accompagnée de beaux petits enfans tous droits. Auant que d'arriuer à Ceruia il se presente vn grand bois de pins dont les pignons peuuent suffire à toute l'Italie. *Ceruia*

Rimini a de beaux Palais bastis par les Malatestes anciens Seigneurs de cette Cité & de plusieurs autres places de ces quartiers; son ancien port est maintenant plein de sable, & seulement capable de petites barques. Le marbre dont il estoit basty a seruy à faire l'Eglise de S. François. A l'vne des portes il y a vn bel Arc de triomphe dressé à l'honneur d'Auguste; & *Rimini* dans la ville on voit les restes d'vn grand Theatre de brique; mais ce qui est plus considerable est le pont fait de grandes pierres carrées de marbre, long de 100. pieds, & large de 15. auec cinq arches & des parabande, de mesme matiere : il ioint la voye Flaminie & la voye Emilie. Cette ville a resisté aux Gots, ayant esté defenduë par vn Lieutenant de l'Empereur Iustin.

Conca — A l'Orient de Rimini on voit les restes de la ville de *Conca* enseuelie dans la mer.

Bertinore, — En la partie Meridionale de la Province, il y a *Bertinore* ville Episcopale.

Meldola — *Meldola* portant titre de Marquisat auec vn beau Chasteau aux Aldobrandins, & *Sarsina* patrie de Plaute, auecque titre de Comté à la mesme famille.

Imola — En la voye Emilie on rencontre *Imola*, *Castel Bolonese* basty en ce pays, apres le meurtre des Ambassadeurs de la ville de Bologne : ceux d'Imola & de Faenza ayans esté obligez pour la reparation de ce tort de donner de leur

description de l'Italie. 305

de leur terre à ceux de Bologne, autant qu'vne fleche decochée en pourroit parcourir.

Faenza Ville & Chasteau a souuent esté ruinée, elle est renommée par les lins qu'elle fournit d'vne extreme blancheur, & par la belle vaisselle qui porte son nom. *Faenza*

On trouue en suitte *Forli, Forlimpopoli* dont l'Euesché a esté trans-feré à Bertinore, *Cesena* accompagnée d'vn Chasteau basty par l'Empereur Federic II. Le *Rubicon* aujourd'huy *Pisatello* renommé par le passage de Iules Cesar contre les Ordre du Senat: & enfin *Rimini* pillé par ce Capitaine Romain, qui par cette actiõ commença les hostilitez de la guerre ciuille qui s'ensuiuit. *Forli. Forlimpopoli. Cesena. Pisatello. Rim.*

LE Boulenois a peu de villes consi-derables apres celle qui luy donne le nom. *Bologne*

La ville de *Bologne* est la seconde de tout l'Estat Ecclesiastique, renommée pour son Vniuersité: son assiette est dans le milieu de la voye

V

Emilie proche du *Reno* qui ayant receu quelques autres eaus donne moyen de conduire des barques toutes chargées dans le Po. La longueur de la ville est de deux milles, sa largeur d'vn mille & son tour en dedans de cinq milles, on y fait estat de 80. mille habitans, parmy lesquels on conte bien 2000. Gentilhommes, dont plusieurs ont titre de Marquis & de Comtes. On découure de loin, la haute & merueilleuse Tour de *Gli Asinelli*, qui se trouue dans le milieu; Il y a plusieurs Eglises fort belles; l'Archidiacre de l'Eglise Catedrale de S. Pierre a par dessus tous le priuilege de faire les Docteurs: en l'Eglise du Corps de Christ on voit le corps entier de la Beate Catherine de Vigri Religieuse de l'Ordre de Ste. Claire, decedée à Bologne l'an 1463. il peut aisement estre veu par les curieux, assis en vne chaire auecque l'habit de religieuse, la peau du visage tenduë, les yeux ouuerts, les mains decouuertes de mesme que les pieds : l'vne de ses mains tient vn Crucifix, & l'autre est sur vn oreiller. En presence de beaucoup de monde on luy coupe les ongles tous les mois, & les cheueux vne fois l'année apres qu'ils sont creus. L'Eglise des Iacobins conserue le chef de S. Dominique en vn tabernacle enrichy de plus de trois cens figures d'or & d'argent, & le corps de ce mesme Sainct est en vne belle tombe de marbre blanc à plusieurs figures en relief: on y voit dans le chœur, le vieil & le Nouueau Testament des mieux representez auec des pieces de bois raportées & iointes par vn merueilleux artifice. On y fait voir l'vne des Espines de la Couronne de nostre Seigneur: vne Bible en Langue Hebrayque escrite sur de la peau blanche par le Prophete Esdras & vn admirable tableau des Innocens, fait par Guido Reni: les Cloistres & les dortoirs de plus de 150. Religieux, meritent bien d'estre veus, comme aussi le refectoir peint par d'excellens maistres, l'Apoticairerie, la Bibliotheque estimée l'vne des plus curieuses d'Italie, & la caue d'vne grandeur extraordinaire. L'Vniuersité & les autres Colleges doiuent estre veus par les doctes. Le Palais de la ville qui sert de demeure au Legat a les testes de bronze de quelques Papes, & au dessous de sa porte la statuë de bronze de Gregoire XIII. & non loin de la celle de Boniface VIII. On fait estat d'vn bastiment qui est vne Tour quarrée, faite auec tel artifice qu'estant fort panchante, elle donne de l'apprehension à ceux qui la regarde, vne autre Tour de cette nature se voit dans Pise. Les maisons de Bologne sont aussi richement meublées qu'en ville d'Italie, pleines de rares & d'excellens tableaux, de statuës de toutes sortes, & d'vne infinité d'ornemens qui en rendent la demeure des plus agreables. Entre les plus beaux Palais on fait estime de ceux de Campeggi, de Popoli, & de Maluezzi; celuy des Bentiuoles qui ont autrefois esté Seigneurs de Bologne est à present ruyné. La plus part des ruës y sont fort droites & larges accommodées de portiques dont plusieurs colomnes sont de marbre. La grande place de la ville est ornée d'vne belle fontaine, auec vn grand bassin de marbre, & quelques statuës de bronze qui representent Neptune grand cóme vn Geant, & aux quatre coings quatre femmes qui iettent l'eau par les mammelles.

Au midy de la ville de Boulogne, le Monastere de *S. Michel au bois*, où il y a des Religieux du Mont Oliuet, est vn des plus riches & des plus superbes de l'Italie, auecque plusieurs iardins, fontaines, & canaux des plus agreables, son assiette est sur vne colline d'où l'on découure toute la ville qui paroist auec la forme de galere, son Eglise est soustenuë de belles colomnes, enrichie de plusieurs statuës & sculptures de marbre. Son chœur particulierement est embelly de plusieurs figures de bois differens, si proprement raportez qu'on les estimeroit faites auec vn pinceau delicat, qui a representé des Cha-

S. Michel au Bois

V iij

steaux, des tours, des arbres, des champs, des pays, des prez, des montagnes, & mesme des fleurs en perfection: & ce qui est de merueilleux l'ouurier a tellement obserué la perspectiue, que l'œil apperçoit ces figures en diuerses sortes, lors qu'il les considere de diuers endroits. On remarque aussi que la ville de Bologne a fourny à l'Italie les meilleurs Peintres & Sculpteurs que l'on ait veus, & entr'autres le fameux Caraccio. Il ne faut pas oublier icy les particularitez de certaines pierres de ce pays, qui estans exposées au Soleil, en reçoiuent & gardent la lumiere quelque temps.

A 2. ou 3. milles de Bologne sur le Reno, est la *Chiusa*, qui ioint les deux bords de cette riuiere par vne muraille espaisse pour forcer ses eaus à passer dans le canal que l'on a fait iusqu'à Bologne, afin de faire tourner diuerses machines & instrumens, pour moudre le grain, pour faire de la vaisselle de cuiure & des armes, pour piler l'espicerie, pour filer la

La Chiusa

description de l'Italie. 111

soye, pour fourbir les armes, pour emoudre diuers outils d'acier, pour sier des ais, pour faire le papier, & pour seruir à plusieurs autres mestiers, mais le principal dessein a esté pour donner lieu à la nauigation des barques.

Proche de la Chiusa est le beau *Palais de Rossi*, capable de loger vn Empereur. — *Palais de Rossi.*

Bentiuogli, qui communique son nom a vne famille bien considerable, est à 8. m. de Bologne vers le Septentrion. — *Bentiuogli.*

Castel-Bolognese la seconde ville de cét Estat est enfermée dans la Romagne entre Imola & Faenza. — *Castel Bolognese.*

Le *Duché de Ferrare* a esté reüny à l'Estat Ecclesiastique l'an 1618. — *Duché de Ferrare.*

La ville Capitale de la Prouince est *Ferrare,* assise prés du Pô, auec des ruës, des places & des maisons fort belles. L'Eglise Cathedrale proche de la grande place est bastie de belles pierres de taille. Celle des Religieux de S. Benoist conserue le Sepulchre & les Epitaphes du Grand Poëte Ariosto

Ferrarois. Le Palais des anciens Ducs sert aujourd'huy de demeure au Legat du Pape; il a vn canal qui luy sert de fossé & vne Cour où sont les effigies des Ducs de Ferrare, si ce n'est celle du dernier, qui la fit effacer luy mesme : il est flanqué de quatre Tours, dont l'vne est considerable par sa montée faite en caracol, comme celle des Tuilleries de Paris, en sorte que l'on y peut môter à cheual, iusqu'au cinquiéme ou sixiesme estages; on voit dans la nouuelle Biblioteque plusieurs statuës de marbre & de Bronze, grand nombre de tableaux de plate peinture & en relief auec de petits cofres pleins de pierres precieuses fort antiques & des mieux grauées. Le Palais de Dom Cesar d'Est Duc de Modene est fait de pierre de taille auancée à pointe de diamans. Les autres lieux considerables sont le Parc nommé la *Montagnola* où l'on garde grand nombre de cerfs & d'autres bestes.

La maison de Belueder auec son reseruoir dont le poisson vient au son d'vne clochette pour prendre la nourriture qu'on luy porte: & trois belles escuries dont les deux sont capables de plus de cent cheuaux chacune. La Citadelle est des plus fortes & des mieux entenduës composée de six grands bastions, auec des moulins des magazins d'armes & des munitions de guerre & de bouche pour soustenir vn long siege. Clement VIII. qui la fait bastir y a depensé plus de deux millions d'or: au milieu de la place il a fait mettre sa statuë de pierre, assise en vne chaise auec quelques paroles latines, en vne face de la base qui la soustient: elles signifient que sa Sainteté a mis Mars à la place de Neptune, afin que le Po se retirant, la force de Ferrare ne s'éloignast pas. Cette defense n'est pas incompatible auecque l'Vniuersité qui a esté fondée par Federic II.

Comachio est dans vn grand Lac ou Estang, qui se trouue entre les bras du Pô, auecque plus de douze mille de circuit: les habitans fournissent vne bonne partie de l'Italie du pois-

Comachio.

son qu'ils en retirent; ils ont pareillement la commodité des salines qui rendent au Pape vn grand reuenu.

Magna Vacca   La forteresse de *Magna-vacca* est entre Comachio & la mer.

Mesola   *Mesola*, est pareillement proche de la mer Adriatique.

Cento   *Cento*, ville assez bien peuplée est voisine du Boulenois.

Cotignola   *Cotignola* proche de la mesme Prouince est la ville d'ou premierement sont sortis les Sforces.

Les plus fortes places de l'Estat sont vers la frontiere, *Buondeno*, la *Stellata*, & *Lagoscuro*.

De Rome à Florence.

CEtte route est ordinairement tenuë par ceux qui veulent venir de Rome en France.

De Rome à *Monte-Rose* 18. milles, à *Sutri* 3. m. à *Capranica* 2. m. à *Roncillon* 3. m. à *Viterbe* 8. m. à *Monte-Fiascone* 7. m. à *Bolsena* 6. m. à *Acquapendente* 6. m. à *Ponte-centino* 3. m. à *Radicofani*

description de l'Italie.

9. m. à S. Quirico 12. m. à Tornieri 3. m. à Bonconuent 6. m. à Sienne 15. m. à Poggibonts 12. m. à Barberin 5. m. à S. Cassian 8. m. à Florence 8. m. *Le pays par lequel on fait tout ce chemin, est à la verité montueux, mais grandement fertile.*

La Toscane.

LA Toscane a autrefois esté plus grande, lors que sous le nom d'*Etrurie*, de *Tuscie*, & de *Tirrhenie*, elle s'estendoit iusqu'au Tibre & iusqu'à l'Appennin: aussi le Grand Duc de Florence, que nous appellons Duc de Toscane ou le Grand Duc simplement n'est pas le maistre de tous les pays qui ont esté cônus sous ce nom. Le Pape y tient le Patrimoine de S. Pierre & le Perugin; le Roy d'Espagne, l'Estat delli Presidi; le Duc de Parme, le Duché de Castro auecque le Comté de Roncillon; & le Duc de Modene vne partie de la vallée Garfagnane: la Republique de Lucques y a pareillement ses Estats, comme

Toscane

aussi le Marquis de Masse, les Marquis de Malespine, le Prince de Piombin & le Comte de Petillan. Il est vray que son Altesse de Florence possede quelques places au dela de l'Appennin, *Borgo-San-Sepolchro* en Ombrie & *Citta del Sole*, en la partie de la Romagne que l'on appelle pour ce sujet la Romagne Florentine.

Cét Estat a pour voisins tous les Princes nommez cy dessus: il est long de six vingt mille pas, & large de cent mille ou enuiron: il est composé de trois païs où il y a eu autrefois autant de Republiques, le Florentin le Siennois & le Pisan: les Grands Ducs ont fait faire de bonnes Citadelles en chacune des villes de mesme nom, pour tenir en leur deuoir les habitans qui ne peuuent entierement quitter le souuenir de leur ancienne liberté: Cette possession les rend grandement puissans, & vn Pape de la maison de Medicis a autrefois eu dessein de donner titre de Royaume à leur estat, vn prouerbe porte que si le Grand Duc auoit Lucques & Sarzane, il seroit Roy de Toscane. Il y a seulement trois grands Duchés en Europe, *Moscouie*, *Lithuanie*, auecque celuy de *Toscane*.

Les principales riuieres du pays sont *L'Arne*, le *Serchio*, la *Cecinna* & *L'ombrone*. On y conte treize ou quatorze cent mille ames, & le Prince y peut leuer iusqu'à trente mille hommes de pied & deux mille cheuaux: Il y a plus de quarante forteresses auecque garnison, grand nombre de canons, douze galeres pour la defense des costes. Mais il y en a pour l'ordinaire seulement huit, en estat de seruir; il y a des armes pour plus de quatre vingt mille hommes, & on peut dire du grand Duc qu'il est vn des plus riches Princes d'Italie: neantmoins il tire de ses sujets de grands droits, ce qui fait qu'ils ne l'aiment pas beaucoup; il les maintient en paix pour affermir son Estat qui n'est pas des plus anciens; il craint le Pape plus qu'il ne l'aime, parce qu'il est presqu'enuironné de l'Estat Ecclesiastique ; il adhere souuent aux interests du Roy d'Espagne, à cause des places que sa Maiesté Catholique tient sur la coste de Toscane ; il entretient bonne intelligence auec les Genois qui sont plus puissans sur mer que son Altesse. Il a son reuenu annuel d'enuiron deux millions d'escus outre ce qu'il tire extrabordinairement : il y a desia long temps qu'on a estimé son tresor monter a plus de vingt millions d'or. Outre ses joyaux & ses meubles qui sont d'vn prix excessif, le Duc Ferdinand ayant laissé pour plus de deux millions de pierreries & grand nombre de raretez : il a des sujets si accommodez que plusieurs d'entreux ont des millions d'or vaillant & d'autres des sommes à proportion.

Les plaines & les vallées de ce pays sont grandement fertilles, & les costaux y sont chargez de vignes qui pour la pluspart fournissent d'excellens vins ; Il y a en plusieurs endroits des eaus & des bains propres à la guerison de diuerses maladies: les oliues & les citrons y abondent, & on y recouure quantité de chastaignes, des glands, du lin, du pastel & du safran: les meuriers que l'on y a planté ont tellement profité, que l'on n'a plus besoin d'enuoyer en Calabre & en Sicile pour auoir des soyes.

La Montagne & la coste qu'ils nomment la Maremna nourrissent toutes sortes de gros bestail.

La langue Toscane est la plus douce de toute l'Italie, bien que les Florentins la rendent vn peu rude en parlant du gozier; ceux de Sienne la prononcent fort doucement & la font treuuer entierement agreable. Les habitans enuoyent en diuers pays leurs sarges & leur draps de laine, leurs draps de soye d'or, & d'argent des mieux trauaillez; il ont deffenses expresses de mettre en œuure des estoffes d'or & d'argent faux; Ils font aussi du brocatel, des tapisseries de cuir doré, du fil grandement delié, de la belle vaisselle de terre, des statuës & des tableaux. La seule ville de Florence retire tous les ans plus de deux millions d'or de ses estoffes d'or.

Floren-ce. Florence renommée pour sa beauté, est la ville Capitale de tout l'Estat, le sejour du Duc & de ses principaux Magistrats, & le siege d'vn Archeuesque. Son assiette est sur la riuiere d'Arne, qui en fait deux parties inégales, assemblées par quatre beaux ponts de pierre fort larges; elle tient rang parmy les plus grandes de l'Italie, ayant bien six milles de tour; elle est si peuplée que l'on y conte aujourd'huy plus de cent mille ames, & sa banlieuë en a presque autant, le grand nombre des cassines qui se trouuent sur les collines voisines formans vne autre ville de Florence, ses belles ruës pauées de grande pierre large qui se maintient presque tousiours nette par le moyé de la pante qu'on luy a donnée; ses beaux Palais & ses maisons agreables ont donné lieu de l'appeller *Florence la belle*. Sa puissance a autrefois esté telle qu'elle a pû armer iusqu'à quarante

rante mille hommes de pied & dix mille cheuaux. L'Ancien Palais du Duc est des plus magnifiques, il regarde sur la place qui est deuant vne belle fontaine auecque nombre de statuës: il est enrichy de quantité de marbre & de soliceaux dorez, auec vne sale longue de cent brasses & large de quarante des mieux peintes. Vne grande galerie y est pleine de statuës & de portraits d'Illustres: on voit dans les Chambres & dans les Cabinets des singularitez bien remarquables; vn chandelier d'ambre, vn dome de nacre de perle & d'or émaillé de rouge, vne table ou est representé vne ville auecque plusieurs pierres de iaspe, de marbre, de lapis, & plusieurs grosses topazes & emeraudes enchassez par dessus. Dans vn des Cabinets il faut voir vn Globe terrestre, dont le Diametre est de 4. pieds, vne fort belle Sphere bien peinte & bien dorée; & contre la muraille la peinture de tout l'Estat du Grand Duc representé bien particulierement en d'autres Cabinets on voit vne table d'enuiron 6. pieds de long & 3. ou 4. de large souftenuë par huict pilliers d'argent doré auec le fond de Calcedoine tout émaillé de fleurs, reueftuë d'Agathes, de Lapis & d'Emeraudes: plus vn Cabinet de Gé enrichy de plufieurs lames d'or, auec fept portes qui font autant de ieux d'orgues; & la paffion de N. Seig. figurée en ambre au dedans. Entre les armes de plufieurs grands Princes qui font en deux petites fales, on fait voir celles de Charlemagne & de Roland auecque plufieurs efpées du Roy Henry le Grand. On y voit auffi vn caualier Perfan, armé de toutes pieces à efcailles auec fon cheual bardé; grand nombre de cimeterres, auecque leur fourreaux couuerts, ou d'emeraudes, ou de rubis, ou de quelqu'autres pierreries, quelques vns de leurs coufteaux ayans des gaines couuertes de diamans; vne pierre d'aymant y fouftient enuiron 60. liures de fer, on y eftime vn clou qui paffe pour merueille, eftant moitié d'or & moytié de fer. L'image du grand Duc y est sur vne table d'Agate, tout en pierres precieuses. Vne statuë du Roy Louys XIII. à Cheual y est toute d'or massif. Mais ce qui est de plus riche en ce Palais est la vaisselle d'or & d'argent d'vn prix inestimable, y ayant entr'autres vn seruice tout d'or massif. Vne longue galerie couuerte communique ce Palais à celuy de Pitti le seiour ordinaire du Prince qui la enrichy de rares peintures, outre les diuers marbres dont il est remply & les beaux iardins, fontaines, & bocages dont il est accompagné, ce Palais fut commencé par vn Gentilhomme de cette maison, auec tant de dépense qui fut obligé de le vendre au grand Duc. Entre les autres meubles du Prince il y fait beau voir ses carosses, garnis de drap d'or auec diuers enrichissemens, & dans le milieu du Ciel ses armes dont les boules sont toutes de grosses pierres precieuses de grande valeur.

Il y a dans Florence trois Citadelles, la premiere qui est la plus forte a esté faite du temps d'Alexandre premier Duc, auecque cinq bastions, la seconde bastie par Cosme commande à la ville; elle est de forme irreguliere. La troisiesme est vne estoille à six pointes, faite par Ferdinand, pour seruir de retraite aux Ducs en cas de sedition.

Entre les Eglises le Dome qui est celle de Saincte Marie de la Fleur est par dehors la plus belle de l'Europe, estant reuestuë de carreaux de marbre blanc, noir, & rouge entremeslez: Le dedans est paué de marbre, auec de superbes Chapelles & des Autels grandement riches. La Cupole est fort grande & haute, auec vne pomme dorée au dessus, où estant en bas on ne iugeroit pas que moitié d'vn petit enfant peut demeurer & neantmoins vingt & six personnes y peuuent estre ensemble. Le clocher y est basty de marbre, il est des plus haults & des plus superbes auecque plusieurs belles statuës. Proche de la on voit l'Eglise ou la Chapelle ronde qui fut autrefois à ce qu'ils disent vn Temple de Mars; elle est toute pauée de marbre menu, auec vn riche vaisseau de pierres de grand prix, ou l'on baptise les enfans, & auecque des portes de bronze toutes à persõnages de relief qui sont vn ouurage des plus estimez de l'Europe. En l'Eglise de l'Annonciade on montre le portrait de la Vierge peint en huile contre la muraille, au deuant de laquelle il y a cinq rideaux que l'on tire, lors que on la veut monstrer au peuple, qui pour lors fait de grandes acclamations de ioye. L'Eglise du S. Esprit a vn Autel qui couste plus de cent mille escus, lesquels ont esté leguez pour ce sujet par vn Gentilhomme Florentin, le deuant de cét Autel est de marbre blanc couuert de pierres de rapport, comme porfire, iaspe, cornaline & autres pierres fines. On voit en l'Eglise de Sainéte Croix le tombeau de Michel Ange, sur lequel il y a trois belles statuës, la premiere y represente la peinture, la seconde la sculpture, &

la troisiéme l'Architecture grande comme le naturel, en l'Eglise des Cordeliers on garde la robe de S. François toute entiere; on la renfermée depuis peu, de sorte qu'on ne la voit à present qu'à trauers vne grille.

L'Eglise de S. Laurens est beaucoup magnifique, elle a esté bastie par Cosme de Medicis, dont on y voit la Sepulture.

La Chapelle voisine où les Ducs font continuellement trauailler, est vn des plus superbes bastimens de l'Europe, y ayant eu plus de huit millions d'or depensez en sa construction. L'on y voit que marbre de toutes sortes, de la pierre noire qu'ils appellent de touche ou de parangon, du marbre truité fort rare qu'ils appellét *Pietra Pidocchiosa* pierre pouilleuse, de l'Albatre d'Orient de toute couleur, du Lapis de perse & autres: on y voit les armes des Citez de l'Estat, toutes de diuerses sortes de pierreries au lieu de couleurs & des vases auecque leur fleurs de diuerses pierres de rapport. Les Tombeaux des Grands Ducs y sont de porphire auecque les inscriptions de Cassidoine.

Les villes du Florentin au Septentrion de l'Arne sont,

Pistoia, Ville & Chasteau à 10. milles de Florence vers le Couchant; on y va par vne belle plaine abondante en toute sorte de fruits, & si remplie de bourgs, de villages, de palais & de Metairies, que l'on y en conte iusqu'à quarante quatre mille; elle a des long temps esté connuë par la defaite de Catilina, par ses factions des Blancs & des Noirs, des Chanceliers & des Panzadices, & ses habitans sont en reputation d'estre de mauuais naturel. Son Eglise de S. Iacques a vn Autel couuert de lames d'argent, auec vingt lampes de pareil metail; on voit en l'Eglise de l'Humilité les effigies entieres de Leon X. & de Clement VII. Papes; on y voit aussi celle de Cosme & d'Alexandre Ducs de Florence. Cette ville a esté la premiere acquisition des Florentins; les femmes y sont profession de bien dire.

Prato. Prato est l'vne des quatre plus belles villes d'Italie, qui ne sont pas Citez; l'on y mange du pain blanc com la nege, & l'on y garde entr'autres Reliques la ceinture de la Saincte Vierge.

Pratolin. Pratolin est vne des plus belles maisons du grand Duc, entre plusieurs que ce Prince possede aux enuirons de Florence: le bastiment est quarré auecque plusieurs chambres où il y a des tapisseries de drap d'or & d'argent, des tableaux grandement rares, de belles statuës, des lits & des tables de marbre ou d'alebastre. Il y a des grottes fort diuertissantes : les eaus qui en sortent font marcher le Dieu Pan, chassant deuant soy son troupeau, & iouant de la flutte qui donne occasion a des oyseaux qui sont sur les arbres de faire leurs cõcert. Vn Hercule y repousse auec sa massuë l'Hydre qui luy lasche quantité d'eau, & vn Dauphin nageant sur les eaus y porte vne femme nuë. Dans vne autre grotte Vulcain trauaille auec ses Ciclopes à sa forge, & lorsqu'on y descend, Pan se leue en mesme temps pour ioüer de sa flutte comme s'il vouloit témoigner que l'on y est bien venu. Les murailles de ces grottes sont faites en façon de rocher, entremeslé de plusieurs perles coquilles & pieces de corail: ils ont aussi plusieurs ornemens de brōze & de marbre, des representations d'animaux à qui l'eau donne le mouuement: le paué est fait de petites pierres de diuerses couleurs. Vn mont de Parnasse y represente les neuf Muses auec Apollon, qui font ouyr le son de leurs instrumens à la faueur de l'eau, & proche de la l'on entend le ramage de diuers oyseaux qui sont dans leur voliere. On trouue apres cela le jardin, où il y a plusieurs parterres & de beaux reseruoirs, la grotte de Cupidon auec sa statuë de bronze & son flambeau qui iette de l'eau au lieu de flammes, on trouue aussi vne Chapelle pleine de diuers ornemens dans le milieu d'vn petit bocage, & puis vn grand colosse qui reçoit les eaus de l'Appennin pour les distribuer à tous les autres lieux & machines: on voit en suitte vn merueilleux labirinthe, & enfin sur vn lieu releué vn Iuppiter de marbre, qui au lieu de foudre lance des eaus. Le parc, la pescherie & la voliere y doiuent pareillement estre veuës.

Fiesole. **Fiesole** ville ruynée par les Florentins pour en accroistre la leur, a autrefois esté la demeure des Augures & des Deuins Toscans qui ont communiqué beaucoup de sorte de loix & d'ornemens aux anciens Romains: elle a conserué son titre d'Euesché quoy que toute ouuerte; sa puissance a esté telle qu'auec l'assistance de ses habitans, Stilicon Capitaine de l'Empereur Honorius defit Rhadagise Roy des Gots, dont plus de cent mille demeurerent sur le champ.

Scarparia est renommée pour la fabrique des ciseaux & des cousteaux.

Vall' Ombrosa & *Camaldoli* sont de fameuses Abbayes, Chefs des Ordres de mesme nom, celle-cy dans l'Ap-

description de l'Italie.

pennin à l'Orient des sources de l'Arne.

Citta di Sole au dela de l'Appennin est grandement fortifié, comme aussi *Borgo Sanse Polchro* proche de laquelle est le lieu *d'Aluernia* ou Saint François receut de Iesus-Christ les Stigmates, c'est à dire les marques des Cloux Sacrez. {*Citta di Sole.*}

Au midy de la riuiere d'Arne, *Ancisa* est connu pour la naissance du fameux Poëte Petrarque. {*Ancisa.*}

S. Iean est renommé pour ses vins Trebians. {*S. Iean.*}

Certaldo à cause de Bocace qui en estoit natif. {*Certaldo.*}

Barberino communique son nom a vne puissante famille. {*Barberino.*}

Colle est dite *Colle-di-Val-di-Elsa* à la difference de quelques autres places de mesme nom. {*Colle.*}

Arezzo est vne Cité d'où l'Aretin a tiré son nom. {*Arezzo*}

Cortone a pareillement titre de Cité.

Monte Pulciano est connu pour la naissance du scauant Cardinal Bellarmin, & pour la defaite des Fran- {*N. Pulcian.*}

çois sous Strozzi par Iacques de Medicis l'an 1555.

La ville de *sienne* est renommée pour la subtilité de ses habitans qui sont de bon conseil & grandement ciuils & les plus splendides d'Italie ; elle est posée sur plusieurs collines dans vn lieu si sain & si agreable, que le Grand Duc y fait souuent sa residence ; quelques anciens statuts y portoient que ceux qui auoient beaucoup d'enfans estoient dechargez de toutes impositions pour auoir fourny des membres à la Republique, les curieux en attribuent la fondation à quelque parent de Romulus, parce quelle a vne l'ouue en ses armes. Son Archeuesché & son Vniuersité la fourny de grands hommes, parmy lesquels Enée Siluius ou le Pape Pie II. & les Picolomini sont les plus renommés. Nous luy sommes redeuables de nostre S. Pere Alexandre VII. de la maisõ de Ghisi. La ville est belle & rafraichie de plusieurs fontaines d'eau claire, dont la principale est celle de *Branda* sur la

description de l'Italie. 333

grande place. Les ruës y sont larges & paueés de bricque en forme de baston rompu, les maisons y sont fort hautes & belles, mais au lieu qu'elle a eu autrefois plus de 70. mille habitans, elle n'en a pas à present vingt mille : elle fut assuiettie au Duc de Florence l'an 1555. apres auoir esté long temps defenduë auecque l'assistance des François sous le braue Monluc. La grande Eglise nommée le dome est vne des plus belles de l'Italie, accompagnée d'vne tour carnée de marbre blanc & noir par dehors, de mesme que la plus part de l'Eglise, son paué a vne belle marqueterie de marbre des mieux figuré, ou sont grauez le sacrifice d'Abraham, l'Histoire des Machabées & autres qui sont couuertes de nates pour leur conseruation. Sa voute est d'azur auec des estoilles d'or; au tour de deux rangs de colomnes il y a vn coridor, sous lequel on voit en marbre les testes des Papes & vn peu plus bas celles de quelques Empereurs. On y voit aussi douze Anges de bronze qui portent des cierges blancs. On garde en l'Eglise de S. Dominique le chef de Saincte Catherine de Sienne. La grande place de la ville est disposée auec vne douce pante, en telle sorte qu'on peut voir aisement tous ceux qui s'y promenent. On y peut retenir l'eau de la fontaine qui est au milieu, & y mettre des batteaux comme sur vn Lac, on peut mesmes y donner combat, ainsi que l'on a practiqué autrefois, la tour de Mongiano y est d'vne hauteur extraordinaire, & d'vne fort belle structure.

Mont-Alcino. Montalcino est renommée pour ses bons vins,

Mont-Oliuet. Mont-Oliuet au Septentrion de Môtalcino, est vne Abbaye chef d'ordre de moines blancs, qui portent ce nom & qui sont grandement riches.

Chiusi. Chiusi autrefois *Clusium* est l'ancienne demeure du Roy Porsena.

Pienza Pienza connu auparauant sous le nom de *Corsignanum*, a esté ainsi nommé de Pie second, lequel y fut né pendant l'exil de son pere.

description de l'Italie.   335

Bonconuent est le lieu ou fut empoisonné l'Empereur Henry VII. de la maison de Luxembourg.

Radicofani est vne forteresse consi-derable pour qui le Grand Duc, est feudataire de l'Eglise.   *Radicofani.*

Montagna‍e, contrée voisine fournit de la graine à teindre l'écarlate.

Soana, cité, est voisine du Comté de Petillan.   *Soana.*

La Maremna de Sienne le long de la mer est peu habitée, à cause de son mauuais air.

Grosseto y est beaucoup fortifiée.   *Grosseto.*

Cetona y a tiltre de Marquisat qui fut erigé par l'Empereur Charle-Quint en faueur des Vitelli.   *Cetona.*

Piombin a son Prince particulier, est bastie des ruynes de l'ancienne Populonie, qui en est à trois milles. Ses enuirons produisent quantité de froment, de riz, de l'huyle, des oranges & autres bons fruits.   *Piombin*

Scarlino est vn Chasteau deuant lequel fut tué Strozzi Prieur de Capouë.   *Scarlino*

Orbitello au Roy d'Espagne est vne   *Orbitello.*

place aussi forte qu'importante ; elle a resisté aux Turcs du temps de l'Empereur Charles V. & aux François l'an 1646. Ces places sont esté nommez les Manottes de Toscane, parce qu'elles empeschent le Grand Duc de quitter les interests d'Espagne : elles dependent du Gouuernement du Viceroy de Naples.

Pise. *Pise* a autrefois esté la plus puissante ville de la Tascane sur la mer, où elle a eu iusqu'à cinquante Galeres; elle a mesmes esté maistresse des Isles de Corse & de Sardaigne, & de la ville de Cartage, mais son grand pouuoir a esté de peu de durée. Elle est aujourd'huy considerable pour son Archeuesché, pour son Vniuersité, & pour la residence des Cheualiers de S. Estienne elle est grande, mais peu habitée à l'esgard du passé. la riuiere d'Arne qui la trauerse à trois ponts, le premier de trois arches, le second de quatre, & le troisiéme de cinq : les lames de poignard que l'on y fabrique sont estimées les meilleures de toute l'Italie. L'Eglise de de S. Estienne, destinée aux Cheualiers de mesme nom, est pleine d'enseignes, de fanaux & d'autres ornemens de vaisseaux pris sur les Turcs; elle est embellie de plusieurs degrez de marbre. L'Eglise du Dome est des plus belles & des plus magnifiques, appuyee sur 76. Colomnes de marbre de differente couleur, ses trois grandes portes de fonte remplies de diuerses figures sont estimées auoir esté dans le Temple de Salomon; on y fait voir la saincte Espine qui ne touche d'aucun costé le vase de cristal ou elle est, son clocher à sept estages, y est vn ouurage merueilleux, car il semble pancher & toutesfois il est droit & fort asseuré, le Cimetiere où le Campo Santo est fort considerable, il est enfermé par deus galeries de plus de 500. pas de long, où il y a de fort belles figures Historiques. Proche de Pise on voit la *Verrucola di Pisa* sur vne montagne où l'on auoit autrefois basty vn fort aujourd'huy ruïné & sur le chemin de Ligourne à 4. milles de Pise on

Y

voit l'Eglise de S. Pierre, ou il y a sur vne pierre trois gouttes du sang de ce Sainct.

Ligourne. *Ligourne* est vne ville nouuelle bien bastie auecque des ruës droites & des maisons toutes peintes, au lieu qu'elle estoit auparauant vn bourg mal sain à cause des eaus croupissantes & des marais voisins, elle a long temps esté au Pisans, puis aux Florentins, mais Cosme de Medicis mit ces deux peuples hors de dispute, touchant la possession de cette place. Les Grands Ducs François & Ferdinand l'ont renfermé de murailles & en on fait vne belle ville defenduë de six bastions & de deux forts, l'vn du costé du port & l'autre du costé de Pise, ou l'on se rend par vn canal de 16. milles de longueur, on a mesme commencé vne troisiéme Citadelle proche de la mer. Il y a grand & petit port, celuy là a esté rendu commode, par le moyen d'vn beau Mole, & de quelques Tours que l'on y a fait, celuy cy qu'ils appellent Darse est seulement pour les Galeres, auec

description de l'Italie. 339

vne entrée si estroite qu'il ne peut receuoir qu'vn vaisseau à la fois, il est enfermé de murailles & on y continuë de beaux trauaux pour sa defense & pour sa commodité, il est orné d'vne tres-belle statuë de fonte du Duc Ferdinand, qui tient sous ses pieds quatre Turcs enchaisnez, dont la structure est merueilleuse. Cette ville est aujourd'huy vne des plus fortes de l'Italie; le Palais du Grand Duc y est fort considerable pour sa beauté, & pour la commodité qu'il a de receuoir les Princes & les Ambassadeurs: il sert ordinairement de demeure au Gouuerneur de la ville, & son port est l'abord d'vne infinité de marchans qui s'y rendent de tous les pays qui se trouuent sur la mer Mediterranée; l'on voit sur les murailles qui joignent le grand port quantité de testes de Turcs, clouées sur le haut d'icelles. Ces malheureux auoient autrefois voulu enleuer vne galere du grand Duc. Plusieurs Arsenaux y sont garnis de cordages, d'ancres, de voiles & d'autres

Y ij

nécessitez pour les Nauires & Galeres; on y conte plus de trois mille esclaues qui seruent de chiorme aux Galeres, ils sont renfermez dans vne grande maison garnie de grilles de fer, où ils trauaillent, les vns a faire des bas de fil, d'autres à vendre du vin à leur camarades, ils n'en sortent point que pour quelque necessité ou trauail des galeres, ou pour leur commerce particulier, & en ce cas ils sont suiuis par des gardes.

Volterra *Volterra* que nous pouuons attribuer au Pisan, si nous le bornons par la riuiere d'Era, est bastie sur vne montagne auec des murailles d'vne pierre de taille longue, pour la plufpart de six pieds; elle conserue encor plusieurs statues de marbre. Les vnes rompuës, les autres entieres, qui marquent toutes son antiquité; entr'autres fontaines elle en a cinq au deuant, d'autant de ses portes. Les enuirons de Volterre sont grandement fertiles, & fournissent des metaux, du soufre, des eaux medicinales, de l'azur, de l'alebastre, de la

description de l'Italie. 341

pierre noire, dont on se sert à faire divers ouurages, de la terre blanche, rouge & noire, quantité de porfire, serpentin, cassidoine & semblables pierres precieuses.

Sur la coste de Toscane vis à vis de Piombin est l'Isle d'Elbe, abondante entr'autres choses en minieres d'aymant, elle appartient moytié au Grand Duc, moitié au Prince de Piombin, lequel y possede entr'autres places Porto-Longon, sous la protection des Espagnols. *Cosmopoli*, la ville Capitale y a esté bastie par Cosme le grand sur le *Porto Ferraio* qui par ce moyen a esté rendu plus asseuré. Vne Isle voisine nommée *Pianosa* est celle ou Tibere fit tuer Agrippa petit fils d'Auguste. *Isle d'Elbe.*

Porto-Longon
Cosmopoli.

Pianosa

De Florence à Lucques.

ON tient la route qui est à la verité la plus longue, mais qui se fait dans vn beau pays le long de la riuiere d'Arne, de Florence à la *Lastre* 6.m.

à Monte-Lupo 6. m. à l'Ambrosiane belle maison du grand Duc 2. m. à Empoli 4. m. à Torre S. Romano 8. m. à Pont-Era 5. m. à Cassina 4. m. à Pise 8. m. à Lucques 10. m. entre Lucques & Pise il y a vne haute montagne au pied de laquelle demeurent les carosses, & l'on fait ce chemin ou à cheual ou en littiere.

Pont-Era est renommé par vne deffaite des Pisans par les Florentins.

Le Lucquois.

Lucquois,

LA Seigneurie ou Republique de *Lucques* est comme enfermée dans les terres du grand Duc de Toscane: elle est pareillement voisine de quelques terres de Modene, & de celles de Masse. Son Estat pour sa petitesse est le mieux peuplé de toute l'Italie, il a bien dix-huict mille hommes de seruice, auecque leurs armes, sans la milice & la garde ordinaire de la ville; il produit assez de vin, mais peu de bleds que les habitans font ordinairement venir par la mer: la plus part des paysans y viuent de chastaignes & de millet. Ceux de Lucques reconnoissent l'Empereur pour leur Souuerain & pour leur protecteur legitime, bien qu'ils viuent en forme de Republique libre gouuernée par les seuls nobles, comme vn Estat Aristocratique. Ils ont pour chef vn Gonfalonier assisté de quelques autres Seigneurs, dont la puissance ne dure que deux mois, aussi bien que celle du Gonfalonier qui porte vne robe de veloux ou de damas rouge cramoisi, auec vne cornette de veloux de mesme couleur.

La ville de *Lucques* est proche de la riuiere Serchio, belle & forte, auec trois milles de tour & vnze bastions esgaux, tous reuestus de brique faits auec leur courtine l'an 1620. apres que l'on eut abbatu les vieilles murailles: elle est aujourd'huy renommée pour ses bonnes soyes & ses bonnes oliues, & autrefois pour la semence des guerres ciuiles de Rome, Iules Cesar, Pompée & Crassus y

Lucques

ayans contracté amitié ; elle renferme bien trente mille ames & on y garde plus de tréte mille mousquets dans les magazins, huit mille picques, deux milles plastrons à l'epreuue du mousquet & force canons: les ruës y sont presque toutes pauées, comme celles de Florence de grandes pierres quarrées, qui maintiennent la ville fort nette. Il y fait beau voir l'admirable terre-plein dressé le long des murailles; ombragé de grands peupliers, le long desquels il est permis à vn chacun de se promener auec liberté, contre la coustume qui s'obserue en toutes les autres places d'importance. En l'Eglise Cathedrale qui est celle de S. Martin l'on voit la face de nostre Seign. Iesus-Christ formée d'vne main celeste & posée diuinement sur la statuë faite par Nicomede, qui estoit pour lors en peine comme il pourroit former cette teste pour la perfection de son ouurage. Cette teste represente le Sauueur du monde comme fraischement mis en Croix, viuant &

non encor pasle, auecque le poil chastain & la barbe fourchuë de mesme: le corps est couuert d'vne robe de soye à manche de couleur de pourpre, auec des franges & de la broderie d'or du nombril en bas: il a sur la teste vne couronne d'or & au dessus les deux lettres d'Alpha & Omega, & on le voit pendant auec des souliers d'argent couuert de lames d'or. L'Euesque de Lucques reconnoist seulement le Pape, il a l'vsage des ornements d'vn Archeuesque, la Croix & le *Pallium* : les Chanoines y ont droit de porter des cappes & mozettes violettes & des mitres de soye blanà la façon des Cardinaux.

Le Palais de la Seigneurie sert de demeure au Gonfalonier, on y voit dans la Cour les logemens des cent soldats qui le gardent. En l'Eglise de S. Fredian il y a l'Epitaphe de Richard Roy d'Angleterre qui mourut à Lucques ainsi qu'il alloit à Rome. En l'Eglise de Saincte Croix on garde vne Croix d'or estimée quinze mille escus: les Pisans l'ont autrefois engagé aux Lucquois, & ils n'ont depuis ce temps parlé de la retirer. Les environs de Lucques sont remplis de tres beaux Palais où il ne manque rien pour le diuertissement.

Il y a peu de places considerables en cét estat. *Ca-Maior* est vers Couchant.

Ca-Maior

Viareggio est la seule place maritime qui sert de port à la Republique.

Viareggio,

Monte-Ignoso, *Castiglione*, & *Minucciano* sont toutes grandement fortes & bien gardées, à cause qu'elles sont détachées du corps de la Seigneurie.

AV Couchant & proche des terres de Lucques, il y a plusieurs enclaues du grand Duc.

Pontremoli, que les Espagnols ont vendu à son Altesse.

Pontremoli,

Fiuisano.

Filatera, Marquisat autrefois aux Malespines.

Filatera

Pietra Santa, au voisinage de laquelle est vne mine d'argent.

Pietra Santa

Salto Della Cerua, où il y a vn fort beau parc.

Masse & Carrare y sont à leur Prince *Masse* en la Lunigiane qui tire son nom de l'ancienne ville de Lune.

Carrare est renommé pour son beau *Carare* marbre: il donne aussi son nom a des montagnes voisines.

Fosdinouo est la principale place des *Fosdinouo* Marquis de Malespine.

De Rome à Naples.

IL faut sortir par la porte de Sainct Iean, & puis à douze milles de Rome on trouue *Marino* autrefois *Villa-Mariana*; *Velitri* 6. m. *Sezza* 15. m. *Piperno* 4. m. *Terracina* la derniere ville de l'Estat Ecclesiastique 10. m. On laisse à gauche *Rocca-Secca* ou S. Thomas fut renfermé trois ans par sa mere, qui taschoit de le diuertir du dessein de sa retraite; on laisse aussi du mesme costé *Sonino*, Principauté.

Portella l'entrée du Royaume de Naples 3. m. *Fondi* 5. m. *Itri* 5. m. *Traietto* 10. m. On peut aller voir *Gaïette* sur la main droite, aux enuirons de laquelle il y a vn pays grandement delicieux, & qui semble vn vray sejour de Nimphes. Apres Traietto, on passe le *Carriglian* & on trouue *Sessa* 7. m. *Carinola* 4. m. *Capouë* 12. m. *Auersa* 7. m. *Naples* 8. m.

Il y a fort beau chemin depuis Capouë iusqu'à Naples, le reste se fait en des montagnes & en des vallées. Au plus profond de l'Hyuer on voit sur cette route des fleurs d'orange, des iasmins, des roses, & d'autres singularitez qui la rendent fort diuertissante.

Retour de Naples à Marseille par Mer.

APres auoir veu Naples & les singularitez des enuirons le Voyageur pourra s'en retourner par mer s'il ne craint pas les incommoditez que l'on y reçoit, ou bien il ira visiter les autres Prouinces du Royaume. Pendant son retour il aura moyen de mettre pied à terre à *Ciuita Vechia*, à *Ligourne*, à *Genes* & enfin à *Marseille*.

description de l'Italie. 349

Royaume de Naples.

CE Royaume est le plus grād Estat de tout ce qui est en Italie, il s'auance du couchant d'Esté au leuant d'Hyuer, en forme de pres qu'Isle: Sa longueur est de 300. mille pas & d'auantage, sa plus grande largeur de 100. milles. Il a quelque temps esté connu par les Italiens sous le nom de *Sicile deça le Far*, ce qui donna occasion à quelques Roys de Naples & de Sicile de se nommer Roy des deux Siciles, & le Roy d'Espagne prend encor aujourd'huy le mesme titre, il a pareillement esté appellé *Royaume de Poüille*. On le diuise quelquefois en quatre Prouincs, *Principauté*, *Calabre*, *Poüille*, & *Abruzze*: mais plus ordinairement on y en cōte douze, la *Terre de Labeur*, la *Principauté Citerieure*, la *Principauté Vlterieure*, la *Basilicate*, la *Calabre Citerieure*, la *Calabre Vlterieure*, la *Terre d'Otrante*, la *Terre de Bary*, la *Capitanate*, le *Comtat de Mo-*

Royaume de Naples.

lisse, l'Abruzze Citerieure, & l'Abruzze Vlterieure. Toutes ces Prouinces ont tant d'habitations, qu'on y fait estat de plus de 2700. que villes que bourgades. Il y a bien mille Baronies, soixante dix Comtez, Cent Marquisats, autant de Duchez, & soixante Principautez. On y comte 24. Archeueschez, les Citez y passent le nombre de 150. mais il y en a quelques vnes qui ont à peine cent ou deux cens feux. Ce Royaume est proche de l'Estat Ecclesiastique par l'espace de 150. milles. La Terre de Labeur est voisine de la Campagne de Rome; & l'Abruzze joint la Terre Sabine, L'Ombrie & la Marche d'Ancone; le reste est enuironné des mers de Venize, de Toscane, de Sicile, & de la mer Ionienne. Il releue de l'Eglise & ne peut tomber qu'aux enfans masles & legitimes du Roy d'Espagne qui fait presenter au Pape tous les ans la veille de S. Pierre, vne haquenée blanche & sept mille ducats pour sa reconnoissance.

Les riuieres qui sont peu considerables & en petit nombre, ont presque toutes leurs sources dans l'Appennin qui trauerse tout le pays.

Il y a quatre entrées principales par terre pour les armées: la premiere par la Terre de Labeur, le long du *Garriglian*, par l'*Isoletta*, par *S. Giouuani* & par *San-Germano*, laissé a gauche Aquino & MonteCassino. Les trois autres sont en l'Abruzze Vlterieure, de Vico Varo en la Terre Sabine à *Collalto*, à *Colle*, à *Tagliacozzo*, à *Auezzano*, à *Trasacco* & à *Ortachio* cette route est tres-difficile. De Rieti en Ombrie à *Citta-ducale*, à *Intendoco* à *l'Aquila*: La quatriéme la plus commode & la plus seure est d'Ascoli en la Marche d'Ancone, à *Ciuitella* à *Motone* & à *Giula Noua*.

Les Principaux ports sont *Gaiete*, *Baie*, *Pouzzole*, *Naples*, *Tarante*, *Otrante*, *Brindes*, *Trani*, & autres.

Outre les places fortifiées & plusieurs Citadelles il y a grand nombre de tours, où l'on fait garde & sentinelle pour découurir les vaisseaux & pour allarmer le voisinage lors qu'ils sont reconnus pour ennemis.

L'air de ce païs est extremement sain en la plus part des lieux, la chaleur neantmoins y est quelquefois insupportable, comme à Naples & en quelques autres endroits, où nos François en ont souuent fait l'experience à leur dépens. Il produit toutes sortes de bleds & de legumes, du lin, des chanvres, de l'anis de la coriande, quantité de vin, de toutes sortes, des fruits excellens sur tout des citrons, des oranges, des figues, des oliues, & autres: tellement qu'en Italie on dit en prouerbe que le Royaume de Naples est vn Paradis, mais habité par des Diables.

La Capitale de tout le Royaume est *Naples*, renõmée pour la quantité de Noblesse qui luy fait porter le nom de Gentile; elle est dans vne assiette si agreable qu'elle semble vn abregé de toute les beautez d'Italie, elle donne nom à vn Royaume, ce qui ne se voit guere. Il y a peu de villes en Europe qui ayent plus grand nombre d'Eglises, celle de l'Annonciade y est

Naples

y est si riche que l'on donne à son Hospital vn reuenu capable d'entretenir plus de 5000. pauures ou enfans trouuez. La force de la ville consiste au grand nombre de ses habitans : & ses trois puissantes Citadelles n'ont pas peu seruy à retenir les Napolitains en leur deuoir l'année 1647. & les suiuantes.

Le *Chasteau de l'Oeuf* est dans la mer sur vn rocher de forme ouale basty par Guillaume III. Normand, & pour ce sujet appellé Chasteau Normand, comme autrefois il auoit esté appellé Chasteau de Luculle. Le *Chasteau Neuf* a esté fait par Charles premier, frere du Roy S. Loüis: le Roy Ferdinand d'Arragon la tellement fortifié qu'il tient rang parmy les plus fortes places de l'Italie. Il est de forme quarrée, construit d'vne pierre de taille dure comme marbre, defendu de quatre grands bastions & de cinq tours, auecque de bons remparts & & de profonds fossez qui sont remplis de l'eau de la mer. Sa garnison ordinaire est de cinq cens Espagnols.

Il a beaucoup de machines de guerre, grand nombre de bales de fer, de canons, entre lesquels il en a vne vingtaine de fonte, que l'Empereur Charles V. fit emmener d'Alemagne apres la defaite du Duc de Saxe; on y voit aussi quantité de salades enrichies d'or & d'argent, des escus, des lances, des espées & d'autres belles armes, auec vn grand appareil de guerre. Le Palais du Gouuerneur qui se trouue dans le milieu est capable de loger vn Empire, il a des tapisseries toutes de soyes, & rehaussées d'or, plusieurs belles statuës & des peintures excellentes, il y fait beau voir vn cabinet remply de choses les plus rares & les plus curieuses, où l'on garde vn Crocodil fort grand, vn Chien marin, vn Veau marin, vn Pelican, vn Basiliq, vn Cameleon, vn Scorpion, vne Salemandre au milieu de ses petits: il y a aussi l'anathomie d'vn Pigmée, deux mandragores masles & femelle, & quantité de Mõstres de terre & de mer, si bien embaumez, qu'ils semblent estre morts tout de nouueau : vne idole de pierre y eſt eſtimée auoir parlé : on y voit de l'herbe large de deux doigts & longue comme le buſc d'vne femme, ou les anciens eſcriuoient auant qu'ils euſſent l'vſage du papier ; vn couſteau qui ſemble eſtre de corne, dont les Iuifs ſe ſeruoient à la Circonciſion. On y monſtre vne pierre d'aymant auecque vne vertu tout extraordinaire ; vne pierre griſe nommée Amiente qui ſent l'herbe, lors que on la ratiſſe il en ſort du coton que les anciens faiſoient filer & faire de la toile pour mettre les corps pour bruſler & en conſeruer les cendres, parce que ladite toile ne bruſle point, & pour ce ſujet eſt appellée incombuſtible.

Le *Chaſteau de S. Elme* eſt en Caualier au deſſus de la ville ſur vn haut rocher, d'où il commande à tous les enuirons, ſa garniſon eſt de 250. Eſpagnols : il a eſté baſti par le Roy Robert I. fils de Charles II. & l'Empereur Charles V. l'ayant fortifié de grands baſtions, le nomma la bride de Naples: il y a au deſſous vn Conuent de Chartreux. *Le Chasteau Capouan* proche de la porte Capoüane eſt pluſtoſt vn Palais qu'vne forterſſe, il ſert aux aſſemblées de la ville & aux Conſeils de la Iuſtice. La *Tour de S. Vincent* du coſté du Chaſteau Neuf eſt miſe entre les forterſſes de la ville; elle eſt remarquable par la braue reſiſtance des François qui s'y defendirent autrefois pendant ſix mois contre les attaques de leurs ennemis. Le Palais du Viceroy & l'Arſenal ſont pareillement dans le voiſinage du Chaſteau Neuf. L'Arſenal eſt aſſis le long de la mer, auec vne fort belle veuë. Il y a grand nombre d'autres *Palais* des plus magnifiques. Celuy du Prince de Salerne eſt à preſent aux Ieſuiſtes. Celuy de Grauine eſt des plus ſuperbes: Celuy des Caraſſes eſt remply de ſtatuës de marbre & de bronze des plus belles: ceux des Vrſins, de Sulmone, de Tolede, de Caſtignan meritent auſſi d'eſtre veu, de meſme que le beau iardin de Dom Garcie de Tolede plein de grottes, de fontaines, & de reseruoirs, auecque des statuës de marbre de coral, de nacre de perles & des coquilles de diuerses sortes. Les autres maisons y sont la pluspart fort belles, auec des terraces au dessus pour la promenade du soir. Le port est fort beau, accompagné d'vn superbe mole, & d'vne merueilleuse source & fontaine d'eau douce qui se trouue sur son bord : il n'est pas neantmoins à l'abry du vent de Sud-Est, qu'ils appellent Sirocco : aussi est il estimé plus beau que bon entre les plus belles Eglises ; celle du Dome a vne Chapelle toute de marbre de Iaspe, d'or, & de bronze : l'on y conserue le chef de S. Gennare & vne phiole de son sang tout figé, lequel boult & se rend claire lors qu'on l'approche du Chef de ce Sainct : En celle de S. Dominique on garde les corps de Philippe Empereur de Constantinople, ceux des Roys Alphonse I. Ferdinand I. & II. & d'autres. L'Eglise de Sainte Claire est accompagnée d'vn superbe Conuent de Religieuses, qui passent le nombre de 400. auec autant de seruantes. On y voit plusieurs tombes des Roys des Reines & des enfans de Roys de la maison de Duras & de la race du Roy Charles I. frere du Roy S. Loüis. La plus ancienne Eglise est celle de S. Paul occuppée par les Iesuistes elle estoit autrefois vn Temple dedié à Castor & à Pollux. Il y a tant de maisons de Religion que les seuls Iacobins en ont iusqu'à dix-sept.

Les Hospitaux y sont en nombre de douze : ceux de l'Annonciade & des incurables sont les principaux. On fait estat que l'on y marie tous les ans plus de 665. filles, la moindre dot de chacune estant de 24. ducats & la plus grande de trois cens.

La plus renommée place est celle de l'Orme voisine du Chasteau Neuf: les ruës pour la pluspart y sont dressées à la ligne & longues à perte de veuë, leur milieu est ordinairement sur des voûtes de brique par où les immondices & les boües sont emportées au moyen des canaux d'eau qui passent dessous apres auoir esté tirez de la riuiere *Sabbato*.

Le tour de la ville est d'enuiron six milles, y compris les faux-bourgs: on y compte plus de trois cens mille ames & on ne voit que maisons par l'espace de deux milles, depuis le mont de Pausilipe, iusqu'à la ville; de sorte que les estrangers qui s'y trouuent se persuadent estre au milieu de Naples. Les fauxbourgs qui sont en nombre de sept auroient esté beaucoup plus grands, si le Roy d'Espagne l'auoit voulu permettre.

Plusieurs grands personnages anciens, & des Senateurs Romains ont choisi cette ville pour leur sejour, Virgile y a composé ses Georgiques, & commanda que l'on y portast son corps lors qu'il mourut à Brindes: Tite-Liue, Horace, Seneque, Claudian, Gellius, & plusieurs autres y ont esté attirés par la douceur de son air & par la bonté du pays voisin; pour ce mesme suiet la plus part des Princes, des Ducs, des Marquis, des Comtes, & des Barons du pays y font leur demeure: Il y a pareillement aussi grand nombre de Courtisanes qu'en aucune ville d'Italie. Lors que les Italiens veulent representer vn brauache, ils mettent ordinairement vn Capitaine Napolitain.

Terre de Labeur. Apres Naples il est à propos de voir les autres places de la *Terre de Labeur*. Cette Prouince a esté ainsi appellée par les anciens habitans, qui apres plusieurs disgraces qu'ils receurent des Romains, se reduisirent à cultiuer les champs voisins de Capouë & de Cume, en prenant le nom de *Laborins* moins odieux à leurs ennemis que celuy de Campanois: sa grande fertilité luy auoit fait porter le nom de *Campagne Heureuse*; & à la difference de la Campagne de Rome on la nommée *Campagne ancienne*, elle comprend vingt & quatre Citez, dont trois ont titre d'Archeueschez, outre le grand nombre de ses villes qui sont demeurées sur pied, elle en a eu quinze ruynées.

Les enuirons de la ville de Naples sont remplis d'antiquitez & de mer-

description de l'Italie. 365
ueilles de nature.

Poggio-Reale est vn superbe Palais à *Poggio-Reale.* vn mille de la ville, basty par Ferdinand premier d'Arragon Roy de Naples.

Il y a trois fameux Lacs vers le Couchant, le Lac d'Agnano, le Lac Auerne, & le Lac Lucrin. Le *Lac d'Agnano* autrefois le reseruoir de Lucculle est estimé sans fonds en son milieu, il est enuironné de montagnes qui luy enuoient grande quantité de serpens entrelassez qui n'en sortent plus. La vertu de ses eaus remet en bon estat les bestes que l'on tire comme mortes de la *Grotte* venimeuse *du Chien*, qui en est proche, longue d'enuiron trois pas & fort peu haute: Il y a sur les bords de ce Lac les lieux qu'ils appellent *Sudatarij di S. Germano*. *Lac d'Agnano.*

Le *Lac Auerne* est nommé par Virgile vn Lac d'Enfer, à cause que les oyseaux qui voloient dessus mouroient ensuitte de la mauuaise odeur de ses eaus; les anciens y ont feint Caron auecque sa barque: il est en ouale, long enuiron de 2000. pas. *Lac Auerne*

Lucrin. Le Lac *Lucrin* est renommé des anciens pour la grande quantité de poisson que l'on y prenoit, dont les Romains tiroient vn grand reuenu: il communiquoit autrefois au Lac Auerne par vn Canal, mais l'an 1538. le iour de S. Michel, par vn horrible tremblement de terre, il s'y est formé vn *Mont Nouueau* de plus de quatre milles de tour qui couurit ce canal & plusieurs bains de *Tripargola*. Pour aller visiter les particularitez de ces quartier on passe le long du *Mont Pausilippo* qu'il faut costoyer pendant deux milles il est beaucoup eleué & escarpé, couuert neantmoins de fleurs de vignes & d'arbres fruitiers. On rencontre ensuitte la *Grotte de Naples*, qui abregé extremement le chemin : auant que d'y entrer on laisse à main gauche la *Mergeline* maison de plaisir du Poete Sennazare qui la donna aux Religieux nommés *Serui*. Cette Grotte fut faite par Cocceie pour abreger le chemin de Naples à Pouzzole: a costé de son entrée on monstre le Tombeau

Grotte de Nap.

de Virgile à ce que l'on dit; son roc est taillé l'espace d'vn mille de la hauteur de douze pieds au plus bas, & large d'autant: de sorte que deux carosses y peuuent aisement passer de front; le lieu reçoit la clarté des deux entrées opposées & de deux soupiraux ou fenestres qu'Alfonce I. Roy de Naples fit percer au haut de la montagne pour y donner iour, il y a aussi dans le milieu vne lampe allumée proche d'vne Image de la Vierge. A l'issuë de ce chemin sousterrain on peut aller voir la maison des plaisirs de Luculle, & la place de celle de Ciceron ou fut le Sepulchre de l'Empereur Adrian, auquel on dressa vn Temple au lieu de tombeau, lors qu'il mourut à Bayes.

Le *Bois d'Asturne* y est dãs vne assiette merueilleuse estãt de tout point enuironné de mõtagnes, d'où l'on peut découurir la chasse que l'on y fait: il y a pareillement le *Mont de l'Alun*, & les soufrieres qui portent vn grand reuenu au Roy d'Espagne, les anciens y ont placé la demeure de Vulcan & en ont fait vne maison infernale. On y sent le soufre vne lieuë à la ronde: l'on n'y voit que fumée le iour, & 'a flamme pendant la nuict.

Vn Amphitheatre nommé *Colisco*, est demeuré presqu'entier à costé de Pozzolo, il a esté fait de pierre de taille à l'honneur de Vulcan & aujourd'huy on y seme du grain. Il y a proche de la vn *Labirinthe* sous terre auec force petites chambres, ou il faut aller auec de la lumiere, & quelque peloton de fil si l'on ne se veut égarer; il y a aussi les restes des Temples de Diane & de Neptune. Les Estuues de Neron y sont admirables pour la grande chaleur qu'on y reçoit: quatre chambres y sont garnies de licts de pierre, auecque le cheuet de mesme, où l'on peut mettre des matelas: il y a en vne chambre de dessus la sepulture de la mere de Neron. On voit plus bas les bains de Ciceron faits comme vne sale, toute voutée auecque de l'eau dans le milieu; on y a effacé les lettres qui estoient écrites dans la voute, parce que les malades auoiét la croyance d'estre guery, lors qu'il les auoiét leuës: on y voit aussi la superbe metairie & le viuier des Murenes d'Hortensius. Les enuirons de Pozzolo sont remplis de bains, qui facilitent la guerison de plusieurs sortes de maladies. La *Voye Atellane* qui va ioindre la voye Appie, est pleine d'anciens Sepulchres, presque tous entiers: leur dedans est peint de viues couleurs, & mesme enrichi d'or, & leur sommet finit ou en demi-cercle ou en piramide. Il y a tant d'autres mazures & de vieilles ruïnes de superbes bastimens que l'on ne les peut considerer sans estonnement.

Nous pouuons considerer les autres places à l'Orient du Volturno; entre le Volturno & le Garigliano; & à l'Occident du Garrigliano, à l'Orient du Volturno.

Capouë a autrefois passé pour la troisiesme ville du monde; Rome & Cartage ayans esté les deux plus cósiderables. Elle est auiourd'huy dans vne autre assiette que l'ancienne ville, dans le meilleur terroir de toute la Campagne heureuse, ce qui donna occasion aux Romains de vouloir abandonner leur ville pour y venir habiter. Ses delices ont autrefois eu plus de puissance que les armées des Romains pour dissiper l'armée d'Annibal. A deux milles de la ville on voit les ruines de la vieille Capouë, des portes, des theatres, des aqueducs, des portiques, des Palais des Temples, & des voutes souterraines qui marquent la magnificence d'vne ville qui contesta long temps contre les Romains & qui fut qualifiée la retraite de l'orgueil & des delices.

Entre les ruynes de l'ancienne Capouë on trouua vne petite table de bronze qui tesmoignoit, parce que l'on y trouua escrit, que Capys leur fondateur estoit enterré en cét endroit, & que lors que les os de Capys, seroient découuerts vn né de la race de Iules deuoit estre tué par vn de ses plus grands amis & parens, & puis sa mort vangée auecque de tres

description de l'Italie. 371

grandes ruïnes de l'Italie.

L'Ancienne ville de *Casilinum* proche de Capouë est remarquable dans l'Histoire, parce que son nom pris pour *Casinum* ville du païs Latin, deceut le guide d'Annibal qui mena ce Capitaine entre des môtagnes, d'où il ne peut se retirer qu'auecque le stratageme des Taureaux, ausquels il fit attacher des flambeaux allumez.

Pozzuolo à huict mille de Naples est renommé pour ses bains & pour le beau pont de 3900. pas projetté par les Empereurs Romains, iusqu'à Baies, au moyen de son sable qui petrifie en la mer, & qui donne lieu de faire les plus belles digues & les plus beaux moles de l'Europe : il reste 13. grosses piles de ce pont, d'où Caligula continua l'ouurage auec deux rangs de Nauires, soustenus par des ancres & couuerts de quantitez d'aiz sur lesquels il passa à Cheual & en chariot, Suetone apporte trois raisons pour lesquelles cét Empereur fit faire cét ouurage, premie-

Pizuolo

rement pour imiter Xerces, secondement pour espouuanter les Alemands & les Anglois en leur monstrant sa puissance, & enfin pour accomplir la Prophetie du Mathematicien, qui du temps de Tibere disoit que Caligula seroit Empereur quand il passeroit à cheual dessus ce Golfe. On remarque vne chose extraordinaire en quelques endroits de cette coste, mettant le bras dans la mer pour prendre du sable, on trouue de l'eau froide comme ailleurs, & le sable si chaud que l'on ne le peut souffrir. La ville est encor aujourd'huy bien considerable, & non si ruynée que les autres, elle est sur vn rocher le long de la mer qui la rend forte. On voit au milieu d'icelle vn ancien Temple d'ouurage Corinthien dedié par les anciens à Auguste & par les Chrestiens à S. Procule.

Baïa a autrefois esté la demeure la plus agreable de la terre, choisie par les Empereurs & par les Principaux de Rome: ses bastimens ont esté des plus superbes, mais la pluspart enseuelis

description de l'Italie.

trelis dans la mer, où l'on voit encor le paué de ses ruës; on y voit vn Chasteau au dessus du port auec garnison Espagnolle, & plusieurs personnes s'y rendent à cause de ses bains & de ses estuues grandement naturelles.

Cuma la mere de Naples est estimée la plus ancienne ville d'Italie; elle est aujourd'huy toute ruïnée, & vn de ses principaux restes est *l'Arco Felice* auec des voutes extraordinairement hautes, qui assemblent deux sommets de montagnes; on y voit encor ses fossez grandement profonds taillez dans le roc. Il y a en son voisinage la *Grotte de la Sibille* de mesme nõ, dans laquelle on entre par vne longue & large allée taillée dans le roc: cette allée ne sert de retraite qu'à plusieurs chauue souris au bout de 450. pieds de chemin on trouue à main droite vne porte fort basse, & peu après on entre dans vne chambre longue de quatorze pieds & large de huict, autrefois fort belle, comme ayant sa voute peinte de fin azur

Cuma.

A a

auec de l'or, & des murailles enrichies de corail, de nacre de perle, & de Mosaïque. A main gauche de cette chambre on trouue vne autre porte par laquelle on entre en vne allée taillée dans le roc, haute de quatre pied & lõgue de 40. ayant vne chambre à son extremité, & plus auant deux ou trois autres chambres, en l'vne desquelles il y a vn petit Lac: la grande chaleur qui oblige à la sueur, fait croire que le bain de la Sibille & le lieu ou elle suoit, estoit en cét endroit. Il faut au reste faire prouision de flambeaux en la visite de ces apartemens, qui ne reçoiuent aucune clarté de dehors.

Au Septentrion de Cumes on voit dans le bourg de *Patria* les ruynes de l'ancienne *Linternum*, ou estoit autrefois la métairie du grand Scipion qui s'y retira de Rome pour y finir ses ses iours.

Patria

Caserta a titre de Principautez.

Caserta

Auersa, bastie par Robert Guiscard à 8. milles de Naples, des ruïnes de la vieille *Atella* est renommée

Auersa

pour ses bons maccarons, & pour son vin asprino ; les François y furent deffaits l'an 1528.

Acerra n'est que de deux cens feux. *Acerra*

Marano a esté fortifié par le peuple *Marano* de Naples dans les derniers troubles.

Nola est connuë dans l'histoire par *Nola.* les defaites d'Hnnibal.

Telese est vn Duché. *Telese.*

Alifi n'a rien de considerable. *Alifi.*

Ottaiano & *Auella* sont Principautez, *Matalone* est vn Duché, quelques vns veulent faire venir le nom d'Auellanes aux noisettes de cette Auella.

Quelques autres villes sont comme engagées dans la Principauté Citerieure, *Castel-Amare*, occupé par les François l'an 1654.

Vico, *Sorrento* Archeuesché, renom- *Sorento* mée autrefois pour ses bons vins.

Massa-di-Sorrento à la difference des *Mont-* autres villes qui portent le nom de *Vesuue.* Massa.

Le *Mont Misene* est proche du pont *Mont-* de mesme nom, ou l'Empereur Au- *Misene.*

Aa ij

guste tenoit toufiours vne de ses armées de mer, les roches des enuirons sont pleines de grottes.

Mont Vesuue. Le M*ont-Vesuue* ou de *Somme* est renommé pour ses incendies, & nomement pour celuy qui arriua sous l'Empire de Titus, auquel Pline se trouua engagé pour sa trop grande curiosité. Ceux de Naples sont souuent allarmez des feux & des pierres que leur lance cette montagne.

Entre le Garigliano & le Volturno.

Mont Cassin. Le M*ont-Cassin* est considerable pour S. Benoist, lequel y est enterré auec sa sœur Scolastique.

Aquino *Aquino* dont S. Thomas a pris le nom à cause de sa naissance, a autrefois esté la patrie de Pescenninus Niger qui pretendit à l'Empire de Rome, & pareillement celle du Poëte Iuuenal.

Venafre *Venafre* connu pour ses bonnes huiles. *Carinola* pour ses bons vins. *Sessa, Viano, Calui, & Caiazzo* ont tous titre de Cité.

Arpino. *Arpino*, est renommé pour Ciceron qui nasquit à trois lieuës de là, & fut quelquefois appellé Arpinas; Marius en estoit aussi natif, celuy qui fut par sept diuerses fois Consul de Rome.

Conca, Mondragone, Rocca-Romana, ont titre de Principauté. *Arce* est vn Duché.

Les anciens monts *Massicus* & *Falernus*, y ont esté grandement renommez pour leurs bons vins.

Garrigliane.

Le *Garrigliano* autrefois *Liris* facilite l'entrée du Royaume vers l'Occident; l'Histoire nous aprend que les François ont esté maltraités sur son riuage, & qu'autrefois Marius estima vn bon heur de se pouuoir cacher dans ses marais.

Au couchant de cette riuiere, la ville & la forteresse de *Gaiete* sont assises comme dans vne presqu'Isles: on estime que les clefs du Royaume y sont renfermées; Charles de Bourbon y a sa sepulture. L'on a souuent donné des batailles, où pour la conseruer, où pour s'en rendre maistres: les François en perdirent vne l'an 1504.

Gaiete.

Fondi.   *Fondi* donne son nom à vn Lac voisin, elle fut pillée par les Turcs, l'an 1594.

Traietto.   *Traietto* est proche des ruïnes de l'ancienne Minturne où il y a les restes d'vn grand aqueduc, & vn Theatre assez entier.

Mola.   *Mola* est dans le voisinage de la ville *Formiæ*, l'vne des plus agreable demeure de toute l'Europe, ou Ciceron auoit sa maison Formienne.

Sora.   La Cité de *Sora* a titre de Duché.

Il y a quelques Isles sur la coste;

Ponza   *Ponza* connuë pour l'exil des anciens Romains. *Ischia* pour sa forteresse, ou se retira le Roy Ferdinand pendant la conqueste du Royaume par le Roy Charles VIII. & pour la prise des Orrolans. *Prochita* dont

Ischia

Prochita.   porta le nom cét infame qui procura la grande tuerie des François en Sicile.

Princip. Citerieure.   ON ne peut quitter qu'auecque regret le beau sejour de la Campagne Heureuse, pour aller visiter les autres Prouinces. La *Principauté*

qui est celle de Salerne a esté le titre du premier né du Roy de Naples, elle est diuisée en *Citerieure* & en *Vlterieure*. La Citerieure a pour capitale *Salerne* dont le nom est venu de deux petites riuieres qui en sont proche, l'vne appellée *Sale* vers l'Occident & l'autre *Erno* vers l'Orient: la ville a esté agrandie par l'Empereur Charlemagne, & quelques Roys Normãds y ont fait leur demeure; elle a des long temps esté renommée pour son escole de Medecine, ou entr'autres personnages deux femmes ont esté illustres pour auoir fait quelques liures de medecine, l'vne appellée Trotula & l'autre Rebecca-Guarna: il y a deux fameuses Foires qui obligent les Marchands de plusieurs nations à s'y rendre: ses pommes d'Apies entr'autres fruits, sont grandement estimez: entre les curiositez on y remarque la cloche des Iacobins qui ne sonne iamais seule, à ce qu'ils disent qu'il n'arriue en suitte la mort de quelques Religieux.

Amalfi est connuë pour l'inuention

Salerne

Amalfi

de l'vsage de l'aiguille aymantée, & pour auoir la premiere contribué à l'institution de l'ordre des Cheualiers de S. Iean de Ierusalem; elle se vante d'auoir en son Eglise Metropolitaine le corps de S. André, que le Cardinal Pierre Capüan y fit porter l'an 1208. elle a autrefois esté possedée par les Sanseuerins qui portent le nom d'vne petite ville assise en la partie Meridionale de cette Prouince, puis par les Picolomini, elle a ensuitte esté Royale, & enfin de nostre temps erigée en Duché en faueur de Picolomini, l'vn des plus grands Capitaines de nostre Siecle, en consideration des grands seruices par luy rendus à la maison d'Austriche.

Caua est ainsi appellée pour estre enuironnée de hautes montagnes: elle a sous soy autant de villages qu'il y a de iours en l'an, les quatre principaux donnent le nom à autant de quartiers qui composent la ville & & qui sont appellés Prouinces.

Scala, Rauello, Minori, Lettere, Nocera, & Acerno, sont seulement recom-

mandables par leurs titres d'Euef-
chez.

Sarno est aussi vne Cité; vn Seigneur de Sarno auparauant homme priué ayant acquis des richesses immenses, & ayant obtenu la plus haute fortune qu'on se puisse imaginer, perdit la teste sur vn eschafaut l'an 1487. sous le regne de Ferdinand I. *Sarno*

Campagna est ainsi appellée pour estre en quelque façon voisine de la Campagne Heureuse. Il y a encor d'autres Citez en cette Prouince, *Capaccio*, *Cagiano*, *Marsico*, *Castel-Amare-della-Brucca*, & *Policastro*, qui donne son nom à vn Golfe qui en est proche. *Campagna.*

Sanza, *Rocca-del-Aspro*, & *Sant' Angelo-Fazanella* sont Principautez.

L'Isle de *Capri* auec vne ville de mesme nom, a autrefois serui de Serrail à l'Empereur Tybere; & aujourd'huy elle est connuë pour la grande quantité de cailles que l'on y prend. *Capri*

La *Principauté Vlterieure* est pleine de hautes montagnes, plus qu'aucune *Princip. Vlter.*

autre Province du Royaume de Naples.

Beneuent. La ville de *Beneuent* des appartenances du Pape, est la plus considerable, l'vne des douze Colonies qui secoururent les Romains de gens & d'argent contre Annibal. Elle est connuë dans l'histoire pour la victoire des Romains sur Pirrhus, & pour celle de Charles d'Anjou frere du Roy S. Loüis sur Mainfroy, lequel y fut tué l'an 1266. apres auoir esté ruinée par les Gots, elle a esté reparée par les Lombards, qui en firent le seiour d'vn de leurs Ducs. Othon II. Empereur la pareillement saccagée, mais Guillaume le Normand Roy de Naples la restablit & la mit entre les mains du Pape Adrien IV. qui le declara Roy de Sicile. Quelques autheurs disent que cette donation a esté faite à l'Eglise par l'Empereur Henry I. L'Archeuesché de cette ville a plus de Suffragans qu'aucun autre du Royaume : vne vallée voisine porte nom de Beneuent.

Conze. Conze Archeuesché est fort peu de

description de l'Italie. 383

choses: on dit que Milon ennemy de Clodius mourut au Siege de cette ville.

Plusieurs autres places ont titre d'Eueschés, *Sant Agata de Goti, Auellino, Monte Marano, Ariano, Fricenti, Nusco, Sant Angelo de Lombardi, Treuico, Bisaccia, Cedogna, Monte-Verde.* Fricenti est dans le voisinage de l'ancienne *Mephitis* lieu grandement contagieux.

Les principautez du pays sont *Monte Sarchio, Pietra-Polcina, Ariano, Auelino, Monte-Mileto, San-Mango, Sorbo.*

Tripalda conserue le corps de Saincte Hippolite dans vn Tombeau, dont il sort vne sueur qui se conuertit en manne, à ce qu'ils disent la veille, le iour & le lendemain de sa feste. *Tripalda.*

Le lieu d'*Arpaia* est renommé pour la defaite des Romains par les Samnites dans les destroits de *Caudium*; la disgrace fut dautant plus grande que tous ceux qui ne furent pas tués passerent sous le ioug. *Arpaia*

La *Basilitate* qui fait partie de l'ancienne Lucanie est remarquable par la diuision de l'Apennin en deux par- *Basilicate.*

ties qui s'estendent iusqu'aux deux cornes de l'Italie : toutes ses riuieres se rendent dans le Golfe de Tarente & elle porte des ceps de vignes si extraordinairement grands, qu'vn seul pied rend quelquefois vn tonneau de moult.

Cirenza   *Cirenza*, est la ville capitale de cette Prouince auecque titre d'Archeuesché.

Venosa   *Venosa* Euesché est renommée pour la naisance du fameux Poëte Horace.

Lauello   Les autres Citez sont *Lauello*, d'où estoit Tartaglie grãd Capitaine, qui fut employé par François Sforce Duc de Milan ; *Melfi*, *Rapolla*, *Muro*, *Potenza*, *Tursi*, *Tricarico* & *Monte-Peloso*.

Venosa, *Melfi*, *Albano*, *Oliuito*, *Stigliano*, *Monte-Scaglioso*, & *Monte-Albano*, ont titre de Principautez.

Ferrendina.   *Ferrendina* est vn fameux Duché ; la ville a esté bastie par Ferrandin Duc de Calabre, fils d'Alphonse II. Roy de Naples.

Tart di Marre, est proche des ruynes de l'ãcienne ville *Metapontum* où mourut Pythagore.

description de l'Italie. 385

La *Calabre* d'aujourd'huy occupe le pays des Brutiens, & vne partie de la grande Grece, qui fut ainsi nommée, parce que plusieurs Grecs y ont pris leur establissement : elle est bien differente de la Calabre ancienne qui occupoit le pays que nous appellons aujourd'huy terre d'Otrante. Sa diuision ordinaire est en Citerieure & en Vlterieure ; la Citerieure est encor appellée haute, & l'Vlterieure basse.

La Calabre Citerieure occupe la partie Septentrionale, ou elle a vn Isthme considerable en l'Histoire par la muraille qu'y bastit autrefois Licinius Crassus contre les troupes de Spartacus.

Cosenza La capitale de la Prouince est vne des meilleures du Royaume, auec vn bon Chasteau, l'on dit qu'elle est depositaire du corps d'Alaric Roy des Gots, lors que le Roy Loüis XII. & le Roy Ferdinand partagerent le Royaume, la Calabre & la Poüille demeurerent à celuy-cy qui en fit Cosenza la Capitale, Elle pretend aussi le premier rang parmy les villes du Royaume apres Naples. Son Archeuesque de mesme que celuy de Naples met en son titre *Miseratione diuina*. Dans le voisinage de Cosenze on trouue les ruines de l'ancienne *Pandosie*, ou mourut Alexandre Roy d'Epire, deceu par l'Oracle de Dodone, qui luy auoit dit de fuir Pandosie & le fleuue Acheron, s'il vouloit éuiter sa mort, ce pauure Prince creut que cela s'entendoit de *Pandosie* & de *l'Acheron*, de l'Epire, au lieu dequoy il trouua vne ville & vne riuiere de mesme nom en ce pays.

Rossano Rossano, Archeuesché est remarquable par l'Eglise de Saincte Marie del Patire, ou les femmes ne peuuent pas entrer, à moins qu'elles ne veulent exciter des orages, qui ne s'appaisent pas qu'elles n'en sortent à ce que disent les habitans ; ils disent que cette merueille arriue pour ce que la Vierge ayant monstré le lieu de l'Eglise que l'on deuoit bastir, à S. Barthelemy Abbé disciple de S. Nil, elle parut tousiours hors de l'enceinte desseignée, & commanda à ce sainct qu'on ne permit iamais aux femmes d'entrer dans l'Eglise, mais d'ouyr messe de dehors.

Les Eueschez du pays sont *Cassano, S. Marco, Bisignano, Montalto, Amantea*, auec vn fort Chasteau, *Martorano, Cariati, Vmbriatico* & *Strongoli*.

Rossano, Bisignano, Tarsia, Cirisano, Cariati, Strongoli, & *Castiglioni*, sont Principautez.

Sibari ville ruinée a autrefois esté bien connuë pour la mollesse de ses habitans, estimés les plus voluptueux du monde; La coustume y estoit de dresser les cheuaux à la danse dans leur festins, & lors qu'ils couchoient sur des lits de roses, ils en estoient incommodez, si quelques fueilles y estoient pliées en double: ils ont autrefois commandé à quatre peuples & à vingt & cinq villes, & mesme ils ont mis sur pied iusqu'à 300. milles hommes contre ceux de Crotone, qui les defirent & ruynerent leur ville en moins de septante iours.

Sibari.

Paola — Paola est renommé pour S. François de Paule, fondateur de l'Ordre des Minimes.

La Calabre Vlterieure ou Basse occupe la partie la plus Meridionale de toute l'Italie.

Reggio — Reggio la Capitale & Archeuesché nous est connuë pour le traict que l'on y fait d'Italie en l'Isle de Sicile à Messine.

San Seuerina — San Seuerina a pareillement titre d'Archeuesché.

Cotrone — Cotrone est renommé pour son bon air & pour ses Athletes dõt sept pour vn iour ont remporté le prix aux jeux Olimpiques. De cette ville estoit natif Milon qui fut d'vne force prodigieuse.

Les autres Citez sont *Isola, Belcastro, Tauerna, Nicastro, Cantazaro, Squillace, Monte-Leone, Tropea, Mileto, Nicotera, Oppido, Girace, & Boue.*

Maida, Satriana, Mileto, Roccella, Sciglio, & Sant Agatha ont titre de Principautez.

Sciglio. — Sciglio ou Scille est renommé pour son rocher, dont le haut raporte la forme

description de l'Italie. 389

forme humaine, mais le bas est plein d'écüeils, autour desquels la mer fait vn grand bruit; les anciens ont feint que Scylla estoit vne fille qui fut metamorphosée en ce rocher par la jalouse Circe amoureuse de Glaucus qui recherchoit Scylla.

Seminara est connu dans l'Histoire moderne pour la victoire des François sur Ferdinand d'Arragon l'an 1496. & Gioïa pour la defaite des mesmes François l'an 1503. *Seminara*

Gioïa

La *Terre d'Otrante* est en forme de pres qu'Isle; enuironnée des Mers Adriatique, & Ionienne; elle est subjette aux degats des sauterelles, qui sont poursuiuies par certains oiseaux tout particuliers au pays. *Terre d'Otrante*

Otrante qui donne le nom à la Prouince, est vn Archeuesché, auecque port & passage fameux pour la Grece: Pyrrhus eut autrefois dessein de joindre la Grece à l'Italie à l'endroit de cette ville par vn pont de Nauires: bien que cét espace eut plus de 60. mille pas Geometriques. Elle fut pillée par les Turcs l'an 1481. aujour- *Otrante*

Bb

d'huy elle est de meilleure defense & accompagnée d'vn fort Chasteau sur vn rocher.

Lecce — Lecce estimé la seconde du Royaume est bien de six mille feux; on l'appelle pour cét effet la petite Naples.

Brindes — Brindes Archeuesché est accompagnée d'vn des plus beaux & des plus asseurez ports de l'Italie; son passage en Grece la tousiours rendu considerable aussi bien du temps des Romains, comme aujourd'huy, c'est là où Iules Cesar poursuiuit & assiegea Pompée, qui se retira en Epire. La ville est defenduë de trois bons forts, pour sa seureté & pour celle de son port.

Tarāte — Tarante est pareillement vn Archeuesché auec vn fort Chasteau; elle donne son nom aux Tarantules petits animaux, dont la morsure ne se peut guerir qu'au son des instrumēts; le port est auiourd'huy bouché & n'est capable que de petits basteaux: la ville est bien de 3000. feux, grandement forte & autrefois la capitale des villes Grecques en Italie. En cōsideration des Tarentins, le Roy Pyrrhus passa autrefois d'Epire en Italie. Il fut le premier ennemy des Romains qui vint d'outre mer, & il leur donna moyen de mener en triomphe les premiers Elephans que l'on vit en Italie. Ce Prince combatit auec diuers succez, & admirant la valeur des Romains, il dit vn iour que s'il eut eu de tels Soldats, il eut pu conquerir tout l'Vniuers.

Matera est enuiron de 3000. feux, auec titre d'Archeuesché. *Matera*

Les autres Citez sont *Castellaneta, Motola, Ostuni, Oria, Nardo, Gallipoli*, grandement forte, *Castro, Vgento, Alessano, S. Maria-di-Leuca, Tarente, Castellaneta, Leuerano* & *Francauilla*, sont Principautez. Le nom de Castellanata, est connu aux François qui l'an 1654. firent prisonnier le Prince de mesme nom en leur descente de Castelamare.

La *Terre de Bary* est ainsi appellée de la ville de mesme appellation, elle est bornée vers le Couchant par la riuiere *Ofanto*, qui est la seule de l'I- *Terre de Bary.* *Ofanto.*

talie qui coupe l'Apennin.

Bary La ville de Bary est connuë pour le couronnement des Roys des deux Siciles. Elle a autrefois esté appellée *Iapix* & elle se vante d'auoir le corps de S. Nicolas Euesque de Mire.

Trany Les Citez le long de la mer sont *Trani*, Archeuesché auec vn port fort peu considerable ; *Bisegli*, *Molfetta*, *Giouenazzo*, *Polignano*, *Monopoli*, celle cy grandement forte, & au dedans de la terre *Canosa*, *Moneruino*, *Andria*, *Ruuo*, *Bitonto*, *Bitetto*, *Grauina* & *Conuersano*, *Cassano* & *Noya* sont principautez.

Barletta *Barletta*, sur la mer est le sejour de l'Archeuesqne de Nazaret : on voit en sa grande place la statuë de bronze d'vn Roy armé, haute d'enuiron dix pieds, on dit qu'elle est celle de l'Empereur Heraclie.

Canne Proche de l'Ofanto vers la mer on trouue les ruïnes de l'ancienne *Canne* si celebre dans l'histoire pour la grande defaite des Romains par Annibal.

Capitante La *Capitante* est ainsi appellée depuis qu'vn certain Capitaine y fut

description de l'Italie. 393

envoyé de Constantinople par l'Empereur Basile: le *Mont-Gargan* qui se détache de l'Appennin y est considerable pour sa hauteur. La ville du *Mont S. Ange* y fut bastie à cause de l'apparition de S. Michel qui choisit ce lieu pour son siege. On y voit la Grotte que l'on dit avoir esté taillée & accommodée par le mesme Sainct.

Mont S. Ange

C'est vn lieu creusé dans le roc, où l'on entre par vne porte de marbre fort grande, d'où l'on descend par cinquante cinq degrez de marbre en vn cimetiere, où il y a plusieurs Tombeaux. La Saincte Grotte qui en est proche est toute d'vne piece de rocher, qui distille tousiours vne certaine liqueur, l'on y voit le petit Autel consacré par S. Michel mesme; vne fontaine y a son eau souueraine pour la guerison de beaucoup de sortes de maladies. Il y a plusieurs autres Autels & Chapelles sousterre: le paué de la grotte est de marbre blanc & rouge. La deuotion de ce lieu a donné occasion de bastir dans la ville grand nombre d'Eglises; le

Bb iij

Chasteau est extraordinairement fort, & comme imprenable. La ville est aujourd'huy le Siege de l'Archeuesque de Siponte. Plusieurs Roys & Empereurs ont visité le Mont de S. Ange, par deuotion & particulierement l'Empereur Othon, lequel y vint de Rome à pieds nuds auecque toute sa Cour.

Manfredonia. Manfredonia a esté bastie par Manfrede des ruynes de Siponte l'an 1226. auec de fort belles ruës & plusieurs Eglises, elle a esté prise & pillée par les Turcs l'an 1620. son Chasteau a autrefois resisté au fameux Lautrec.

Siponte. Siponte n'a de reste que son Eglise principale.

Les autres Citez sont *Termoli, Lesina, Tragonara, Ferentino, Ferenzola*, où *Ferentino* mourut l'Empereur Federic II. *Volturara, Lucera delli-Pagani* grandement *Lucera* marchande, *Troia, Bouino, Ascoli di Satriano, Salpe* & *Vieste*, celle-cy accompagnée d'vn fort Chasteau.

Fogia. Fogia est considerable à cause de la Doüane establie pour le passage du

description de l'Italie.

bestail dont le reuenu est tel que ceux qui ont fait la guerre dans le Royaume, ont tousiours essayé de s'en rendre maistres, ou de la rendre inutile à leurs ennemis.

Cerignole, est connuë pour la defaite des François par Gonsalue, l'an 1503, du temps de Loüis XII. *Cerignole*

San-Giouanni-Ritondo, est renommé par l'assemblée des peuples en vne plaine voisine le iour de S. Onofrie; ou considerant la bonne ou petite moisson, il met du consentement de tous vn certain prix au bled qu'il n'est pas permis de passer de toute l'année. *San-Ciouanni-retonda*

Rodi sur la mer est le lieu où s'embarqua le Pape Alexandre III. lors qu'il partit pour Venise à dessein de traiter la paix auecque l'Empereur Federic Barberousse. *Ascoli-di-Satriano* & *Colle*, sont les Principautez de cette Prouince. *Rodi*

Les Isles de *Tremithi* sont sur cette coste considerables par l'exil de Iulie qui fut obligée d'y demeurer pendant vingt-ans. *Tremithi*

Bb iiij

Molisse   Le *Comté de Molisse* a autrefois esté habité par les Samnites qui ont esté estimez les plus belliqueux de l'Italie.

Boiano   La ville ou bourg de *Molisse* est fort peu de chose, puis qu'on n'y conte pas plus de 40. feux.

Boiano est la meilleure ville de toute la Prouince.

Isernia, Triuento, Larina, & Guarda Alferes, ont titre de *Citez*.

Morone, Campolieto & Ricca sont Principautez.

Abruze Citer. Lanciano.   L'*Abruzze Citerieure* a deux Archeuesches *Ciuita di Chieti*, & *Lanciano*, celle-cy renommée pour ses foires.

Sulmon.   *Sulmone*, la patrie d'Ouide est dans vn petit pays nommé *Valua*, Au couchant de cette ville vers la riuiere *Pescara*, on monstre les ruynes de l'ancienne *Cornifium*.

Ortone   *Ortone* sur la mer est l'abord de plusieurs Nauires qui s'y rendent de Dalmatie & d'Epire.

Les Principautez du pays sont *Sulmone, Casoli, San-Buono*.

Abruze Vlt.   L'*Abruzze Vlterieure* a trois fameux passages qui facilitent l'entrée dans le Royaume, *Tagliacozzo*, *Ciuita ducale* & *Ciuitella*. Celle cy est vne place extremement forte, & par Art & par Nature. *Tagiacozzo* a autrefois seruy de Leure aux Arragonois pour attirer à leur party, les Colomnes & les Vrsins.

Tagliacozzo

La Capitale de cette Prouince est *Aquila* d'enuiron 2000. feux & grandement forte dans vn pays fertile en saffran, dont les habitans retirent tous les ans plus de quarante mille escus.

Aquila

A trois milles vers le Septentrion, l'on trouue les ruïnes de l'ancienne *Amiternum*, lieu de naissance de Salluste, on y voit encor vn theatre, quelques restes de Temples, & de grosses Tours.

Ciuita di penna, qui porte titre d'Archeuesché, est vne ville plus ancienne que belle.

Ciuita di Pena.

Citta-Ducale, *Teramo*, *Campoli*, & *Atri* sont les Citez du pays. *Atri* patrie d'Adrian à ce que dit Spartian, est vn

Atri

Duché pretendu par vn Seigneur François.

Amatrice & *Capistrano*, sont Principautez, le Grand Duc a quelquefois pris le titre de Prince de Capistrano.

Celano — *Celano* grandement forte, donne son nom a vn Lac ou l'Empereur Claudius fit autrefois la communication du Garrigliano ayant fait esplaner vne montagne, ce qui fut vn ouurage, de trente mille hommes l'espace d'vnze ans.

Magliano — *Magliano*, est connu pour la victoire de Charles d'Anjou sur Conradin.

Aterno. — *Aterno*, ô *Pescara*, la principale riuiere de ce pays est la plus froide & la plus rapide qui soit en Italie.

www.ingramcontent.com/pod-product-compliance
Lightning Source LLC
Chambersburg PA
CBHW050913230426
43666CB00010B/2146